POÉTIQUE

ou

INTRODUCTION A L'ESTHÉTIQUE.

II.

Paris. — Imprimerie de Ad. Lainé et J. Havard, rue des Saints-Pères, 19.

POÉTIQUE

OU

INTRODUCTION A L'ESTHÉTIQUE

PAR

JEAN-PAUL FR. RICHTER

TRADUITE DE L'ALLEMAND

PRÉCÉDÉE D'UN ESSAI SUR JEAN-PAUL ET SA POÉTIQUE

SUIVIE DE NOTES ET DE COMMENTAIRES

PAR ALEXANDRE BÜCHNER ET LÉON DUMONT

TOME SECOND.

PARIS

AUGUSTE DURAND, LIBRAIRE-ÉDITEUR

Rue des Grès-Sorbonne, 7.

1862

TABLE DES MATIÈRES

DU TOME SECOND.

CHAPITRE IX.

DE L'ESPRIT (*Suite*).

§ 51. — L'allégorie...	1
§ 52. — Du jeu de mots considéré comme expression du hasard. — Sa valeur et ses règles............	5
§ 53. — Mesure de l'esprit ; éloge de sa surabondance. — Défauts de l'esprit allemand.................	14
§ 54. — Besoin de la culture de l'esprit en Allemagne..	21
§ 55. — Nécessité de l'esprit savant.....................	27

CHAPITRE X.

DES CARACTÈRES.

§ 56. — Du caractère en général en dehors de la poésie.	37
§ 57. — Naissance des caractères poétiques. — Leur création sans connaissance du monde.............	42
§ 58. — Matière des caractères. — Exclusion des caractères purement imparfaits. — Excellence des caractères purement parfaits................	49

§ 59. — Forme des caractères. — Différence de la forme grecque et de la forme moderne............... 63
§ 60. — Présentation technique des caractères......... 67
§ 61. — Expression du caractère dans les actions et dans les discours................................. 74

CHAPITRE XI.

DE L'ACTION DU DRAME ET DE L'ÉPOPÉE.

§ 62. — Rapport de l'action avec le caractère.......... 80
§ 63. — Rapport du drame et de l'épopée............. 83
§ 64. — Valeur de l'action. — Il y a plus de mérite à l'inventer qu'à l'emprunter...................... 88
§ 65. — Suite de la comparaison du drame et de l'épopée. 93
§ 66. — Unité épique et dramatique de temps et de lieu. 97
§ 67. — Lenteur de l'épopée. — Ses vices héréditaires ; Homère, Virgile, Milton, Klopstock.......... 101
§ 68. — Des motifs................................. 111

CHAPITRE XII.

DU ROMAN.

§ 69. — Sa valeur poétique......................... 117
§ 70. — Le roman épique........................... 122
§ 71. — Le roman dramatique....................... 124
§ 72. — De l'esprit poétique dans les trois écoles de matière romanesque : italienne, allemande et des Pays-Bas................................... 125
§ 73. — De l'idylle................................. 132
§ 74. — Règles et conseils pour les romanciers........ 142

CHAPITRE XIII.

DE LA POÉSIE LYRIQUE.

Pages.

§ 75. — Ses définitions. — L'ode, l'élégie, la chanson, le poëme didactique, la fable, l'épigramme, etc... 160

CHAPITRE XIV.

DU STYLE OU DE LA MANIÈRE DE PRÉSENTER LA PENSÉE.

§ 76. — Définition du style.................... 169
§ 77. — Qualités sensibles du style............. 170
§ 78. — Qualités sensibles sans images......... 172
§ 79. — Présentation de la forme humaine par quatre moyens : la suppression, le contraste, le mouvement extérieur, et le mouvement intérieur.... 177
§ 80. — Description poétique du paysage........ 187
§ 81. — Présentation sensible au moyen d'images...... 193
§ 82. — Des catachrèses....................... 197

CHAPITRE XV.

FRAGMENT SUR LA LANGUE ALLEMANDE.

§ 83. — Sa richesse........................... 207
§ 84. — Du purisme de Kampe.................. 215
§ 85. — Observations diverses sur le langage. — La concision.................................... 222

§ 86. — L'harmonie de la prose.................... 224

APPENDICE.

§ 87. — Des différents goûts poétiques.............. 233
§ 88. — De la littérature française en France......... 237
§ 89. — Des Allemands imitateurs des Français....... 245
§ 90. — Du genre matérialiste et réaliste dans la poésie. 255
§ 91. — Du genre purement poétique................ 257
§ 92. — De la poésie poétique (dialogue)............ 275
§ 93. — La simplicité ou le classicisme.............. 284
§ 94. — De la critique............................. 292

Index des auteurs cités dans la Poétique........... 303
Notes et commentaires des traducteurs, Tome premier. 323
—   —   —   — second.. 393
Liste alphabétique des auteurs cités dans la préface et les notes des traducteurs..................... 439

POÉTIQUE
ou
INTRODUCTION A L'ESTHÉTIQUE.

CHAPITRE IX.

De l'esprit.

(SUITE.)

§ 81. — *L'allégorie.*

L'allégorie est une métaphore variée et arbitraire encore plus souvent qu'une métaphore prolongée. C'est tout à la fois le genre le plus facile de l'esprit figuré et le plus périlleux de l'imagination figurée. Elle est facile : 1°, parce que, dans ses personnifications, elle peut se servir de ce qui serait trop rapproché ou trop nu; — 2°, parce qu'elle peut faire la même chose à l'égard de ce qui serait trop éloigné

(car elle impose de force ce rapprochement à l'esprit);
— 3°, parce qu'elle modifie et améliore l'un d'après l'autre les deux termes de la comparaison; — et enfin 4°, parce qu'elle peut toujours substituer furtivement les métaphores les unes aux autres.

La véritable allégorie rattache l'esprit figuré à l'esprit non figuré; Moeser dit, par exemple : « L'opéra est un pilori où l'on attache ses oreilles pour exposer sa tête. » — L'allégorie suivante d'Young est au contraire défectueuse : « Chaque ami qui nous est ravi est une plume arrachée à l'aile de la vanité humaine, et cela nous oblige à descendre des nuages où nous nous étions élevés, etc., etc., soutenus par les ailes affaiblies de l'ambition défaillante (quelle tautologie!); à ne plus effleurer seulement encore que la surface de la terre (sans ce *seulement encore* il n'aurait pas pu continuer), jusqu'à ce que nous la creusions pour jeter quelque poussière sur l'orgueil tombant en pourriture (le voilà qui passe de la métaphore de *défaillir* à celle de *sentir mauvais*), et pour épargner ainsi une peste à l'univers. »

Le froid Fontenelle a dit un jour, pour ne rien dire, une allégorie dans laquelle il prenait deux métaphores ayant la même signification pour deux idées différentes. Après avoir comparé la philosophie à ce jeu où un enfant, ayant les yeux bandés, cherche à en saisir un autre, mais doit, sous peine d'être de nouveau obligé de chercher, deviner le nom de celui qu'il a saisi, il ajoute que les philosophes, quoiqu'ils aient les yeux bien bandés, saisissent quelquefois la vérité; mais qu'ils ne peuvent affirmer, quand ils l'ont saisie, que c'est précisément elle, et qu'elle s'échappe en un instant de leurs mains. Une vérité ne peut signifier le fait de penser une proposition, mais seulement celui d'y croire, de l'affirmer et par conséquent de l'énoncer. Nous présentons comme une vérité ce que nous considérons comme une vérité; en d'autres termes nous la nommons, et comment alors peut-elle nous échapper?

Puisque toutes les bonnes choses sont du nombre de trois, nous allons donner encore un exemple emprunté à une troisième nation, la nation allemande; c'est une allégorie très-fausse, bien qu'elle soit de Lessing lui-même* (138 *bis*). Après avoir annoncé qu'il écrit *sur* les peintres et les poëtes, et non *pour* eux, il continue ainsi : « Je dévide des cocons, non pour apprendre à filer aux vers à soie (cela sonne déjà aussi bien que si l'on écrivait : Je tonds les moutons, mais ce n'est pas pour leur apprendre à porter de la laine), mais pour faire avec la soie des bourses pour moi et

---

* OEuvres, tome XII, p. 123.

pour mes pareils (pourquoi des bourses plutôt que des bas, etc.? Et, si bas il y a, pourquoi précisément des bas de soie?), des bourses, pour continuer la comparaison (ou plutôt l'allégorie), où je puisse renfermer la petite monnaie des sensations particulières (où y a-t-il ici une transition naturelle du ver à soie à la monnaie qui, de son côté, petite comme elle est, glisse facilement dans une troisième allégorie?), en attendant que je puisse les changer contre de bonnes pièces d'or de juste poids, c'est-à-dire contre des observations générales (tournure très-tourmentée, dès que l'auteur veut, au moyen des synonymes *bonnes, d'or, de juste poids*, se préparer une transition à une pensée nouvelle), et ajouter ces pièces au capital des vérités que j'ai trouvées moi-même (voilà une quatrième allégorie. Mais le ver à soie, qu'est-il devenu?). »

Une comparaison neuve et en même temps spirituelle vaut mieux et pèse plus que cent allégories, et les excellentes allégories de ce spirituel Musœus sont toujours plus faciles à imiter que ses comparaisons. Mais l'imagination poétique, dont l'allégorie doit le plus souvent devenir la personnification, peut toujours les hasarder avec plus de succès.

L'auteur de ce livre se fait fort de décrire tout ce qu'on voudra avec des allégories *à la Cowley;* c'est pourquoi dans ses ouvrages il a préféré la comparaison.

Herder lui-même, qui est tout fleur et flamme, a rarement développé la fleur de ses métaphores, au point d'en faire le branchage d'une allégorie. Klopstock, au contraire, au milieu de la prose dure, osseuse et d'une maigreur athlétique de sa *République des savants,* et de ses autres traités grammaticaux, s'arrête souvent devant la fleur d'une métaphore ordinaire, en allonge les feuilles et les étamines pour en faire une allégorie et en répandre le pollen sur les périodes voisines. Je viens d'employer moi-même l'allégorie en parlant de l'allégorie ; mais (que ceci me serve d'avertissement à moi et autres!) ce n'est pas d'une façon très-brillante.

§ 52. — *Du jeu de mots.*

Après avoir régné sur presque tous les siècles, l'esprit de mots ou de sons, ce frère aîné de la rime ou son avant-coureur, a perdu, dans le dix-huitième siècle, à peu près comme la religion, son empire sur l'Europe civilisée. Bien que Cicéron et presque chaque écrivain de l'antiquité aient fait des jeux de mots, qu'Aristote en ait traité avec éloge, et que les trois grandes Parques tragiques de la tragédie grecque, aient successivement répété, comme le fait observer Hume*, le même jeu de mots avec le nom de Polynice (signifiant querelleur), fils d'Œdipe, le jeu de mots a été néanmoins presque entièrement banni du papier à imprimer et des cabinets d'auteur, et relégué dans les salons avec d'autres jeux qui ne le valent pas.

Ce sont seulement les auteurs des dernières *Poétiques,* qui le font reparaître sur le papier. Comme ils ont tout à la fois tort et raison !

On peut dire à la vérité que si les anciens avaient eu autant d'esprit que nous autres modernes, ils n'auraient guère payé avec les jetons du jeu de mots. Il est trop facile à faire pour qu'on veuille le faire ; on doit même souvent chercher à l'éviter plutôt qu'à l'atteindre, comme il arrive aussi dans la prose à l'égard de la rime. Le trait d'esprit qui s'adresse à l'oreille a deux caractères particuliers : 1° L'intention suffit pour le produire ; et 2°, il faut que 10,000 hommes puissent avoir en même temps la même idée sur la même chose (fait qui suppose le précédent) par exemple sur le nom de Fichte (Sapin) ou de Richter (Juge). Ce-

---

* Dans son *Histoire anglaise de Jacques Ier*.

pendant les jeux de mots qui sont fondés sur des noms propres sont les moins bons de tous. Le grand Shakespeare, que plusieurs petits Shakespeares modernes font poser comme un modèle à côté de leurs bureaux, est à cet égard confondu avec les personnages qu'il fait parler sur la scène. C'est surtout dans la bouche de ses bouffons et de ses valets (par exemple Lancelot) qu'il place ses jeux de mots ; il les fait au contraire blâmer par les personnages les plus importants (par exemple Lorenzo) (139).

Faut-il en conclure que les anciens et les modernes ont tout à fait tort? — Mais qu'est-ce que le jeu de mots? De même que l'esprit figuré ne consistait le plus souvent que dans un attribut identifiant deux sujets différents, de même l'illusion optique et acoustique du jeu de mots vient d'une image analogue qui s'impose à deux êtres, non par le sens, mais par le son. C'est pourquoi il arrive souvent que ce qui est esprit figuré dans une langue soit un jeu de mots dans une autre langue*. Quand un lord demande à Foote

---

* La règle qui voudrait faire de la possibilité d'être traduit la marque d'un véritable trait d'esprit est tout à fait arbitraire. Toutes les langues sont pleines de traits d'esprit intraduisibles; en grec, par exemple, l'esprit attique ne peut être traduit. L'esprit qui court après la concision aime le jeu de mots, précisément, pour cette raison; par exemple, τὰ καινὰ καινῶς; τὰ καινὰ κεινῶς.

de quoi il mourra le plus tôt, de la potence ou de la vérole, et que Foote lui répond : « Cela dépend de ce que j'embrasserai le plus tôt, de vos principes ou de votre maîtresse, » cette saillie n'est pas un jeu de mots pour nous, parce que nous ne disons pas en allemand : « Embrasser des principes. » — La poésie tout entière elle-même ne joue-t-elle pas d'abord avec des figures, et ensuite avec les sons de la rime et du mètre ?

Les rapprochements du jeu de mots profitent même quelque peu de cette vérité qui se trouve au fond de toutes les ressemblances spirituelles ; car puisque dans les langues primitives le son du mot était toujours l'écho de l'objet désigné, une certaine ressemblance dans ces échos conduit à attendre une certaine ressemblance dans les objets qu'ils désignent. C'est pourquoi les philologues (dont les acquisitions et les pensées présentent presque toujours le charme brillant du jeu de mots) et les philosophes aiment à faire retrouver les rapports des idées dans les rapports des sons. Ainsi Thorild, auteur plein d'esprit, qui n'a que le défaut d'enseigner la mesure sans mesure, joue avec grand profit à ce jeu de connexion ou de combinaison entre les mots ; il appelle par exemple les trois illusions de la métaphysique, de la poésie et de la politique* : « Catégorie, allégorie, agorie; — Ombre, apparence, aspect (*Schatten, Schein, Schau*); — Silhouette, image trompeuse, spectacle (*Schattenbild, Scheinbild, Schaubild*); — *idea, idos, Idolon*; — *similans, simile, simulacrum***; — *speciatum, speciosum, spectaculum;* — *fictio* (*supra naturam*), *figmentum* (*præter naturam*), *fictum*, au lieu de *factum* (*contra naturam*). Des sentences, des idées importantes, plaisent par la concision du style : par exemple la sentence de saint Pierre : « Donner et pardonner; » la maxime grecque : « *Sustine et abstine;* » ou cette pensée : « *Deus caret affectu, non effectu.* » Et il en est de même de la plupart des sentences grecques.

Le second charme véritable du jeu de mots vient de l'étonnement que nous inspire le hasard qui se promène dans l'univers, en se jouant des sons et des parties du monde. Si le hasard, cette alliance sauvage sans prêtre, nous plaît, c'est peut-être parce que la loi de la causalité elle-même, qui paraît, comme l'esprit, rapprocher des choses dissemblables, s'y cache et s'y révèle à demi. Quand nous ne croyons voir dans un hasard que le hasard lui-même (sans la possibilité d'une causalité qui s'en mêlerait), il ne nous amuse

---

* V. *Gelehrtenwelt*, I, p. 7.
** V. *Archimetr.*, p. 94, 95.

pas, ou plutôt nous ne nous servons même pas alors du mot hasard. Qu'on imagine par exemple qu'en ce moment un académicien français boit un verre d'eau sucrée en faisant un discours sur un point d'esthétique, — que moi-même j'écris sur l'esthétique, — que dans ce même moment quatre forçats portent à Nuremberg le cercueil d'un suicidé (d'après Hess); — qu'un Polonais en appelle un autre frère (d'après Schulz), comme d'ailleurs les Espagnols s'appellent les uns les autres; — qu'à Dessau le spectacle commence (car c'est aujourd'hui dimanche); — qu'on joue également à Botany-Bay, où l'entrée se paye d'un gigot de mouton; — que dans l'île Sinn on mesure une étendue de terrain avec un tablier (d'après Fischer); — et que dans un domaine de seigneur, un jeune prédicateur entre en même temps dans ses fonctions et dans le mariage : — est-ce qu'en présence de tous ces effets du hasard qui se produisent dans le même temps sur tous les points du globe, on voudrait se servir du mot hasard, qu'on emploierait cependant pour quelques-uns de ces effets, s'ils arrivaient ensemble dans un espace resserré? — Cependant, si nous nous plaçons à un point de vue plus élevé, nous trouvons que cela est faux : car le temps et l'espace ne peuvent, en s'étendant, produire des résultats qui, contrairement aux résultats que produisent des temps ou des espaces rapprochés, puissent échapper à la grande chaîne de conséquences de Jupiter, aussi fortement attachée à une patte de mouche qu'au soleil, et entraînant tout vers le même but.

La troisième raison pour laquelle le jeu de mots nous plaît, c'est qu'il manifeste une certaine liberté d'esprit, capable de faire oublier l'objet même en faveur de son signe; en effet, quand de deux choses, l'une nous conquiert et nous absorbe, il y a moins de faiblesse à être vaincu par la plus puissante.

Cependant le jeu de mots ne peut être permis qu'à deux conditions : Je dois découvrir le mot du jeu et non le faire; sans cela je fais preuve d'un arbitraire déplaisant, et non de liberté. Quand un critique contemporain se permit de profiter d'une faute d'orthographe de son adversaire : *Krietik* (pour *Kritik*), pour en faire *Krieg-tic* (*tic de guerre*), en s'aidant de quatre éléments grammaticaux : de la diversité d'orthographe, du *g* allemand, de la tmèse et de l'anglais, — pour dire une chose qui ne put froisser que ses amis, un pareil procédé valait autant que si je terminais cette période ainsi que je le fais.

On peut à mon avis se permettre un jeu de mots toutes les fois qu'il se combine avec un trait d'esprit qui se rapporte à la chose même et sert à fortifier les ressemblances; ou bien en général quand l'esprit répand son or liquide, et que ce clinquant vient alors accidentellement nager à la surface; — ou encore quand des pensées entières sortent de la coque pleine d'air du jeu de mots; comme par exemple dans cet excellent jeu de mots de Lichtenberg contre Voss : *To bach (be) or not to bach* (140), *that is the question;* — ou bien encore quand le jeu de mots a une valeur philologique, comme par exemple lorsque je me mets à traduire par *salto mortale* ou *immortale* la naissance du fini de Schelling (141); ou bien enfin quand il se présente et s'établit, comme un mot équivoque, d'une manière si naturelle, que personne ne peut affirmer sa présence.

C'est pourquoi des jeux de mots faits dans une langue étrangère, nous plaisent quelquefois d'autant plus que l'arbitraire et la ressemblance y sont plus cachés pour nous. Ainsi la maison de jésuites où Henri IV voulait que son cœur fût enseveli, s'appelait La Flèche. C'est par conséquent dans une double entente qu'un chanoine demanda à un jésuite s'il aimait mieux voir le cœur du roi à La Flèche, ou la flèche au cœur du roi. Il en est de même des jeux de mots bien connus sur le nom de l'homme d'État anglais Fox (Renard). Quelquefois l'esprit du jeu de mots, malgré toutes ses fautes contre le bon goût, se soutient par la variété de jeu de son coloris *.

Du jeu de mots l'esprit passe à l'arbitraire légitime du jeu de syllabes (charade), qui, comme toutes les énigmes et toutes les abeilles, meurt à force de se servir de son dard; il va se perdre ensuite en s'affaiblissant dans le jeu de lettres (anagramme) et encore plus misérablement dans le logogriphe, cette charade de l'anagramme, et il va enfin mourir tout à fait dans le chronogramme chétif et contrefait.

Il ne faut pas cacher un danger à ceux qui se livrent aux jeux de mots, tout en voulant faire autre chose en même temps ; c'est le danger de trop s'habituer à l'étroitesse des perceptions de l'oreille et d'oublier la largeur de celles de la vue. Le jeu de mots détourne trop facilement l'œil de la grandeur et de la largeur des objets sur les parcelles des particules : il le détourne par exemple des roues de feu et des anges du prophète vers des infusoires rotateurs. Dans la poésie comme dans la nature, il n'y a que le tout qui

---

* Ainsi, dans le petit écrit spirituel sur *les Philistins* (142) les adeptes de la philosophie spéculative sont représentés sur une gravure par une rangée de canards enfilés les uns après es autres par une petite bande de lard, que le canard suivant reçoit, non digéré, du canard précédent. Et l'auteur appelle ses philosophes spéculatifs : *Speck (lard) — cul (posteriora — anten (enten, canards).*

soit le père des arrière-petits enfants, et la libellule des particules ne peut jamais devenir la mère d'un aigle.

§ 53. — *Mesure de l'esprit.*

Il n'y a pas de qualités dont l'Allemand se plaigne plus fréquemment de manquer, que des qualités des nations étrangères : et il reste beaucoup plus tranquillement spectateur de la perte des qualités nationales, par exemple de celle de son ancienne liberté et de la religion de ses pères ; mais dès qu'enfin ces qualités de l'étranger sont devenues les siennes, il n'en fait plus grand cas. S'il réclame et recommande si souvent l'esprit et la *laune*, c'est que ces qualités ne sont pas encore devenues des articles courants de son commerce intérieur. Quand un Allemand, après s'être procuré un grand nombre de ces articles, vient à les étaler*, il est censuré par les critiques comme un

---

* Lichtenberg. Musæus, Hippel, Hamann sont, à la vérité, des héros de l'esprit ; mais on ferme les yeux sur ce fait, ou bien on l'excuse, à cause de leurs mérites réels et véritables. Des auteurs purement spirituels (je ne nommerai qu'un certain Bergius, auteur des *Feuilles d'Aleph à Kuf* (143) et de l'*Handreise*, et Paulus Æmilius, dans le *Mercure allemand*), sont

mauvais citoyen qui aurait fait ses études à des universités étrangères, ou qui placerait sa fortune hors de son pays. « Un homme posé et éclairé, disent les juges et les lecteurs, écrit un bon style pur, net et calme ; sa prose est coulante, il s'exprime avec facilité ; mais, ajoutent-ils, une chasse continuelle à l'esprit devient rebutante pour tout le monde, surtout pour l'homme d'affaire, à qui on offre une pareille mousse ! Hélas (144) ! »

C'est pourquoi une traduction de l'ouvrage le plus spirituel, par exemple de l'*Hudibras*, du *Tristram*, réussit beaucoup mieux qu'un ouvrage original allemand, quand même celui-ci ne serait qu'à moitié ou aux trois quarts aussi spirituel que cette traduction : car cette dernière appartient à la catégorie de la science. On admet à la vérité une ou deux saillies brillantes, mais il faut qu'elles soient séparées l'une de l'autre par un certain nombre de pages, de même

---

accueillis avec cette froideur que l'esprit devrait savoir supporter, car lui-même refroidit le caractère. En général, l'Allemand admet l'esprit, plutôt comme accessoire que comme chose principale ; il l'accepte comme une toilette de fête, et non comme un vêtement ordinaire, et il l'excuse dans un savant de profession comme un court hors-d'œuvre ; mais il l'accueille mal chez un auteur, dont les œuvres complètes, les *opera*, ne sont que de tels hors-d'œuvre, et seulement des *opera supererogationis*.

que des feuilles vides ou pleines se trouvent entre les gravures d'un roman ; il faut qu'entre deux dimanches de l'esprit se trouvent six jours de travail ; on assimile l'esprit et même une comparaison de ce genre aux anciennes peuplades germaniques et tartares qui séparaient leurs territoires par des espaces déserts. On a raison en ce qui concerne les ouvrages où l'esprit n'est que le serviteur, ou quelque chose de secondaire, comme la plupart des ouvrages scientifiques et politiques, et, par exemple les écrits de procédure. Mais n'y a-t-il point des cas où l'esprit devient le maître ? Dès qu'il s'agit d'une œuvre purement spirituelle comme l'*Hogarth* de Lichtenberg, des intervalles et des pauses dans le rayonnement de l'esprit deviennent aussi peu désirables et aussi peu excusables que le seraient dans l'épopée des interruptions du sublime, quoique dans l'un et l'autre genre cette continuité exige du lecteur un effort continu. La surabondance des fleurs dans un jardin n'est pas plus blâmable que l'absence d'herbe commune. Pourquoi n'y aurait-il pas pour l'âme des excitants aussi prompts, qu'il y en a pour le cerveau qui l'entoure ? Pourquoi avez-vous besoin, pour éprouver l'impression que vous procureraient une page et une heure, de toute une feuille imprimée, et d'une après-midi entière ? Pourquoi vous faut-il de la glace pour affaiblir le vin de feu (145) que le froid a condensé? Que ne vous arrêtez-vous plutôt un moment? Il n'y a pas de meilleure eau que le temps pour adoucir les livres comme les liqueurs. Il faut cependant avouer que l'esprit pur, l'esprit pour l'esprit, n'étant qu'un abrégé de l'entendement, ne procure qu'une jouissance fatigante dès que ses cartes de jeu bigarrées n'offrent plus aucun profit essentiel à faire pour la sensibilité, l'instruction, etc., etc. La sagacité est la loi morale de l'esprit : elle lui permet bien une heure de récréation, mais elle le reçoit avec d'autant moins de bienveillance à la classe suivante.

Une toute autre chose et une chose moins salutaire, c'est cette incessante répétition d'excitations que nous éprouvons en lisant un volume d'épigrammes. Ce qui fatigue ici, ce n'est pas seulement l'éclat de l'esprit qui se renouvelle toujours, mais aussi le passage continuel à des sujets nouveaux, et l'obligation de commencer à chaque distique une autre suite de pensées : on éprouve ce même vertige de la pensée toutes les fois qu'on lit des phrases détachées, qu'elles aient ou non de l'esprit. Dans une œuvre spirituelle, au contraire, l'esprit part toujours du même point de vue pour s'élancer vers les quatre points cardinaux, tandis que dans les autres cas dont nous venons de parler, il s'élance de partout pour arriver partout.

Après cette première objection de l'effort et de la

fatigue contre le déluge de l'esprit qu'on voudrait voir seulement partiel, et non universel, il y en a une seconde : c'est qu'un homme, un auteur se trouve obligé de faire la chasse à l'esprit, comme le printemps la fait aux fleurs et Shakespeare à ce qu'il y a de plus ardent. Mais y a-t-il dans l'art une seule chose à laquelle on ne soit pas obligé de faire la chasse, et qui nous arrive en volant sur nos lèvres toute prise, plumée et rôtie ? Est-ce que les aigles, les faucons et les oiseaux de Paradis des paroles ailées, viennent se poser sur la main de Pindare, sans que lui-même vole après eux ? — Il n'y a que la platitude seule qui nous entoure de son éternel voisinage : mais elle aussi fait la chasse ; et, à la sueur de son front, elle obtient quelque chose d'analogue, la sueur de son cerveau.

Dès que l'effort devient visible, il a été inutile ; et l'esprit cherché ne peut pas plus passer pour de l'esprit trouvé, que le chien de chasse ne peut passer pour le gibier.

Il n'y a point pour l'esprit de meilleure épreuve et de meilleur contrôle que sa surabondance ; une idée qui aurait brillé, si elle avait été seule, pâlit dès qu'elle est entourée d'une société brillante ; c'est pourquoi le reproche de platitude et d'afféterie tombe tout d'abord sur ceux qui prodiguent l'esprit. Quand des auteurs plus économes ont imposé au lecteur de longues diètes et de longs jeûnes, et qu'au moment même où il tremble de descendre dans la tour d'Ugolin affamé, ils le placent tout à coup devant un débit de soupe à bon marché, — qui peut alors, grand Dieu ! dépeindre le bonheur et la jouissance du lecteur? Mais si d'autres auteurs voulaient servir en d'autres endroits, au milieu du dessert ou entre des vins fins, cette même soupe *à la Rumford* (146), l'effet qu'elle produirait serait bien plus faible.

Dans les ouvrages qui, comme beaucoup d'ouvrages anglais, sont de véritables cabinets de peinture, on échappe rarement à la satiété et au dégoût, non-seulement parce que les couleurs, au lieu de servir seulement à embellir le dessin, y deviennent elles-mêmes des contours, c'est-à-dire des taches de couleur, mais aussi parce qu'il est impossible que les nouvelles images ne se mêlent pas avec les anciennes et ne soient pas interrompues par elles. Et il faut cependant que l'esprit, qui n'a d'ailleurs rien à offrir que lui-même, reste neuf aussi longtemps qu'il se prodigue; et il prévient, sinon la satiété produite par la surabondance, du moins le dégoût qu'engendre la répétition.

Aussi l'esprit, précisément parce qu'il s'évapore rapidement, doit couler à flots et non par gouttes. La première charge électrique est la plus forte; quand on le relit, elle est déchargée; la beauté poétique au contraire, semblable à la pile galvanique, se charge de nouveau, lorsqu'on la conserve. L'esprit, comme mille autres choses, gagne à être oublié, c'est-à-dire par le souvenir; mais, pour qu'on l'oublie un peu, il faut qu'il y en ait une quantité assez grande pour nous forcer à cet oubli. C'est pourquoi Hippel et Lichtenberg, lus pour la dixième fois, fournissent une dixième livraison d'esprit et de plaisir; c'est une dixième édition, mais intérieure et spirituelle, et comme elle est améliorée et corrigée! A côté de l'esprit qui a éclaté, il reste encore assez de poudre d'esprit non enflammée, pour que l'auteur puisse très-bien se mesurer encore avec les hommes au style correct.

Dans la conversation, l'éclat de l'esprit a cela de pénible qu'il rend plus sensible l'obscurité de ce qu'on dit ensuite. Chaque excitation en rend une seconde nécessaire, pour tenir l'attention également éveillée; et il faut que l'esprit continue à stimuler pour qu'on ne tombe pas dans la langueur. La beauté au contraire ressemble à la nourriture et au sommeil; en réparant et en fortifiant, elle nous rend plus aptes à concevoir, au lieu de nous émousser. Le premier trait d'esprit véritable ne fait qu'éveiller la soif, de même que certaines boissons. Et cette soif, est-on réduit à l'apaiser en ouvrant la bouche à une pluie fine? Qu'on nous donne plutôt la main de Diogène, ou son gobelet ou son tonneau !

§ 54. — *Besoin de la culture de l'esprit en Allemagne.*

Il n'y a pas seulement des excuses pour la culture d'un esprit surabondant, mais la nature même de l'Allemagne semble provoquer cette surabondance. Toutes les autres nations ont remarqué que les idées allemandes sont comme fixées au mur par des liens, des soudures et des clous, et qu'une tête allemande et que les pays allemands sont plutôt des meubles que leur contenu (147). De même que Wedekind prescrit de coudre ensemble les deux manches et les deux bas des hydrophobes pour les paralyser quelque peu dans leurs mouvements (148), de même notre homme intérieur a, dès sa jeunesse, tous ses membres liés ensemble, afin qu'il y ait entre eux une connexion calme et qu'il soit surtout porté à ne s'agiter que dans sa totalité. Mais quels jeux d'esprit nous pourrions gagner si nous savions faire roquer nos idées, comme la tour et le roi du jeu d'échecs! Les idées neuves exigent à toute force des idées libres, et celles-ci exigent à leur tour des idées égales; et c'est l'esprit seul qui nous donne la liberté après nous avoir donné l'égalité; il est pour l'âme ce que sont pour la chimie le feu et l'eau : *Chemica non agunt nisi soluta* (c'est-à-dire : il n'y a que la fusion qui donne la liberté de prendre une nouvelle forme ; ou bien : il n'y a que les corps dissous qui puissent en produire de nouveaux). Quand l'homme est d'ailleurs assez fort, que c'est même un Shakespeare, tous les regards qu'il jettera de côté vers les petites plumes brillantes de l'esprit ne l'empêcheront pas de tenir ses yeux fermement dirigés vers l'ensemble ; de même que le poëte épique quand il jette de côté ses regards sur la mesure des syllabes, sur les assonances et les consonnances (rimes), n'abdique pas pour cela son grand regard épique. Quand, par exemple, un auteur, devant les taches d'été d'un visage, se rappelle ses taches d'automne, de printemps et d'hiver, il manifeste du moins par là une liberté de vue qui ne s'emprisonne pas pour se perdre et s'abîmer dans l'objet ou dans le signe de l'objet. Nous autres Allemands manquons pour l'esprit non de talent, mais de goût. Nous avons de l'imagination, et l'imagination peut facilement s'abaisser jusqu'à l'esprit, comme le géant jusqu'au nain (149), mais l'esprit ne peut s'élever jusqu'à elle. En France, c'est la nation qui est spirituelle ; chez nous ce n'est que l'élite, et c'est précisément pour cela que cette élite l'est surtout chez nous par art, ce qui arrive plus rarement en France; car les Français n'ont point à offrir des auteurs spirituels comme les nôtres ou ceux des Anglais. Ce sont précisément les nations vives, ardentes, déréglées dans l'action (Français et Italiens), qui le sont moins dans la poésie et qui y montrent plutôt de la correction; et ce sont précisément les nations plus froides dans la vie (Allemands, Anglais) qui sont plus ardentes lorsqu'elles écrivent et qui hasardent alors des figures plus hardies; d'ailleurs on ne peut guère s'étonner de l'abîme qui existe entre l'ardeur de l'homme et l'ardeur du poëte, à moins qu'on ne veuille soutenir qu'un homme rempli de passions violentes reçoit par cela même une vocation de poëte.

Puisqu'il ne manque à l'Allemand, pour avoir de l'esprit, que de la liberté, il devrait s'en donner. Il a cru peut-être, dans ces derniers temps, faire quelque chose pour elle en mettant en état libre, c'est-à-dire de liberté française, plusieurs de ses territoires rhénans (150). Elle fait voyager ses meilleures terres, comme autrefois la jeunesse noble, dans une nation encore plus libre que grande, pour les y former. Il faut espérer que d'autres territoires et d'autres cercles voyageront encore; mais, en attendant leur retour, il nous reste à cultiver la liberté chez nous.

Ici nous rencontrons un vieux cercle universel, mais non vicieux, que l'on retrouve partout*. La liberté donne l'esprit (et l'égalité avec lui), l'esprit donne la liberté. J'ai déjà donné le conseil d'exercer à l'esprit, plus qu'on ne le fait ordinairement, la jeunesse des écoles**; quant à l'âge mûr, il faut qu'il se rende libre par l'esprit, et qu'il se débarrasse une bonne fois de l'*onus probandi* (obligation de prouver), mais non pour l'échanger contre un *onus ludendi* (obligation de jouer). L'esprit, cet anagramme de la nature, est naturellement porté à nier ce qui est spirituel et divin; il ne s'attache à aucun être en lui-même, mais seulement à ses rapports; il n'estime et ne méprise rien; tout lui devient indifférent pourvu qu'il y ait égalité et ressemblance; il occupe le milieu entre la poésie d'un côté, qui veut non-seulement se présenter elle-même, mais aussi présenter quelque chose, un sentiment et une forme; et la philosophie de l'autre côté, qui a un autre but que sa pure recherche, et qui poursuit éternellement un objet et un objet réel. L'esprit n'a pas d'autre fin que lui-même; il joue pour jouer***.

* Ainsi l'humanité ne peut jamais arriver à la liberté sans une culture d'esprit très-haute; et elle ne peut arriver à cette culture sans la liberté.
** *Loge invisible*, I, p. 261 (I, 260) (151).
*** Par conséquent, c'est l'esprit qu'il faut appeler un simple jeu d'idées et non la poésie, comme le prétendent certains es-

Il est complet à chaque minute; ses systèmes sont renfermés entre des virgules. Il est atomistique sans véritable connexion. Semblable à la glace, il produit accidentellement de la chaleur quand on lui fait jouer le rôle d'un verre ardent, et quand on l'aplatit, il donne accidentellement de la lumière et un reflet de glace*; mais souvent aussi il se place devant la lumière et la chaleur, et les intercepte sans en briller moins pour cela. C'est pourquoi il se répand de jour en jour plus d'esprit et plus de sel dans le monde, de même que, d'après Halley, la mer devient plus salée de siècle en siècle.

De même que l'eau qui commence à se congeler forme d'abord des aiguilles de glace, de même l'homme, quand le froid s'empare de lui, commence par faire des épigrammes.

Mais il y a un état moitié lyrique, moitié spirituel, qui ne répand la famine et la désolation que lorsqu'il se prolonge et devient prédominant, mais qui, lorsqu'il disparaît, laisse derrière lui, comme la fièvre quarte, la plus brillante santé; car lorsque l'esprit s'est

---

théticiens de ce temps, qui suivent la méprise de Kant; ce dernier, qui n'estimait pas assez la poésie, la définit un jeu de l'imagination reproductrice.

* Je veux parler du reflet blanc que produit à l'horizon une longue plaine de glace. — V. Forster (152).

rendu entièrement libre; lorsque la tête, au lieu d'être une chambre abandonnée, hantée par des fantômes, devient un salon où une joyeuse réunion se prépare à la fête nuptiale; lorsqu'une communauté d'idées, comme celle des femmes dans la république de Platon, vient à s'établir, et que toutes ces idées deviennent fécondes par leurs rapprochements; lorsqu'il y a un véritable chaos, mais qu'un esprit saint plane au-dessus; ou bien quand c'est un chaos d'infusoires, mais qu'à le regarder de près on trouve très-bien organisé, et qui se développe et se reproduit très-bien; lorsque, dans cette dissolution universelle, semblable à la conception que nous nous faisons du dernier jour de l'univers, les astres tombent, les hommes ressuscitent, et tout se mêle pour former quelque chose de nouveau; lorsqu'enfin ce dithyrambe de l'esprit, semblable non pas aux rares étincelles qui jaillissent d'un caillou inerte, mais au flot électrique continu d'une brûlante nuée d'orage, remplit l'homme de lumière plus que de formes, alors l'égalité et la liberté générales lui ont ouvert la voie de la liberté et de l'invention poétiques et philosophiques, et sa méthode d'invention (son *Heuristique*) n'a alors devant elle qu'un but encore plus beau. Il en est de l'âme comme des corps dans le système de Buffon; la matière qui la nourrit est en même temps la matière qui la produit, et réciproquement;

de sorte qu'on peut renverser la sentence : « *Sanguis martyrum est semen Ecclesiæ* », parce qu'il ne peut y avoir de *sanguis martyrum* sans *semen Ecclesiæ*. On devrait par conséquent excuser chez certains auteurs, comme par exemple Hamann, certaines inégalités ; comme il se place à une hauteur d'où toutes les montagnes et toutes les vallées lui paraissent rapprochées et d'où toutes les formes semblent se confondre, ces inégalités deviennent imperceptibles pour lui (153). A force de tout niveler, l'homme arrive facilement à oublier l'existence de l'inégalité elle-même ; ce que prouve d'ailleurs la révolution française *.

§ 55. — *Nécessité de l'esprit savant.*

Quoique l'esprit soit et rende libre, il se renferme quelquefois dans des limites où il ne l'est plus. Lich-

---

* On pourrait, par conséquent, se demander s'il ne serait pas utile et agréable de rassembler des traités, où se mêleraient, sans but fixe et déterminé d'art ou de science, des idées de toutes les sciences, non pas comme des poisons, mais comme des cartes : cela rapporterait, comme les dés spirituels de Lessing, quelque chose à ceux qui savent gagner au jeu. Quant à la collection, je la possède moi-même et la complète tous les jours ; ne fût-ce que pour rendre la tête aussi libre que le cœur doit l'être (154).

tenberg brille d'un esprit non figuré qui se rapporte le plus souvent à des grandeurs; Lessing, par des antithèses; Musæus, par des allégories; quelques-uns, par rien. Des natures grossières ou stériles tirent le plus souvent leurs ressemblances de l'action de manger, et encore plus de la guerre et de l'armée (chez nous on les emprunte rarement à la marine), parce que de l'un et de l'autre côté l'état social se trouve si bien reproduit en petit, que la figure se présente d'elle-même. Quand on ne sait pas, pour former une image, trouver ce qu'il y a de plus éloigné, on saisit ce qu'il y a de plus nouveau. C'est ainsi que pendant longtemps le ballon a dû servir de navette pour tisser l'esprit; ensuite on s'en est tiré au moyen de la révolution. Aujourd'hui, pour réunir les objets les plus éloignés, on peut se fonder soit sur la pile galvanique, soit sur la chevalerie de l'empire*. On peut également se servir du Pas-de-Calais comme d'un pas de côté, en arrière ou en avant (par exemple à l'égard de l'embargo anglais), tant que l'entrée de la Manche sera interdite. Pour établir de nouvelles similitudes il faut souvent prendre la peine de battre en brèche les anciennes.

---

* A l'égard de cette allusion et de la suivante, et, en général, à l'égard de toutes les allusions à l'histoire contemporaine qu'on trouvera dans ce livre, il ne faut pas oublier qu'il a été écrit avant 1803 (155).

Quand, par exemple, on veut dire quelque chose de bon de l'adultère, les cornes se présentent d'elles-mêmes et à tout le monde, de telle sorte que cette figure n'a plus rien de distingué. Fait-on paraître ensuite un cerf ou un Actéon, on n'en est pas plus avancé. On est monté sur un cheval d'escarpolette et non sur le coursier des muses, et par conséquent l'allégorie ne veut pas marcher. Quelle peine s'est donnée Shakespeare à cet égard ! Qu'une femme, dans une lettre, ou qu'un poëte dans ses vers, cherchent quelque chose qui ressemble à la joie, et l'on voit immédiatement se dresser la *fleur* fatale de la joie, cette fleur de glace, cette pervenche, ce phytolithe parmi les métaphores ; cette plante vivace, source de couleurs, m'a été offerte plus d'un million de fois par les poëtes et par les femmes. Je puis la peser comme du foin ; j'en ai façonné des bonnets d'herbe pour la tête et des sachets d'herbe pour le cœur. Mais pourquoi l'idée de traiter d'une main allégorique cette fleur pétrifiée et officinale ne vient-elle à personne ? On l'a laissée jusqu'à présent s'épanouir et se faner, on l'a laissé cueillir et fouler aux pieds, pourquoi ne se mettrait-on pas à compter exactement les racines et les étamines de cette fleur de la joie ? Pourquoi ne l'a-t-on pas transportée au moyen d'une machine à enlever les fleurs dans le jardin des Hespérides, ou bien pourquoi ne l'a-t-on pas pressée, séchée et collée dans les herbiers de la poésie? Pourquoi n'a-t-on pas fait cela? Pourquoi suis-je le premier à le faire?

Il n'y a, dans l'univers et sur la montagne des muses, que deux choses qui puissent, incontestablement et sans effort, servir à tout de terme de comparaison : c'est d'abord la vie, parce qu'elle se rapporte à tout et que tout se rapporte à elle ; aussi puis-je dire, sans difficulté et même avec grâce, et avec une convenance parfaite : le tapis de la vie, l'astre de la vie, la corde de la vie, le pont de la vie ; et en second lieu il y a ce rapport qui engendre tout à la fois la vie et l'obscénité, rapport qui est comparable à l'univers entier*, de sorte qu'il y a, pour la naissance des hommes et pour leurs saillies, une même source inépuisable.

Quand ces deux ministres de l'empire de l'esprit abdiquent et se retirent, l'auteur lui-même, comme je l'ai déjà prouvé, cesse presque de régner, à moins qu'il ne saisisse le moyen auquel nous voulions arriver par ce préambule, c'est-à-dire l'esprit savant. Il n'y a que des parleurs insignifiants qui prétendent qu'on va le chercher trop loin ; ils font eux-mêmes en cela une plaisanterie, car ils attachent une double entente à leur expression ; *cherché trop loin*, qui peut

---

* V. *l'allée de Campan*; les gravures sur bois, p. 100 (II, 345).

d'abord signifier des ressemblances forcées ou dissemblables, peut signifier aussi des allusions à des objets éloignés dans le temps ou dans l'espace. C'est seulement dans le premier sens, qui n'a rien à démêler avec le second, qu'il n'y aurait pas d'esprit; mais, dans le second sens, pourquoi ne serait-on pas libre, en présence de tant d'années de disette et de siècles stériles, de faire allusion à tout ce qu'on veut, mœurs, époques, connaissances? On serait seulement tenu de naturaliser l'objet étranger, et cela se fait mieux à l'aide de la comparaison qu'au moyen de l'allégorie, qui présuppose la connaissance de l'objet.

Le peintre, le poëte, se servent partout de l'érudition moderne; pourquoi l'homme d'esprit n'aurait-il pas la même licence? Qu'on s'instruise dans un livre pour comprendre le livre lui-même, quand la première lecture a fait, pour ainsi dire, notre éducation, on comprend, à la seconde, aussi bien que l'auteur lui-même. Où s'arrête le droit d'ignorer ce qui est étranger (non pas l'*ignorantia juris*, mais le *jus ignorantiæ*)? Le théologien et le jurisconsulte ne se comprennent pas l'un l'autre; l'habitant d'une grande ville comprend mille allusions dont le sens échappe à l'habitant d'une petite ville; l'homme du monde, l'étudiant, l'homme d'affaires, ont chacun un cercle différent de connaissances, et l'esprit qui ne veut pas s'exiler d'un cercle dans un autre, est obligé de devenir le centre de tous ; il doit même le faire pour d'autres raisons encore que celle de son intérêt, car la terre doit finir par devenir un seul pays, l'humanité une seule nation, les époques un fragment de l'éternité ; l'océan de l'art doit relier entre elles les différentes parties du monde, et c'est pour cette raison que l'art a droit d'exiger de nous une certaine universalité de connaissances.

Pourquoi les savants allemands * et monsieur de Steigentesch à Vienne ne veulent-ils pas permettre ce dont les savants anglais font grand cas, c'est-à-dire un esprit comme celui de Butler, de Swift, de Sterne, etc.; surtout quand les Français, peu savants, permettent eux-mêmes à leur Montesquieu une comparaison étrangère ** et qu'ils en permettent de toute espèce au savant Rabelais ? Ne permet-on pas à Homère, qui savait

---

* Un écrivassier pédant, dans un article sur l'*explication de Hogarth*, par Lichtenberg, inséré dans la *Bibliothèque des belles-lettres de Dyk*, fait à la *statua pensilis* le reproche de pédantisme.

** Je veux parler de la comparaison bien connue du despotisme avec des sauvages qui abattent les arbres pour en cueillir les fruits. Une pareille comparaison ne peut paraître brillante qu'à ces pauvres Français, et non aux Anglais et aux Allemands ; elle ne fait après tout que désigner le genre par l'espèce. J'offre d'en faire une semblable, mais encore mieux déterminée : je comparerais le despote à un enfant qui aurait l'habitude de tuer les abeilles, pour sucer le miel qu'elles portent.

tout, de dépenser hardiment ce savoir universel, et cela dans un ouvrage qui s'adresse immédiatement à l'imagination, et où tout est momentané? Ne règne-t-il pas aussi, dans l'Allemagne actuelle, une variété particulière de connaissances, et même une omniscience universelle et encyclopédique, répandue non-seulement par des pédagogues, mais aussi par nos gazettes et nos bibliothèques littéraires universelles, qui font de tous ceux qui écrivent ou lisent les journaux, sans qu'ils s'en aperçoivent eux-mêmes et comme furtivement, un savant universel? Et enfin moi et d'autres Allemands (je suppose que j'aie à faire de temps en temps allusion à quelque chose d'étranger), n'avons-nous pas chez Webel le *Dictionnaire encyclopédique en dix volumes**, sans compter le supplément qui doit paraître, de telle sorte que pour lire un livre difficile nous n'avons qu'à ouvrir un livre facile? — Comme les femmes de leur côté lisent autrement, avec plus d'indulgence et plus de facilité! Quand elles rencontrent un trait d'esprit emprunté à la science, elles ne jettent pas les hauts cris, elles ne se lamentent pas sur l'interruption de leurs idées; elles continuent au contraire à lire tranquillement, et, pour pardonner et pour oublier plus facilement, elles ne cherchent même

---

* Je recommande ce dictionnaire de faits au savant universel qui n'est pas précisément un Polyhistor (156).

pas à savoir de quoi il a été question (157). Deux additions ne seront peut-être pas encore de trop : des ressemblances spirituelles prises dans un objet connu saisissent toujours plus fortement et plus rapidement que d'autres ressemblances aussi spirituelles, mais savantes et relatives à des objets inconnus. Il faudrait recommander les premières à chaque auteur, s'il était suffisant de les avoir. Mais il n'en est pas ainsi : le temps a déjà moissonné ces bluets, et réduit l'esprit soit à la production maigre et tardive d'une seconde moisson, soit à de riches excursions botaniques à l'étranger. Un objet connu offre, il est vrai, les avantages d'être plus facilement saisi par l'imagination, d'être plus précis et plus nécessaire, et l'allusion savante, au contraire, doit se passer de tous ces avantages : sa nécessité et sa vérité sont moins senties, qu'admises sur la bonne foi de celui qui la présente. Plus un peuple est éloigné de nous par le temps, l'espace, les mœurs, moins nous sommes frappés par les allusions dont il est le sujet, et surtout par celles qui sont pour ce peuple étranger lui-même des jouissances longtemps désirées et comme un repas succulent, fêtant le jour où l'ouvrier passe maître dans son métier. Un Chinois, par exemple, comprendrait avec une jouissance facile les allusions suivantes que je pourrais lui faire : « Tous les insignes de la puissance et de la noblesse sont avec raison empruntés aux causes et aux effets les plus remarquables du mal : ainsi le dragon, la couleur jaune, la longueur des ongles et l'obésité; » car ce Chinois saurait d'avance que le dragon et le jaune, qui est la couleur du dépérissement et de l'envie, n'indiquent que sa maison impériale, et que de longs ongles et de gros ventres n'appartiennent qu'à des personnages de haute condition : mais les lecteurs allemands qui n'ont appris ces choses-là qu'hier ou aujourd'hui, sont beaucoup moins frappés par des ressemblances si éloignées et y trouvent beaucoup moins d'agrément. Un auteur produit encore moins d'effet (par exemple l'auteur que tout le monde connaît ici), quand il ne fait allusion qu'à des faits particuliers de la médecine ou de l'histoire ou à d'autres *curiosa*; c'est ce qui arriverait si j'allais comparer ces allusions elles-mêmes à ces mêmes *curiosa*, à cause de leur peu d'effet ; ou à la seconde paire d'yeux qu'un Égyptien avait sur le dos, mais avec laquelle il ne pouvait rien voir (*Plin. H. n.*, XI, 52),—ou à un troisième sein également placé sur le dos, mais dépourvu de mamelon (*Barthol. in ann. secund. Ephem. cur. obs.* 72).

Je passe à la seconde addition : On peut encore rendre excusable l'allusion savante en l'expliquant d'abord une fois, et en s'en servant dix fois ensuite ;

c'est ce que Wieland a fait, par exemple, pour les bonzes, les derviches, les hétaires, les sycophantes, et toute cette mauvaise plèbe qu'on peut aujourd'hui considérer comme naturalisée chez nous, et dont toutes les têtes spirituelles peuvent désormais se servir (158).

CHAPITRE X.

Des caractères.

§ 56. — *Du caractère en général, en dehors de la poésie.*

Rien n'est plus difficile et plus rare, dans la poésie, que des caractères vrais, à l'exception de ceux qui sont forts ou grands. Gœthe est le plus riche en caractères vrais; Homère et Shakespeare, en caractères forts et grands.

Avant d'étudier comment le poëte forme des caractères, nous allons chercher comment nous arrivons en général à la notion du caractère.

Le caractère n'est que la réfraction et la couleur du rayon de la volonté. Toutes les autres facultés qui viennent s'y ajouter, jugement, esprit, etc., peuvent rendre cette couleur plus claire ou plus foncée, mais elles ne peuvent la produire. Le caractère n'est pas déterminé par une seule qualité, ni par un grand nombre de qualités, mais par leurs degrés et par la proportion de leur mélange ; il y a, avant tout, la condition de l'existence cachée de ce pivot organique de l'âme autour duquel tout se produit, et qui, suivant sa nature, attire ou repousse ; quoique ce pivot soit caché, il ne l'est pas plus, quant à l'esprit, que ne le sont, quant au monde, les corps, les Psychés atomistiques, et les lutins élémentaires qui préparent, soit dans une peau d'animal, les couleurs de la plume du paon, soit dans un parterre de jardin, celles de la rose ou du myosotis. C'est pourquoi un auteur qui rend un caractère spirituel ou poétique, ne l'a pas pour cela déterminé ou créé. Le caractère humoriste, par exemple, se combine aussi bien avec la force qu'avec la faiblesse, aussi bien avec l'amour qu'avec la haine*. Mais alors comment se fait-il que la volonté d'autrui, cette lumière invisible, se révèle à nous dans la vie d'une manière assez claire pour que nous puissions la renfermer dans les limites d'un caractère? Comment la patte de lion visible d'une seule action trahit-elle le lion tout entier, qui est le roi ou

---

* P. Ex. le fort *Leibgeber*, ou le tendre *Victor* (159).

la bête féroce d'une vie entière? Comment l'étoile d'un seul sacrifice et d'un seul regard sacré est-elle pour nous le signe du lever de la constellation d'un caractère céleste? Cela paraît d'autant plus difficile que toutes les actions particulières ne sont pour la constellation que des signes très-éloignés les uns des autres.

Il est vrai que la figure ou l'extérieur, ce masque de caractère du moi caché, exprime tout un passé, et, par cela même, suffisamment de l'avenir; mais cela ne suffit pas : car même lorsqu'on ne peut connaître l'apparence corporelle, les cinq points d'un discours ou d'une action qu'on nous raconte nous font voir déjà toute une figure intérieure, comme cinq autres points nous font reconnaître la figure extérieure. Il y a deux choses qui éclairent et tranchent la question : toutes les formes de l'humanité, tous ses caractères, se retrouvent dans chaque homme; et le caractère d'un individu n'est que le choix créateur d'un monde qu'il fait dans une infinité de mondes; ce n'est que le passage de la liberté infinie dans un phénomène fini. S'il en était autrement, nous ne pourrions reconnaître et deviner que notre propre caractère, lorsque nous le retrouverions chez les autres. On s'étonne quand on voit par exemple, dans l'art, un poëte développer, depuis un Caliban jusqu'aux formes les plus idéales, les cartes célestes ou géographiques de caractères humains qu'il n'a jamais pu rencontrer dans la vie. Mais il y a encore ici un second miracle à admirer : c'est que le lecteur trouve ces portraits ressemblants, sans en avoir jamais vu les originaux dans la réalité. Le jugement que l'on porte sur la ressemblance suppose la connaissance de l'original, et ce dernier existe réellement dans le lecteur tout aussi bien que dans le poëte. Il y a seulement cette différence que chez l'homme de génie l'ensemble universel de toutes les facultés et de toutes les formes humaines se trouve baigné de lumière comme une sculpture en relief, tandis que chez les autres cet ensemble reste dans l'obscurité comme une sculpture en creux.

C'est dans le poëte que l'humanité entière a conscience d'elle-même et trouve son expression : aussi réveille-t-il facilement chez les autres cette conscience et ce langage. De même dans la vie réelle les formes plastiques des caractères sont créées en nous par un seul trait que nous apercevons; dès qu'un seul membre est appelé à la vie, tout un second homme intérieur se manifeste en nous et vit à côté du nôtre, de sorte que dans le monde moral comme dans le monde organique, la partie définit son tout, et réciproquement.

Qu'un homme vienne, par exemple, à mentir impudemment : la forme de son âme est découverte. Personne n'a encore essayé de faire la classification et le dénombrement de ces races de l'homme intérieur, des Albinos, des mulâtres, des quarterons, etc.; et cependant les expériences de l'histoire abrégeraient de beaucoup ces opérations. Il y a dans l'histoire une singulière disette de caractères nouveaux, et une répétition non moins singulière de certains types qui, comme ceux d'Alcibiade, de César, d'Atticus, de Cicéron, de Néron, se reproduisent comme par une sorte de métempsycose ou comme des somnambules du monde spirituel. La poésie, qui fait tout revivre, ressuscite ces revenants de l'histoire avec des corps transfigurés (parastatiques).

De même que les sauvages prétendent qu'il existe dans le ciel le double de tout ce qui existe sur la terre, on pourrait admettre, pour la plupart des caractères historiques, des dioscures poétiques; ainsi par exemple l'histoire de France pose devant le miroir d'or de Wieland ; elle se déshabille, se pare et se regarde; mais il est vrai que l'histoire a existé avant le miroir (160).

§ 57. — *Naissance des caractères poétiques.*

Il y a quatre côtés à examiner dans les caractères poétiques : leur naissance, leur matière, leur forme et leur présentation technique.

Nous avons déjà déterminé leur naissance à demi : c'est comme un nouvel homme physique ou moral ou comme une volonté; un éclair le conçoit et l'enfante. Toute vie, et à plus forte raison la vie spirituelle, la plus brillante de toutes, naît comme naît son poëte; mais on ne la fait pas. Toute la science qu'on peut avoir du monde et des hommes ne peut suffire à créer un caractère qui continue à vivre par lui-même; ainsi Hermès, qui cependant connaît bien le monde, ne pousse souvent devant lui que des marionnettes chrétiennes, hommes, anges, ou démons. Quand on ramasse les ossements répandus çà et là dans la réalité, pour composer, avec ces dépouilles de différents cimetières, le squelette d'un caractère, et qu'on lui donne, non un corps, mais une enveloppe et des vêtements, on se tourmente soi-même et les autres par une apparence de vie dont chaque mouvement doit être produit par le fil de fer, qui remplace les muscles. Il y a de grands poëtes qui ne sont pas cités pour leur connaissance du monde, et il y a des hommes qui ont eu une profonde connaissance de la vie sans devenir de grands poëtes. Gœthe a fait dans sa jeunesse *Gœtz de Berlichingen*, et Gœthe, arrivé à la maturité, pourrait montrer aujourd'hui, sur le théâtre anatomique, la vérité des caractères que l'intuition du jeune homme a fait paraître vivants sur le théâtre dramatique. Quand même on se fonderait sur le souvenir qu'on a des caractères réels pour expliquer et créer des caractères poétiques, le seul fait de choisir ces caractères et de les comprendre, suppose une conception originale et régulatrice qui nous guide pour débarrasser le type de ce qui n'est qu'accessoire, et pour lui trouver l'unité de la vie.

L'expérience et la connaissance des hommes sont à la vérité des qualités inestimables chez un poëte, mais seulement en ce sens qu'elles lui fournissent les moyens de colorier un caractère préalablement créé et dessiné ; ce caractère tourne à son profit et s'approprie cette expérience ; mais il ne lui doit pas plus sa naissance, qu'un homme ne se crée lui-même par le seul fait de se nourrir. La forme divine, la Minerve, n'entre pas dans la tête du poëte, mais elle en sort vivante et armée ; qu'il cherche cependant pour elle, après lui avoir donné la vie, des couleurs locales qui puissent lui convenir ! S'il a par exemple, comme l'auteur qui nous est bien connu, puisé en lui-même une Liane (161), il devra, comme lui, chercher partout dans la vie ordinaire les tresses, les regards, les paroles qu'il devra lui attribuer. L'auteur prosaïque choisit dans son cercle un être réel dont il voudrait, à l'aide d'appendices poétiques, faire un être idéal ; le poëte doue au contraire sa créature idéale de tous les biens de la réalité qui peuvent servir à l'individualiser.

L'excellent Lichtenberg serait mal compris par le poëte qui verrait dans son *Orbis pictus* ou dans un de ses recueils d'observations sur les caractères, une collection de couleurs à son adresse ; Lichtenberg se serait mal compris lui-même si telle avait été son intention, et les poëtes seraient dans l'erreur s'ils croyaient pouvoir lui emprunter, pour s'en parer, toutes les phrases par exemple qu'il cite comme étant employées généralement par des domestiques. Une pareille peinture du monde, quoique morte, peut cependant avoir une double utilité : d'abord elle garantit des fautes de langage sans toutefois garantir aux caractères un langage excellent ; et en second lieu elle nous excite et nous habitue à observer par ses observations mêmes. Cependant tout cela ne peut et ne doit servir que pour ouvrir largement les yeux du

poëte devant le monde qui l'environne; ce n'est pas
afin que l'univers puisse poser toute la journée pour
son pinceau, mais afin qu'il se glisse insensiblement,
librement et doucement dans son âme et y repose
imperçu jusqu'à ce que les tièdes rayons de l'heure
poétique viennent l'y réveiller, comme ceux du soleil
réveillent le printemps.

Le caractère lui-même doit, à l'heure de l'inspiration, se présenter à nous vivant, ferme et puissant;
on ne doit pas seulement le voir, mais aussi l'entendre;
il doit vous inspirer, comme cela arrive dans le rêve *,

---

* Nous devons citer ici le passage suivant des lettres de Jean-
Paul, p. 146 (II, 458) : « Le rêve est une poésie involontaire; il
prouve que chez le poëte le cerveau (physique) travaille plus
que chez tout autre homme. Pourquoi ne s'est-on pas encore
étonné de ce que le poëte, Shakespeare, par exemple, met dans
les *scènes détachées* de ce rêve et dans la bouche de ses personnages, le langage le plus déterminé, l'expression la plus précise de leur nature, ou plutôt de ce que ce sont eux qui lui
soufflent ce langage, au lieu de le recevoir de lui? De même, le
véritable poëte n'est, en écrivant, que l'auditeur, non le maître
de ses caractères; en d'autres termes, il ne compose pas leurs
discours d'après un manuel de la science du monde péniblement appris; il les conçoit, au contraire, d'une manière immédiate et vivante comme dans le rêve, et c'est alors qu'il les en-
tend parler. L'observation de Victor, qu'un adversaire rêvé lui
adresse souvent des objections plus sérieuses qu'un adversaire
réel, est faite également par l'auteur dramatique que son inspiration empêche d'être l'orateur de sa troupe, et qui, grâce à
cette même inspiration, écrit si facilement les rôles de ses per-

et non recevoir son inspiration de vous ; et c'est à ce point que dans cette heure de calme qui précède l'inspiration, on peut bien prédire à peu près ce qu'elle dira, mais non comment elle le dira. Un poëte qui, dans un cas donné, ne sait s'il doit faire dire à un caractère oui ou non, devrait l'abandonner, car ce n'est qu'un cadavre sans intelligence.

Mais comment cette rhétorique devient-elle l'attribut de ces êtres aériens et éthérés de la poésie et du rêve ? C'est de la même manière que, dans le rêve, ils se présentent à nous avec des joues et des yeux brillants, et avec une parole libre ; d'une forme plastique de l'humanité, la main de l'imagination a tiré une figure plastique ; et elle nous parle quand nous la regardons ; et puisque c'est la volonté qui fait les pensées, et non les pensées qui font la volonté *, cette forme fantastique que notre volonté a produite donne

sonnages sous leur dictée. Il est naturel que les personnages de nos rêves nous surprennent par des réponses que cependant nous leur avons suggérées nous mêmes ; dans la veille, toute idée, bien que nous pensions la devoir à nos efforts, se produit soudainement comme une étincelle qui jaillit d'un caillou ; mais dans le rêve, nous n'avons pas conscience de nos efforts, et cela nous conduit à attribuer nos idées à la forme qui est devant nous, et à laquelle nous attribuons nos efforts. »

* Dans la veille, nous faisons ce que nous voulons ; dans le rêve, nous voulons ce que nous faisons.

ses lois et ses ordres à nos pensées, c'est-à-dire à nos paroles.

Les caractères les mieux déterminés et les meilleurs sont par conséquent, dans tout poëte, ces deux formes idéales, cultivées depuis longtemps, et nées avec son moi : ce sont les deux pôles de sa nature, le côté sublime et le côté bas de son être humain. Chaque poëte a son ange et son démon particuliers; sa richesse ou son indigence quant aux créations qu'il produit entre ces deux extrêmes, sont la mesure de sa grandeur ou de sa faiblesse. Ces deux pôles, au moyen desquels il repousse et attire alternativement la vie, ne se forment pas par leurs objets et leurs accessoires; mais ce sont ces objets qui leur doivent leur forme. Par conséquent les caractères que le poëte a observés dans la vie n'éveillent les caractères qui vivent dans son intérieur qu'autant que ces derniers éveillent ceux du lecteur : ils les éveillent, mais ils ne les créent pas. Et c'est pour cela qu'un petit auteur qui emprunte un caractère à un grand auteur, n'y gagne rien, car il faudrait qu'il lui empruntât en même temps un autre moi.

Le caractère primitif idéal dans l'âme du poëte, cet Adam innocent encore, qui devient après sa chute le père des pécheurs, est pour ainsi dire le moi idéal du moi poétique; et, de même que, suivant Aristote, on peut connaître les hommes d'après leurs dieux, de même on apprendra à connaître le poëte par ses héros, qui sont précisément les dieux créés par lui. Les anciens, dont l'âme était fortement trempée, ont rarement créé des caractères faibles; leurs caractères ressemblent aux héros de l'antiquité qui portaient pour parure aux épaules et aux genoux, précisément aux organes qui endurent le plus la fatigue, des têtes de lion. Les femmes ne pourraient peindre un Hercule, quand même il consentirait à poser en filant près d'elles ; toutefois une femme vigoureuse réussirait plus facilement : ainsi dans le roman de *Delphine*, qui est une œuvre de génie, l'héroïne seule est ce qu'elle doit être ; le héros n'est pas un héros ; il en est de même du caractère idéal de *Valérie* (162). C'est pourquoi le héros d'un auteur, qui n'est pas toujours pour cela le héros de telle ou telle de ses œuvres, d'autant plus qu'un auteur aime à s'effacer, ce héros, dis-je, revient dans tous ses ouvrages avec aussi peu de changements qu'il s'en fait dans l'auteur lui-même; il en devient l'esprit élémentaire et universel. Il y aurait en partie trop de méchanceté, en partie trop de flatterie à citer des exemples, surtout pour les grands auteurs.

§ 58. — *Matière des caractères.*

Ici se présente l'ancienne question de l'admissibilité des caractères purement parfaits et purement imparfaits. Je regarde les uns comme nécessaires et les autres comme inadmissibles. La volonté ne connaît que deux moi, le moi d'autrui et le sien; il en résulte de l'amour ou de l'indifférence pour le premier, de l'estime ou du mépris pour le second. On peut aussi mentionner la force ou la faiblesse; mais, comme elles sont relatives au moi propre, il est difficile de les séparer de l'honneur ou de son contraire. Un caractère purement imparfait ne serait par conséquent que la faiblesse lâche, malicieuse et méprisable. Mais la muse repousse loin d'elle un pareil ver. Caliban lui-même, ce monstre qui n'a rien d'humain, présente des étincelles passagères et accidentelles de colère, de courage et d'amour*. Pourquoi la poésie a-t-elle tant horreur de la faiblesse? C'est que cette dernière n'est qu'une vapeur tiède et fétide qui dissout toute volonté et la

---

* C'est un être qui, par sa monstruosité, appartient, du reste, aux machines plutôt qu'aux caractères.

vie elle-même; de sorte que dans le mécanisme de l'action, l'âme qui devrait l'animer n'est plus qu'un cadavre sans consistance, et une machine, qui détruisent l'histoire (163); car il n'y a pas plus d'histoire sans volonté qu'il n'y a une histoire universelle des bêtes. Un caractère faible devient facilement laid et sans poésie; c'est ainsi que, par exemple, *Brackenbourg* dans l'*Egmont* de Gœthe devient presque dégoûtant, et que *Fernando* dans sa *Stella* est repoussant (164). Chez les anciens, les caractères faibles sont rares : on n'en trouve pas dans Homère : Pâris et Thersite eux-mêmes ont de la force, de même qu'à Sparte toutes les divinités, sans en excepter Vénus, étaient représentées armées.

De même que la force est comme une dot morale que nous apportons en naissant, de même la faiblesse est une dot immorale, et un péché héréditaire qui par conséquent ne porte pas atteinte à la sensibilité aussi gravement qu'un péché réel; elle se cache facilement comme un poison agréable qui cependant est toujours un poison, sous les attraits de notre nature aimante; c'est pourquoi le caractère des deux voyageurs de Sterne et de Thümmel est d'un effet beaucoup plus dangereux que toute autre liberté de l'esprit qui, au lieu de la feuille de figuier, ne se sert souvent que de sa charpente habilement préparée. L'*Aristippe* de

Wieland est également beaucoup plus immoral que sa *Laïs* (165). D'un autre côté, la force d'un caractère qui se respecte lui-même cache, dans les personnages de Schiller, ce qu'ils ont de haineux (166).

C'est derrière ou sous l'idéal de la faculté d'aimer que se montrent les caractères mixtes qui peuvent entrer dans la poésie; il y a d'abord celui qui est doué de beaucoup de faiblesse et de quelque amour*; à un degré plus élevé, on a le méchant, insolent, haineux, ravageant tout, dont le caillou anguleux aux étincelles d'un gris pâle, renferme le pur cristal d'un sentiment d'honneur, par exemple, Lovelace; vient ensuite la prédominance de l'amour à côté de quelque faiblesse; c'est pour ainsi dire une racine qui, sous le sol, au lieu de rester un tronc unique, se sépare comme un arbuste en un grand nombre de ramifications; et il y a enfin le palmier de l'humanité qui se dresse sur la terre et dans les mers, dont la tige droite porte vers le ciel le miel et le vin que renferment ses fleurs délicates : c'est là le caractère de la force et de l'amour suprêmes, un Jésus en un mot**.

* Beaucoup de jugement peut être considéré comme de la force.
** Cette catégorie comprend ainsi ces célestes caractères platoniques qui, de même que les dieux voient dans la vertu une beauté, se représentent ce monde grossier comme un second monde, et le jour comme un clair de lune ; mais ils s'y présen-

Comment ce caractère, le plus parfait de tous, serait-il interdit à la poésie? Pourquoi cette déesse, qui donne naissance à des déesses de second ordre, serait-elle incapable de créer seulement autant que cette lourde histoire à la marche pénible? C'est dans cette dernière que nous rencontrons Épaminondas, Socrate, Jésus, et ils jettent sur son échafaudage de faits un éclat qui en fait presque un char de triomphe. Et cependant le char doré d'Apollon ne pourrait recevoir et promener que des formes moitié brillantes, moitié obscures? Non : il me semble au contraire que la poésie doit habiter un astre encore plus élevé que celui de l'histoire ; qu'elle doit habiter un soleil mobile, tandis que celle-ci reste sur une terre mobile. N'a-t-elle pas, à elle seule, fait naître des dieux et des héros, et le Messie, et les filles d'Œdipe de Sophocle, et l'Iphigénie de Gœthe, et la princesse de ce dernier dans son *Tasso*, et la reine de *Don Carlos*, et Cidli (167)? Seulement, il n'y a rien de plus difficile, contrairement à l'opinion générale, que de créer et de présenter de tels caractères. Le sommet de la morale et le sommet de la poésie se perdent dans l'élévation

---

tent à nous sous une forme prosaïque et subordonnée, qui, par les expressions larges de manque d'honneur ou d'amour, ou par les expressions contraires, ne prétend pas déterminer ce qu'il y a de divin ou de diabolique dans une individualité.

d'un même ciel; et il n'y a que le génie d'un poëte supérieur qui puisse créer l'idéal supérieur du cœur. Dans quel autre monde que le sien la conscience ingénieuse de l'âme la plus belle irait-elle chercher cet idéal? De même qu'il y a pour la beauté des formes déterminées, il y en a aussi pour l'idéal de la conscience ; c'est pourquoi, malgré cette même loi du cœur qui s'applique à tous les êtres spirituels, notre idéal moral pourra paraître à un archange tout aussi vulgaire que l'est à nos yeux celui d'un honnête barbare.

L'homme supérieur peut deviner l'homme inférieur; mais ce dernier ne peut deviner le premier, parce que celui qui voit peut facilement se figurer ce que c'est que d'être aveugle; car ce n'est que la négation d'une affirmation; mais l'aveugle ne peut se figurer ce que c'est que voir, et il ne peut connaître les couleurs que par l'ouïe ou le toucher. C'est pourquoi une maladie intime du poëte ne se trahit nulle part plus que dans la personne de son héros, qu'il souille toujours, sans le vouloir, des vices secrets de sa propre nature.

Si cependant un caractère divin n'était qu'un assemblage de paroles mortes ou un vocabulaire moral, il ne serait pas plus difficile de le créer que de prononcer et de penser le mot *Dieu*, ce ciel de tous les soleils. Ainsi, Clarisse (168), sauf quelques mensonges qui dénotent du moins un certain caractère de femme, n'est qu'un froid vocabulaire moral sans unité de vie bien déterminée. Grandison au contraire présente du moins une vie factice que les louanges mercenaires des autres personnages ne contribuent pas à rendre plus réelle ; son caractère est plus déterminé que celui de Clarisse, qui du reste est également plus facile à décrire sous les traits d'un jeune homme actif que sous le personnage passif d'une jeune fille. Malgré un certain pédantisme de vertu propre à l'Allemagne et à l'Angleterre, cette détermination se reconnaît surtout en ce que Grandison est souvent transporté de la belle colère de l'honneur *. On jurerait que ce noble jeune homme n'avait les joues ni d'un rouge ardent, ni d'une pâleur maladive, ni à plus forte raison jaunes, mais qu'elles étaient ornées d'un blanc légèrement teint de rose, qui montrait comme une sainte aurore de l'astre de son âme. C'est ainsi qu'étaient en colère Achille et encore plus le Christ ; c'est par cette indignation sublime contre un monde pervers que les hommes justes ressemblent au mont Blanc : les tremblements de

---

* Un trait donne beaucoup de vie à son caractère ; il rosse un gentilhomme italien qui lui avait donné un soufflet, au point de le mettre pendant quinze jours hors d'état de continuer son voyage.

terre peuvent l'ébranler; mais, sauf de rares exceptions, il est inaccessible aux hommes. On a eu tort de blâmer ce grand poëte de caractères pour son Grandison, ange pédant, moitié ou deux tiers d'un ange; mais on est encore moins fondé à le blâmer pour son demi-diable Lovelace*; car on n'a pu refuser aux caractères secondaires de ses romans la perfection la plus délicate. Son observatoire est à cet égard placé sur une élévation beaucoup plus haute que celui de Fielding; mais la forme plus dramatique de ce dernier a, sur Richardson et sa forme épique, l'avantage d'une précision qui n'est pourtant qu'apparente.

Il est aussi difficile de présenter l'idéal moral que de le créer, parce que la généralité augmente en raison de l'idéal, et que par conséquent la difficulté d'exprimer cette généralité par des formes individuelles, de faire d'un Dieu un homme et même un Juif, et de lui donner néanmoins de l'éclat, augmente également.

---

* Lovelace, ce canon de Polyclète (169) des caractères apocryphes, ce vieil Adam, père d'innombrables pécheurs, sur le papier et dans le monde, que les Français et les Allemands ont volé comme des mendiants, s'élève comme un arbre vénéneux au-dessus des nombreux champignons vénéneux de la réalité; car il ne manque ni d'honneur, ni de courage, ni de libéralité, ni même d'égards pour son « *Bouton de rose*. » Comment pourrait-il sans cela produire de l'effet sur une Clarisse et sur un si grand nombre de lectrices?

Cependant ce procédé est nécessaire, et l'ange même a son moi déterminé. C'est pourquoi les poëtes placent le plus souvent leur idéal moral dans les femmes, parce qu'elles sont douées de moins d'individualité que les hommes, et que, pour indiquer la marche du soleil, elles se servent du silence d'un cadran solaire ou de la fleur du tournesol, plutôt que du bruit d'une horloge et de son sonneur. Je trouve même que le plus souvent les rôles tragiques qui bannissent ou excluent toute prédominance individuelle sont mieux remplis par des femmes dont l'individualité se perd dans le sexe tout entier. C'est pourquoi les artistes grecs (d'après Winckelmann) mettent peu de différences dans les types féminins, et ce peu de différence se bornait lui-même aux signes qui indiquent l'âge. C'est pourquoi un *pandemonium* offre au poëte plus d'abondance et de variété qu'un *panthéon*; et une œuvre d'art dans laquelle il ne régnerait que des hommes vertueux ou d'élite, ne peut être enfantée que par cette rare qualité innée du cœur qui connaît tout à la fois les beautés et la beauté (par exemple dans le *Woldemar*, de Jacobi). Bouterwek dit, dans son *Esthétique*, que « le plus grand crime peut quelquefois, au point de vue de l'esthétique, devenir plus sublime que la plus grande vertu. » Sans une explication particulière cela voudrait dire que le diable, par un charme esthétique, s'élève au-dessus de Dieu. Mais ce critique aux idées libérales ne peut trouver intéressant dans un criminel que la qualité par laquelle il se rapproche précisément de la vertu, c'est-à-dire sa force qui (en tant que spirituelle et non en tant que physique) est toujours quelque chose de moral, mais c'est une qualité morale appliquée à des rapports d'immoralité et d'erreur et présentée sous un jour d'autant plus vif qu'elle se montre à nous dans une sorte de combat. Lorsqu'un caractère parfait ne réussit pas ou qu'on le trouve trop froid, la faute en est à l'imperfection du poëte lui-même, qui ne sait point faire briller l'innocence sans lui donner pour repoussoir la noirceur d'un Maure. Grandison qui, dans l'exemple précédent, avait le pas sur Clarisse, doit ici, quant à l'intérêt, le céder à son tour, et de beaucoup, au caractère d'Allworth dans le *Tom Jones* de Fielding; Allworth, doué tout à la fois de la beauté de la vertu et du calme du sage, inspire autant de sympathie pour les caractères les plus excellents dans la poésie que lui-même leur en témoignait pendant sa vie. Le marquis de Posa, de Schiller, haut, brillant et vide comme un phare, aurait dû avertir le poëte de l'éviter dans sa course (170). Il devient pour nous une parole plutôt qu'un homme, une parole divine, mais non un homme-Dieu. Mais ce serait un blasphème contre l'humanité que d'attribuer ce manque de sympathie à ce qu'il y a d'idéal dans ce caractère. Est-ce que le héros ou le demi-dieu des quatre évangélistes, si toutefois nous pouvons nous permettre de sauter et de voler ainsi de l'un à l'autre, ne prend pas possession de notre cœur d'une manière bien plus élevée et plus puissante, malgré une idéalité bien plus haute encore et même infinie? On ne peut pas non plus reprocher au marquis de Posa de manquer d'action ; n'est-il pas au contraire à peu près le seul qui agisse par lui-même comme le seul substantif du drame? Ou bien lui reprochera-t-on de ne pas parler? Mais, il ne cesse guère de parler! Seulement, ce n'est au fond qu'un cercle dépourvu de centre, sans point vital organique, et c'est ce dont il sera plus amplement question dans les paragraphes suivants.

Quant à la fumée magique de la passion, cette médiatrice poétique entre la loi et le péché, qui dérobe soit la haine sous la force, soit la faiblesse sous l'amour, le poëte ne doit s'en servir qu'avec beaucoup de mesure, comme d'une auréole pour ses saints, et c'est encore là une raison pour que le nombre des femmes y soit dominant. Si l'idéal devient parfait par une alliance de l'honneur le plus élevé avec l'amour le plus sublime, il se trouve mieux placé chez les femmes, qui se tiennent beaucoup plus près de l'honneur que les hommes n'approchent de l'amour. Cependant les femmes placent devant leur char de Vénus, non le cheval noir et le cheval blanc de Platon, mais un pigeon blanc et un pigeon noir.

Plus le peintre s'éloigne de l'idéal moral, plus le nombre des traits de caractères dont il peut disposer s'agrandit; le plus grand des scélérats arriverait par ses passions purement individuelles jusqu'à être passivement déterminé; il en est de même de la laideur relativement à la beauté, et c'est pourquoi les demi-hommes et les demi-diables réussissent partout mieux que les demi-dieux.

Les grands poëtes devraient, par conséquent, quand ils ont les clefs du ciel et de l'enfer, ouvrir le ciel de préférence. Quand on lègue à l'humanité un idéal moral, un saint, on mérite d'être sanctifié soi-même; et ce caractère profite quelquefois aux autres plus encore qu'à celui qui l'a créé, car il vit et enseigne éternellement sur la terre. A la vue de cette sainte image divine, les générations se réchauffent et se relèvent les unes après les autres; et la cité de Dieu, que tous les cœurs désirent, nous a ouvert ses portes. C'est même un second monde, le royaume de Dieu, que le poëte nous donne; car ce royaume ne peut jamais ni habiter des corps, ni paraître dans des événements : il ne peut se trouver que dans un cœur sublime comme celui que le poëte vient de découvrir devant le nôtre.

Il est vrai que des caractères sublimes et des caractères bas nous élèvent avec des forces égales quoique inverses; c'est ainsi que la lune soulève également le flux de la mer quand elle se trouve dans le ciel au zénith au-dessus d'elle, et quand elle se trouve au-dessous au point précisément opposé; mais ce fait est soumis à certaines conditions. Si les bons exemples corrigent et que les mauvais corrompent, les caractères poétiques doivent produire l'un et l'autre effet d'une manière encore plus tranchée et plus claire. Le poëme et même la scène dans lesquels le caractère doué par le poëte d'un corps et d'une âme se reproduit pour la seconde fois dans les facultés d'un homme vivant, pourront-ils mieux nous saisir et nous élever lorsqu'ils ne seront qu'une étable d'Épicure ou un cabinet d'insectes moraux, que lorsqu'ils sont un empyrée spirituel de formes d'élite? Est-ce Plutarque ou Tacite qu'on quitte avec le plus de bien-être moral ou d'enthousiasme? Mais combien la collection héroïque du premier serait puissante et brillante si la grande âme d'un Tacite avait jeté sur ces héros son éclat héroïque!

Mais, il y a plus encore. Si un homme-Dieu passait à travers le monde et qu'il y fût reconnu pour tel, combien ce monde ne devrait-il pas s'incliner et se modifier devant lui! Mais ce n'est que dans un poëme que cet être se présente aux spectateurs sans voile et sans s'imposer, et c'est pourquoi il produit alors tant d'impression sur tout le monde. Pour le messie de *La Messiade*, il n'y a pas de Judas sur la terre; le caractère immoral, au contraire, ne peut se maintenir d'une manière durable sur la montagne des muses qu'en s'appuyant sur un succédané moral. De même que la divinité dépouille, dans le poëme, le voile qui l'obscurcit, de même le diable y revêt le masque de la beauté, et cet éclat brillant que la réalité enlève à la première, la poésie ne le prête qu'à ce dernier (171).

Ce qui nous décourage, ce n'est pas l'idéal de la divinité, mais l'idéal du mal; car notre conscience enchérit encore sur l'idéal du poëte. Il est toujours nuisible de contempler le vice longtemps; l'âme se met à trembler devant la gueule ouverte et haletante du serpent, elle finit par chanceler et y tomber. Une belle âme a-t-elle jamais aimé mieux chercher une caricature du cœur qu'une sainte famille ou une transfiguration? Ne voudra-t-elle pas apprendre à aimer plutôt qu'à haïr? Tandis qu'une ville dont les mœurs sont pures veille sur la pureté des spectacles, une ville corrompue n'accumule-t-elle pas, au contraire, sur ses théâtres ignobles toutes ses perfidies, ses ruses, ses tromperies, sa bassesse, son égoïsme, autant pour s'excuser par ces exemples comiques, que pour s'endurcir encore?

Comme la poésie révèle la destinée plus que la conscience du pécheur, et que dans la vie le même hasard de l'infortune frappe la vertu comme le vice, notre force morale se révolte contre l'inégalité et le désaccord du monde intérieur et du monde extérieur, et contre la punition du vice comme contre le manque de récompense pour la vertu. A quoi servirait le naufrage de démons malfaisants? C'est précisément en échouant sur la terre qu'ils y apportent la contagion.

Mais qu'aucun poëte ne lise ce passage sans en inférer les devoirs et les espérances que renferme le domaine de la poésie. Qu'il songe que ces caractères moraux, qui, en dehors de la poésie et dans les limites étroites du temps et de l'espace sont obscurcies par leurs rapports terrestres et ne frappent et ne réchauffent le cœur que de la moitié de leur feu, acquièrent, dans la poésie, le pouvoir de corriger pendant des siècles. Il faut qu'il apprécie à sa juste valeur cette richesse de formes pures, claires et brillantes qui, dans la poésie, n'ont pas à lutter, comme dans la vie réelle, contre les préventions du spectateur, mais peuvent au contraire dissiper l'ombre terrestre qui, dans la réalité, empêche notre regard de reconnaître ces caractères. Qu'il songe enfin que les erreurs répandues par le philosophe périssent en peu de temps par une sorte de réfutation tacite, et s'évanouissent sans soleil comme des ombres froides ; que la vie factice d'une pareille philosophie se perd insensiblement ; mais que le dard empoisonné de la poésie même la plus venimeuse ne peut être détruit par le temps ; et que le poëte produit encore son effet après des milliers d'années, effet salutaire comme l'inondation du Nil, quand le poëte est moral ; funeste comme une débâcle, lorsqu'il est immoral. Dans les vicissitudes de la philosophie, le premier philosophe ne rend pas claire la tête du dernier ; mais il est certain que le premier poëte réchauffe le cœur du dernier de ses lecteurs.

§ 59. — *Forme des caractères.*

La forme du caractère, c'est le général dans le particulier, l'individualité allégorique ou symbolique. La poésie qui introduit la nécessité dans le monde spirituel, et la liberté seulement dans le monde physique, doit, dans tout portrait, c'est-à-dire dans tout individu, faire abstraction des particularités spirituelles dues au hasard, et faire de chaque individu un genre qui reflète l'humanité tout entière. L'être dépeint, une fois détaché de la réalité qui l'environnaît, se sépare en un grand nombre de parties sans cohérence, par exemple les portraits des excellentes comédies de Foote, où l'élément accidentel des caractères se mêle néanmoins avec quelque beauté au hasard des événements.

A mesure que la poésie s'élève, la précision de ses caractères devient de plus en plus une mythologie de l'âme, et elle est de plus en plus réduite à ne se servir que de l'âme de l'âme, jusqu'à ce qu'elle finisse par arriver à un petit nombre d'êtres, comme l'homme, la femme, l'enfant, et en dernier lieu au genre humain tout entier. De même que la poésie descend de l'épopée héroïque à l'épopée comique, qu'elle quitte l'éther pour arriver, à travers l'atmosphère et les nuages, jusqu'à la terre, de même son corps devient, de milieu en milieu, plus dense et plus déterminé, jusqu'à ce qu'il finisse par n'être plus qu'un mécanisme de la nature ou une qualité.

Quel rapport y a-t-il entre la symbolique des caractères chez les Grecs et la symbolique des caractères chez les modernes? Les Grecs vivaient à l'époque de jeunesse, à l'aurore du monde; le jeune homme n'a encore que peu de formes précises, de sorte qu'il ressemble encore à plusieurs jeunes gens; les premiers rayons du jour ne laissent apercevoir qu'une faible différence entre les fleurs qui sommeillent. De même que les enfants, les sauvages et les boutons de fleurs se distinguent peu entre eux par la couleur, de même dans cette Grèce qui se trouvait dans un état primitif analogue, l'humanité se séparait seulement en quelques branches rares, mais fortes, auxquelles le poëte avait peu de chose à enlever pour les anoblir en les transplantant. Mais l'époque de civilisation postérieure, l'époque des mélanges des nations et d'une réflexion supérieure, a de plus en plus divisé l'humanité en un grand nombre de branches faibles, de même que les verres du télescope divisent une tache nébuleuse en soleils et en terres. Aujourd'hui il y a autant de nations fortement distinctes les unes des autres, qu'il y avait autrefois d'individus. Cette ramification continuelle, qui oblige chaque branche à pousser elle-même de nouveaux rameaux, augmente nécessairement l'individualisation de l'humanité, bien qu'elle nous apprenne en même temps à rendre de plus en plus épais le voile extérieur jeté sur ces différences. Ainsi un génie moderne, par exemple Shakespeare, qui prend des branches sur des branches, paraîtra, vis-à-vis des anciens qui saisissent des masses et des troncs entiers, avoir quelque désavantage; il présente les mêmes vérités, les mêmes généralités, la même humanité, mais elles sont couvertes chez lui du feuillage de l'individualisation. D'un autre côté, un conquérant comme Shakespeare découvre dans un seul caractère toute une terre spirituelle : presque tous ses caractères ont vécu, vivront et doivent vivre; ses caractères comiques eux-mêmes, par exemple Falstaff, sont les emblèmes de cette partie de l'humanité qui va à pied. Son Hamlet est le père non-seulement de tous les Werther, mais aussi des hommes vigoureux à la parole haute d'un côté, et de l'autre côté de ceux qui ont le caractère tout à la fois sentimental et plaisant (172).

Shakespeare reste par conséquent, malgré son individualisation intellectuelle, aussi universel dans le sens des Grecs, qu'Homère a pu l'être avec son individualisation physique, qui décrivait poétiquement jusqu'à la taille différente de deux héros, l'un assis, l'autre debout (173). Les Français, bien qu'ils tracent leurs eaux-fortes avec des paroles abstraites, ne créent néanmoins que des portraits. Les Anglais et les Allemands les plus remarquables, qui mettent l'individualisation non dans le dessin, mais dans la couleur, peignent l'homme même au moyen de la couleur locale de l'humour.

Contrairement à l'opinion généralement répandue, je voudrais donner aux Grecs la préférence sur les modernes pour les caractères de femmes; car la Pénélope d'Homère, les filles d'Œdipe de Sophocle, l'Iphigénie d'Euripide, etc., sont là comme les madones les plus antiques, et cela pour les raisons que j'ai exposées tout à l'heure. La femme ne devient jamais aussi individuelle que l'homme; elle conserve au milieu de ses différences, en apparence du moins, les grandes formes générales du genre humain et de la poésie, c'est-à-dire les formes de bonté, de méchanceté, de vierge, d'épouse, etc. On voit cependant par certaines descriptions de caractères en prose, par exemple de ceux d'Alcibiade, d'Agathon, de Socrate dans *le Banquet* de Platon, que les Grecs, quand ils le voulaient, pouvaient très-bien se rapprocher de notre manière d'individualiser.

§ 60. — *Présentation technique des caractères.*

Quoiqu'un caractère soit parfaitement doué à l'égard de la forme et de la matière, il peut néanmoins lui arriver souvent de mourir par suite des vices techniques de sa naissance. Il arrive souvent, et surtout dans de longs ouvrages, que le héros devient, sous les yeux et sous les mains du poëte mécontent, un homme tout différent : et cela est vrai surtout de trois espèces de héros : le héros fort se transforme volontiers, sur le tour de son potier, en un héros long et mince (174); le héros humoristique revêt une forme triste et plaintive; le scélérat devient bon en grande partie : le contraire se produit rarement. C'est ainsi que le héros de *Delphine* devient de plus en plus petit d'un volume à l'autre, comme une balle de plomb qui a longtemps fendu l'air; c'est ainsi que Saint-Preux, dans la *Nouvelle Héloïse*, n'est que le héros des *Confessions* de Jean-Jacques rapetissé; c'est ainsi encore que Wallenstein, au beau milieu de ses discours de bravoure, quitte l'une après l'autre les pièces de son armure de fer jusqu'à ce qu'il se trouve enfin assez dépouillé pour recevoir le dernier coup. Aussi Achille doit-il être considéré comme le dieu des caractères. Il se trouve, au début, dans un état peu favorable à l'action, courroucé, murmurant, se plaignant; il tombe ensuite dans une douleur languissante; et cependant il grandit comme un fleuve d'un chant à l'autre, il mugit sous la terre, jusqu'à ce qu'enfin il se montre dans toute sa largeur et son éclat. Mais dans quel siècle verra-t-on la chute et la cataracte de ce fleuve? Quand paraîtra l'Homère de la mort d'Achille? (175).

Il y a dans Homère une telle gradation de héros que Pâris, enlevé à ce voisinage éblouissant, se présenterait partout ailleurs comme un Alcibiade hardi, de même que Cicéron, loin des Caton, des Brutus et des César du Capitole, s'érigerait, au milieu de tout entourage de chevaliers, en héros républicain. Dans les œuvres modernes, il y a toujours quelques personnages qui, par la force ou la précision du caractère, réussissent mieux que le héros : par exemple le sophiste dans l'*Agathon* de Wieland, et un grand nombre de personnages secondaires dans *Wilhelm Meister*, dans *Delphine,* dans *Wallenstein*, et dans quelques ouvrages de l'auteur que nous connaissons tous. Dans les romans, cela s'explique en partie par le caractère passif du héros ; la passivité ne donne jamais des contours aussi précis que l'action; et c'est pour cela que les femmes sont relativement difficiles à décrire.

Le développement artificiel d'un caractère repose sur deux points : sur sa composition, et sur l'action qui se développe autour de lui ou autour de laquelle lui-même se développe.

Tout caractère, quelques bigarrures qu'il présente, et quand même il serait peint avec la variété du caméléon, doit présenter, dans une couleur de fond, cette unité qui relie le tout et lui donne une âme, semblable au *vinculum substantiale* de Leibnitz qui force les monades à se réunir. C'est autour de ce point saillant que les autres facultés de l'âme viennent se ranger en qualité de membres ou d'aliments. Si le poëte n'a pas su, dès son entrée en matière, rendre vivant ce centre de la vie spirituelle, aucune action, aucun événement, ne pourront relever cette masse inanimée ; cette dernière ne devient jamais la source d'une action, elle est au contraire créée elle-même de nouveau par chaque action. En l'absence de note tonique (*tonica dominante*) ce sont les fugues qui se succèdent qui deviennent la note tonique. Quand, au contraire, un caractère est vivant, comme une espèce de *Primum mobile*, conservant le mouvement qui lui est propre, malgré les différents mouvements extérieurs qui cherchent à le dominer, c'est précisément en raison de la force de la pression qu'il rencontrera, que ce caractère fera sentir la force de son ressort, et ce sera par conséquent dans les actions qui lui conviennent le moins : par exemple, Achille affligé de la mort de Patrocle, et dans Shakespeare le farouche Percy s'adoucissant tout à coup. Ce qui manque au Diogène de Sinope de Wieland et aussi, quoiqu'à un degré moindre, au Démocrite de ses *Abdéritains*, qui ressemble au Diogène, c'est précisément ce centre vital qui mêlerait organiquement l'audace du cynisme à un amour secondaire, mais sincère. Ce point vital dominant manque encore aux enfants de la nature dans *le Miroir d'or*, à Franz Moor, et au marquis de Posa; mais il ne manque pas à la princesse d'Eboli (176). Il n'y a que la toute-puissance de la vie poétique qui puisse confondre des éléments contraires, comme par exemple la force et la faiblesse dans le *Woldemar* de Jacobi, et dans le *Tasse* de Gœthe, qui lui ressemble, etc.

Dans ce combat des éléments, il arrive souvent que la forme physique soutient par sa force la forme intérieure. Ainsi, dans le *Geron* de Wieland, la noblesse et l'excellence du caractère reposent avec hauteur et fermeté sur sa grandeur corporelle, comme sur un piédestal et sur un trône. C'est pour la même raison que, dans Homère, la répétition des attributs physiques contribue à augmenter la vigueur de ses personnages. Une contradiction entre la forme et le caractère jette même de la lumière sur ce dernier : ainsi Alexandre le Grand gagne par sa petite taille; Valérie, cette jeune fille gaie et folâtre, par la pâleur de son teint; le diable, dans le *Docteur Faust* de Klinger, par la beauté de sa figure de jeune homme qui porte seulement, d'après le portrait du diable peint par Fuessli, un pli perpendiculaire sur le front (177). Un caractère peut encore être rehaussé par son contraste avec sa condition sociale; par exemple un niais sur un trône, un caractère doux sur un char de guerre et de triomphe, un caractère entreprenant sur un lit de malade : tous ces caractères se présentent aux regards d'une manière plus vive à cause de l'opposition des couleurs qu'ils rencontrent dans leurs rapports extérieurs. La discordance dans les rapports intérieurs eux-mêmes, c'est-à-dire la discordance entre les parties dominantes et les parties subordonnées du caractère, augmente par ces dernières l'éclat des premières. Ainsi, dans César, la clémence profite au caractère héroïque ; chez Henri IV, c'est la légèreté; dans l'oncle Toby, son humanité tourne au profit de ses sentiments d'honneur. Il n'en est pas moins vrai cependant que ce mélange de couleurs contraires ne réussit qu'au peintre, et non à celui qui ne fait que broyer des couleurs. Ce dernier peut bien charger un caractère de couleurs et de traits discordants, et il arrive même alors que ces couleurs et ces traits ne sont pas, pour notre aperception et pour notre souvenir, inhérents au caractère; mais quand on s'y prend comme la plupart de nos auteurs et broyeurs romantiques, et que l'on met des couleurs légèrement changeantes, chatoyantes, à demi effacées, à demi chargées, on ne produit, au lieu d'une forme entière et précise, qu'une tache bigarrée.

Dès que ce cœur et cette âme du caractère ont été créés, dès que cette espèce d'astre polaire a été établi dans le ciel, l'être gagne précisément en vérité et en ardeur par son balancement même entre les deux pôles. Je veux dire toute force vivante de volonté recevra, pourvu qu'elle soit noble, une nature tantôt divine, tantôt humaine; et, quand elle est ignoble, une nature tantôt humaine, tantôt diabolique. Si par exemple un caractère est la force ou l'honneur, il pourra ou se rapprocher de ce soleil de la fermeté morale et sublime qui sait se sacrifier elle-même et son propre bonheur, ou bien se perdre dans ce soleil de l'égoïsme cruel qui immole les autres aux divinités. Si un caractère est l'amour, il peut être balancé entre un dévouement divin et une faiblesse humaine. Aussi est-ce ce balancement qui rend un caractère moral si difficile à peindre. C'est seulement parce qu'elle élève et rabaisse avec rapidité et impartialité, vers le sud ou vers le nord, comme des astres, ces formes extrêmes des caractères, en ne leur imposant qu'une nécessité et une variété également belles et faciles, que la poésie nous apprend à juger, mesurer, peser et observer le monde. De même que l'organisation la plus riche ne peut épuiser et réunir en elle seule le monde physique tout entier, de même un homme ne peut comprendre en lui l'humanité entière. Chaque homme est en même temps une partie et l'image de l'humanité, mais aucun n'est l'original de cette image. De même que dans un véritable dialogue d'art, la vérité se trouve non dans la bouche d'un seul, mais dans celle de tous les interlocuteurs pris en masse ; ainsi, dans la poésie, ce qu'il y a de plus sublime et l'ensemble ne se trouvent pas dans un seul caractère ; mais chacun d'eux et même le pire de tous y contribuent. Il n'y a que les auteurs vulgaires qui prêtent à un seul caractère sacrifié, au lieu de quelques vérités qu'il pourrait posséder et exprimer seul le plus fortement, toutes les opinions erronées.

§ 61. — *Expression du caractère dans les actions et dans les discours.*

Le caractère se manifeste par des actions et par des discours, mais il faut qu'ils soient individuels. Il ne se montre pas dans ce qu'il fait, mais dans sa manière de le faire; l'action de donner, qui dans la réalité fait tant d'impression sur le simple spectateur, le laisse froid et sans émotion quand elle se passe sur la scène ou dans un livre ; dans la vie c'est l'action qui révèle le cœur, dans la poésie c'est le cœur qui donne un sens à l'action *. Il est facile, à l'aide d'une plume, de

---

* Ainsi Sterne ne manifeste pas sa charité, et de même celle de Toby, de Trim, de Shandy, par une libéralité qui ne lui coûte

greffer sur un héros moral des dévouements, une conduite ferme et d'autres actions; mais ces généralités artificielles et ces appendices tombent, comme les branches d'un arbre, sans porter des fruits. Il faut que la nécessité intérieure de telle ou de telle action se découvre avec ou dans cette action même, et qu'au lieu de définir et d'exprimer le caractère, l'action soit définie et exprimée par lui. Ce qui décide, ce n'est pas une mort qui survient ou plutôt qui est décrétée facilement et légèrement par le poëte, mais une mine, un geste, un son quelconque qui surviennent pour enlever subitement le nuage qui voile une âme brillante comme le soleil. C'est pourquoi une même action ne peut convenir de la même manière à deux caractères différents, ou bien elle ne signifie rien.

C'est aussi pour cette raison que les discours valent autant que les actions ; je ne parle pas de ces discours où le caractère pose pour son propre portrait, ou fait sa propre confession, ou fournit lui-même son *interpretatio authentica*, ou des annotations sans texte, mais de ces *mots radicaux* et primitifs du caractère, de ces extrémités polaires qui révèlent tout à coup une répulsion par une attraction ; ce sont ces mots qui,

---

qu'une goutte d'encre, mais par une effusion de sensibilité qui double la valeur du don le plus exigu, et qui, ce qui est mieux encore, l'anoblit.

comme autant de rimes finales, terminent tout un passé intérieur, ou, qui, comme des assonances, annoncent tout un avenir intérieur : par exemple le célèbre « *moi!* » de Médée. Quelle action serait équivalente à ce mot-là ? — Il n'y a pas moins de grandeur dans un trait du *Tasse* de Gœthe : une des amies de la princesse lui ayant demandé ce qui lui resterait après une vie si souvent affligée, si rarement éclairée par une lueur de prospérité, elle répond par ce seul mot : « La patience! » Comme les discours prennent plus facilement et à un plus haut degré un sens et de la précision que les actions, il en résulte que la bouche, cette porte de l'empire de l'âme, a plus d'importance à elle seule que tout le corps qui agit, et qui doit après tout remuer les lèvres comme les autres organes. Ainsi quand nous voyons dans Gœthe *sa Fille naturelle* chasser, monter à cheval, s'agiter avec vivacité, tout cela nous donne bien une supposition froide, mais non une intuition intime de son courage; tout au contraire, dans les tragédies septentrionales de La Motte Fouqué, nous voyons souvent des petits garçons ressembler sans actions et seulement par la vigueur de leurs discours, à de petits lions et faire patte de velours. Les héros de l'*Hermann* de Klopstock ont trop de coquetterie dans leur intrépidité, ils parlent trop pour dire qu'ils parlent peu, et qu'ils aimeraient mieux remuer leur queue de lion que leur langue. Pourquoi les caractères que présentent les biographies de princes et les nécrologies des savants paraissent-ils si nébuleux, si faiblement colorés, et si indécis ? Et pourquoi n'est-ce que dans l'histoire ancienne que tous les chefs d'États ou d'écoles s'offrent à nous avec toutes les couleurs florissantes de la vie ? C'est seulement pour cette raison que les historiographes modernes ne recueillent pas les saillies de leurs héros, comme Plutarque l'a fait dans son divin *Vademecum*. Une action est une chose extérieure, susceptible d'un grand nombre d'interprétations ; les paroles au contraire se donnent un sens déterminé à elles-mêmes et aux actions, en un mot à l'âme tout entière. C'est pourquoi à la cour on vous pardonne de vous taire, mais non de parler haut. Les honnêtes gens se font partout plus d'ennemis par leurs discours que les méchants ne s'en font par leurs actions.

Les caractères étant les personnifications de la volonté, n'ont besoin que du langage qui leur est propre : le langage de la volonté, des passions, etc. Quant à l'esprit, à l'imagination, etc., dont ils se servent, ils appartiennent, en tant qu'accidents de la forme et de l'action du poëme, à la grammaire du poëte plutôt qu'à la théorie du caractère. C'est pourquoi le même caractère peut s'exprimer également bien avec la simplicité de Sophocle, avec les figures de Shakespeare, et avec les antithèses philosophiques de Schiller, si d'ailleurs tout le reste est semblable. Des critiques méticuleux viendront peut-être nous demander si on les a jamais vus, dans les moments de leurs passions les plus violentes, s'exprimer avec une telle richesse de figures et d'esprit; mais il faut leur répondre que les exemples ne prouvent rien.

Puisque les actions, comme nous l'avons dit, ne doivent pas seulement accompagner le caractère, mais aussi l'impliquer et le contenir, de même que l'on retrouve dans la figure des enfants les traits de leurs parents, il est facile de comprendre combien un caractère, réduit à accompagner ses propres actions, obligé de courir haletant après les événements, à sentir, à dire et à décider ce qui convient aux circonstances, doit manquer de force et de formes, et ne marcher qu'en chancelant.

Mais voici l'écueil où l'écrivassier échoue tandis que le poëte aborde. Le caractère et l'action du poëme se supposent l'un l'autre dans leur développement comme liberté et nécessité (de même que le cœur et les artères, la poule et l'œuf) et réciproquement; car sans action aucun moi ne peut se manifester, et sans *moi* il ne peut y avoir d'histoire. C'est là ce qui a conduit la poésie à organiser cette antithèse et cette dépendance mutuelle sous deux formes différentes, à faire dominer dans l'une le caractère, dans l'autre l'action, et à les confondre tous deux dans le roman. Elle a fixé et égalisé ainsi les droits et les qualités de l'un et de l'autre.

CHAPITRE XI.

De l'action du drame et de l'épopée.

---

§ 62. — *Rapport de l'action avec le caractère.*

Herder, dans le dixième numéro de son *Adrastée*, place l'action au-dessus de la peinture des caractères, et pour cette raison que « sans histoire, tout caractère serait impuissant, que le hasard pourrait tout bouleverser, etc.[*] ». Mais il en est de la poésie comme de

---

[*] « Ceux qui, dans l'épopée, dit-il, comme dans la tragédie, voudraient assigner au caractère la place la plus importante, et en faire, comme dans les autres genres de poésie, découler tout le reste, rattachent ensemble des fils qui ne sont fixés nulle part, et que par conséquent un coup de vent finit par emporter. Laissez leur valeur intacte à l'action et au caractère; souvent ils se servent l'un l'autre en confondant leurs effets: le divin sert l'humain ; l'action, le caractère. Mais, en définitive, il est cependant

la réalité, où l'esprit, postérieur à la matière dans sa manifestation, lui est cependant antérieur dans l'action. Sans la nécessité intérieure, la poésie est une fièvre et même un rêve de fièvre(178); mais il n'y a que ce qui est libre qui puisse engendrer une nécessité. C'est au moyen des esprits que la précision pénètre dans le vague de la vie mécanique. La matière inerte du hasard se trouve tout entière sous la main créatrice du poëte. Qui doit succomber dans une lutte décisive? Quelle dynastie doit monter sur le trône qui va devenir vacant? Ce sont là, par exemple, autant de questions qu'il appartient au poëte de trancher; seulement il ne doit rien changer aux esprits, de même que Dieu peut bien nous donner la liberté, mais non la modifier pour nous. Mais pourquoi et comment le poëte gouverne-t-il ainsi ce monde servile du hasard? Il n'y a qu'un moi, et par conséquent le caractère de ce moi, qui

évident qu'il n'y a eu là qu'une concession, qu'une communication de leurs attributs, et que le caractère aurait été impuissant sans une construction régulière de l'action. Lorsque le monde a commencé, est-ce que des créatures douées de caractères eussent été possibles avant la création du ciel et de la terre? Quelle arche auraient-elles habitée ? Leurs formes et leur essence étaient-elles seulement imaginables avant la conception spirituelle du monde auquel elles devaient appartenir? Ainsi celui qui, dans l'art et dans la poésie, place tout à fait au premier rang l'élément caractéristique et en fait dériver tout le reste, peut être assuré de tirer tout de rien. »

puisse donner à un événement une certaine valeur. Dans un univers mort, sans esprits, il n'y a ni destinée ni histoire ; ce n'est qu'à l'égard de l'homme que le monde et la liberté se développent avec leur double charme. Ce que le moi prête aux événements est tellement supérieur à ce qu'il pourrait leur emprunter qu'il est capable de donner de l'élévation même aux faits les moins considérables, et cela se prouve par l'histoire des petites villes et des savants. Dans les meilleures relations de voyages, nous suivons avec curiosité les personnages les plus insignifiants, et, en lisant les Caractères de La Bruyère, l'auteur de ce livre consultait souvent la clef de l'index pour apprendre les noms des personnages décrits, qui cependant ne sont nullement intéressants ni même connus de lui et de l'Europe.

Qui vient de plus donner au poëte, qui se trouve au centre de toutes les directions du hasard, l'impulsion qui le pousse dans une de ces directions? Puisque tout peut arriver, puisque chaque cause peut devenir la mère de six milliers d'années comme d'une minute, et que toute source de montagne peut descendre en fleuve vers tous les points cardinaux ou revenir sur elle-même ; puisque tout hasard et toute destinée peuvent être révoqués par un nouveau hasard et une seconde destinée, il faut absolument qu'un esprit quelconque intervienne dans ce chaos pour y mettre de l'ordre ;

sans cela une indécision et un arbitraire fébriles et puérils devraient s'y agiter éternellement; il reste à savoir quel et comment sera cet esprit ordonnateur?

Cela nous conduit à la différence entre l'épopée et le drame.

§ 63. — *Rapport du drame et de l'épopée.*

Si, d'après Herder, le caractère par lui-même ne s'appuie sur rien, sur quoi donc l'action reposera-t-elle? La sombre destinée, d'où sortent l'un et l'autre, est-elle autre chose elle-même qu'un caractère, autre chose que le Dieu tout-puissant qui, derrière les autres dieux, fait jaillir un éclair de son long nuage silencieux, redevient sombre après cet éclat, et en jette ensuite un nouveau? La destinée, n'est-ce pas, dans l'épopée, l'esprit de l'univers? dans le drame, la Némésis (179)? car la différence entre ces deux genres de poésie est bien tranchée : dans le drame, c'est un homme qui domine et qui attire sur lui-même la foudre de l'orage; dans l'épopée, règnent l'univers et le genre humain. Le premier se développe comme une tige droite; la seconde étend au loin ses branches. L'épopée étale devant nos yeux un tout immense et fait de nous des dieux qui perçoivent un univers; le drame détache de l'ensemble des temps et des espaces la carrière d'un seul homme et nous fait jouer dans un rayon de soleil, comme de pauvres êtres éphémères, entre deux éternités ; il nous rappelle à nous-mêmes, tandis que l'épopée nous enveloppe de son univers. Le drame, c'est le feu qui fait sauter un vaisseau avec fracas, ou l'orage qui décharge l'ardeur d'un jour d'été ; l'épopée est un feu d'artifice où sont mis en jeu des villes, des vaisseaux qui sautent, des orages, des jardins, des guerres et des noms de héros, de telle sorte qu'un drame pourrait entrer dans l'épopée comme une partie poétique de sa poésie ; c'est pourquoi le drame, qui se condense autour d'un seul homme, doit subir ces limites sévères de temps, de lieu et d'action, auxquelles nous sommes tous soumis dans la réalité. Pour le héros tragique, le soleil se lève et se couche ; pour le héros épique, il fait en même temps soir ici, matin ailleurs ; l'épopée est libre de se promener au delà de l'univers et des races ; d'après Schlegel, elle peut s'arrêter partout, et par conséquent continuer partout, car l'univers, c'est-à-dire l'histoire universelle, pourrait-il avoir une fin ? C'est pourquoi le roman épique de Cervantes a pu recevoir, après sa première conclusion, deux suites : l'une, d'une main étrangère, l'autre de celle de l'auteur lui-même (180).

Les historiens de l'antiquité sont plutôt épiques,

tandis que les historiens modernes sont plutôt dramatiques (181). Aussi des Français * ont-ils déjà reproché aux premiers, et surtout à un Thucydide et à un Tite-Live, de manquer de dates de jours et de mois, et de citations; mais ce vague poétique dans le temps, qui d'ailleurs est le fils de la nécessité tout autant que du goût, rassemble, pour ainsi dire, sur l'histoire et sur les têtes de ses personnages les rayons poétiques d'espaces et d'années éloignés.

Mais alors comment la destinée entre-t-elle dans la tragédie? A cette question j'en oppose une autre : Comment la fatalité entre-t-elle dans l'épopée, et le hasard dans la comédie?

La tragédie est gouvernée par un seul caractère et par la vie de son héros; si ce caractère était ou purement bon ou purement mauvais, il arriverait de deux choses l'une : ou bien l'effet historique, l'action, seraient fournis par ce caractère déterminé, et alors la complication d'un nœud deviendrait impossible, le premier acte contiendrait déjà le cinquième; ou bien l'action offrirait la contre-partie du caractère, et alors nous aurions devant nous le spectacle révoltant d'un Dieu dans l'enfer ou d'un démon dans le ciel. Par conséquent, le héros, quand même il serait entouré

* Par exemple dans les *Mélanges d'histoire*, etc., par M. de Vigneul-Marville, II, p. 321.

d'anges inférieurs, ne doit pas être un archange : il faut que ce soit un pécheur qui perde peut-être un monde pour avoir touché à un fruit défendu. Ainsi la destinée tragique est une Némésis et non une Bellone ; mais comme le nœud se forme ici d'une manière trop précise et non épique, cette destinée n'est que la fatalité inhérente à la faute : c'est l'écho d'une dissonance humaine errant longtemps dans les montagnes.

Mais c'est dans l'épopée qu'habite la fatalité. Ici un caractère dans toute sa plénitude, et même un dieu peuvent paraître, s'efforcer vers un but, combattre. Mais comme ils ne font que contribuer à l'ensemble, et qu'on trouve dans le poëme non la carrière d'une seule vie, mais la marche de l'univers, leur destinée particulière se perd dans le général. Le héros n'est qu'un courant dans l'Océan, et ici la Némésis distribue moins ses châtiments sur des individus que sur des races et sur des mondes. Le malheur et la faute ne se rencontrent qu'en se croisant. C'est pourquoi les dieux-machines et les machines divines peuvent entrer dans l'épopée avec la toute-puissance de leur arbitraire, tandis que le drame serait anéanti par l'intervention bienveillante ou hostile d'un dieu : c'est ainsi que la divinité dans la création a produit un monde, et non un individu. C'est encore pour cette raison que nous n'exigeons pas du héros épique un caractère bien tranché. Dans l'épopée, l'univers porte le héros ; dans le drame, c'est un Atlas qui porte l'univers, bien qu'il finisse par être enseveli sous lui ou en lui. Le miracle est indispensable à l'épopée ; car c'est l'univers qui y règne, l'univers qui est un, qui est tout, et qui par conséquent contient aussi des miracles ; tout peut se passer sur la double scène du ciel et de la terre ; et c'est pour cela qu'un héros terrestre et un héros céleste ou un dieu ne peuvent à eux seuls la remplir ; il faut pour cela la réunion des dieux et des hommes. Un épisode dans l'épopée n'en est guère un, de même qu'il n'y en a pas dans l'histoire du monde ; et cependant, dans la *Messiade*, le onzième chant, d'après Engel, est un épisode descriptif. L'épopée ne peut se servir non plus d'un héros trop moderne, mais il lui en faut un d'une certaine époque, habitant déjà ces brouillards d'horizon qui appartiennent à un passé lointain et par lesquels la terre se confond avec le ciel. Avec des conditions si difficiles, il ne faut pas s'étonner que les nations pour la plupart ne possèdent qu'un seul poëte épique et qu'il y en ait qui en manquent complétement, comme la France et même l'Espagne ; cependant les romans relativement récents de ce dernier pays révèlent autant de dispositions pour l'épopée qu'on en trouve dans les plus vieux romans de la France (182).

C'est dans la comédie, en tant que renversement et rapetissement de l'épopée et par conséquent de la fatalité, que le hasard est remis en jeu sans tenir compte des fautes ou de l'innocence. Le dieu des muses de la vie épique, déguisé sous une plaisanterie légère, va visiter une humble cabane, et les coups de vent du hasard jouent avec ces caractères insignifiants et légers, qui ne gouvernent pas l'action de la comédie.

§ 64. — *Valeur de l'action.*

Ceux qui présentent comme facile la création d'une action, ne le font que pour se dispenser de la peine et du risque d'en créer une et avoir le prétexte de l'emprunter plutôt à l'histoire. Il est vrai que l'action épique a été de tout temps la fleur de l'histoire (par exemple, chez Homère, Camoëns, Milton, Klopstock), et aucun poëte n'aurait pu lui prêter les grands traits dont elle avait besoin et qu'elle empruntait ; la muse épique doit avoir un large monde historique, et s'appuyer sur lui pour mettre en jeu le monde poétique.

Nous voyons que presque toutes les tragédies sont

empruntées à l'histoire, et il n'y en a que quelques mauvaises, même parmi celles des maîtres, qui soient de pure invention. Quelles peines a déjà à subir pour l'invention le romancier vulgaire, qui cependant se laisse glisser çà et là sur l'immense étendue de l'action épique, et qui vole pour son histoire tant de choses à l'histoire réelle, vols que tout le monde ignore et que lui seul connaît. Il est écrasé par l'immensité de sa matière, qui lui présente l'infini de tous les mondes possibles avec leurs états, leurs époques, leurs peuples, leurs pays et leurs accidents ; et, pour combiner et gouverner tous ces éléments, il n'a rien de ferme que son propre but et les caractères qui lui sont innés. Et lorsqu'il considère quelles forêts s'offrent à son choix, quand il va chercher les premières branches où il doit suspendre la trame qu'il doit tisser; lorsqu'on songe comment, d'après le système de combinaison et de permutation de Stahl, le nombre des modifications possibles s'obtient en multipliant entre eux les éléments N, de telle sorte qu'au jeu de l'hombre trois joueurs peuvent avoir 273,438,880 jeux différents; lorsqu'on songe comment toutes les langues ont pu naître d'un si petit nombre de caractères, fait qui rend superflu l'exemple précédent, et comment Jacobi, au milieu de la surabondance et de l'océan de l'espace infini, ne peut trouver pour l'ubiquiste absolu un premier point d'appui; et enfin, quand ce romancier considère encore qu'il ne peut même commencer et prendre le moindre essor, sans avoir promené son vol et fait tomber ses regards sur tous les points cardinaux de la possibilité, pour en rapporter quelque jugement; après ces considérations, il n'est pas surprenant qu'il préfère emprunter le meilleur, plutôt que de créer le plus difficile; car, en supposant même qu'il soit parvenu à fixer tous les points définitifs, tous les caractères, toutes les situations, à régler et à compter toutes les directions, il lui restera cependant, dès la première scène, à donner un corps et une âme à des hommes et à des aspirations qui lui sont inconnus.

Un poëte qui se dispense de cette création complète à l'aide d'une particule historique de l'univers qu'il prend toute faite, n'a plus qu'à suivre le système de développement (epigenesis). Mais le poëte qui crée entièrement son action est également soumis à ce système; car la forme sous laquelle sa création vient à fleurir, est semblable à notre globe, qui n'est que le résultat de sa dernière révolution, et qui conserve assez de restes souterrains de son état antérieur. Il est infiniment plus facile de mêler, de disposer, d'arrondir des caractères et des faits, quand ils nous sont donnés, que de faire tout cela, quand il a fallu d'abord se les donner soi-même. Mais baser une œuvre d'art sur une autre, c'est-à-dire arranger pour une seconde fois un groupe déjà arrangé, et devenir, par exemple, le troisième auteur d'*Ion* (183), est encore une tout autre chose et même une chose plus facile que de nous imposer une histoire nouvelle avec toute la force de la réalité.

Ajoutez à cela que le poëte qui emprunte trouve non-seulement des caractères, mais aussi de la vraisemblance. Un caractère historiquement connu, comme par exemple Socrate ou César, se présente, lorsque le poëte l'appelle, comme un prince qui suppose que tout le monde le connaît; le nom seul fournit une multitude de situations. Ici le personnage seul produit déjà cet enthousiasme et cet intérêt, qu'il faudrait mettre à créer ce personnage lui-même, s'il était de pure fiction ; car aucun poëte n'a le droit de fondre le coin et la tête d'un caractère pour en frapper d'autres sur le même or. Notre moi se révolte contre l'arbitraire qui s'exerce sur un moi étranger; un esprit ne peut être modifié que par lui-même. Si cependant Schiller a changé quelques caractères de vieille date, ou bien il avait l'excuse et l'espérance qu'en tant qu'étrangers, ils seraient peu connus, ou bien il a eu tort (184). Pourquoi se servirait-on de noms historiques, si les caractères pouvaient être modifiés comme les actions, et s'il ne restait rien d'historique qu'une ressemblance arbitraire? J'ai dit encore que c'est à la vérité que le poëte emprunte la vraisemblance; la réalité est le despote et le pape infaillible de la foi; dès que nous savons que tel miracle s'est passé, le poëte, qui doit élever l'invraisemblance historique jusqu'à la vraisemblance poétique, n'a plus, grâce à cette connaissance, que la moitié de la peine pour motiver le fait; il nous demandera même plus de crédulité, il nous saisira même avec plus de hardiesse: car il a une vague confiance dans cette réalité. L'attente a plus de poésie et de force que la surprise; mais la première s'attache à l'action historique; la seconde, à l'action fictive. Et s'il en était autrement, pourquoi le poëte choisirait-il généralement une histoire qui, précisément parce qu'elle est choisie, est de nature à le gêner d'une manière ou d'une autre, et qui de plus l'expose à une comparaison? Pourrait-il fournir un individu qui ne soit pas soumis aux forces de la réalité? Dès qu'il y a une différence entre ce qui se passe dans le rêve et ce qui arrive dans la vie, cette différence est avantageuse pour la vie, et elle doit profiter au poëte qui réunit les deux. C'est pourquoi tous les poëtes, depuis Homère jusqu'à ce gai Boccace, ont saisi, dans leurs chambres obscures, dans leurs miroirs concaves et convexes, les personnages de l'histoire. Le grand créateur, Shakespeare, en a fait lui-même autant ; mais ce génie, destiné à être le miroir de l'univers, et dont les formes vivantes nous avaient déjà subjugués, avant qu'Eschenbourg et d'autres nouvellistes nous eussent fait connaître leurs originaux et leurs ancêtres historiques (185), ce génie, dis-je, ne peut être ici comparé à personne. Semblable au miroir concave cylindrique, il place dans l'air, hors de lui-même et sous une vie étrangère, ses formes vivantes et multicolores ; et c'est là qu'il les fixe, tandis que l'original historique disparaît à nos yeux. Les miroirs plans et plats, au contraire, ne présentent qu'une image en eux-mêmes, et laissent en même temps voir clairement devant eux l'objet lui-même, la nouvelle, l'histoire.

§ 65. — *Suite de la comparaison du drame et de l'épopée.*

L'épopée procède par une action extérieure ; le drame, par une action intérieure. La première va à son but par des faits ; le second, par des discours. C'est pourquoi les discours épiques n'ont qu'à *décrire* les sentiments *, tandis que les discours dramatiques doivent les *contenir*. Tandis que le poëte héroïque porte sur ses lèvres et nous offre tout ce qui est visible, le ciel et la terre, les guerres et les nations; le poëte dramatique, au contraire, ne peut qu'entourer légèrement de cet élément visible l'empire des sentiments.

Une bataille, une grande marche triomphale, passent rapidement et sans intérêt, comme dans une note de journal, devant l'imagination du lecteur dramatique, tandis que le langage des âmes la frappe vigoureusement. Le contraire arrive dans l'épopée; ici c'est l'élément visible qui produit et relève le langage intérieur, comme dans le drame le discours en fait autant pour les personnages. Par conséquent le drame, qui est tenu de se développer dans une succession de moments lyriques sans que le poëte y puisse introduire sa propre parole, et qui relègue entièrement la personne de ce dernier derrière la toile de son tableau, est beaucoup plus objectif que l'épopée. Si le drame était aussi long qu'un chant épique, il aurait, pour triompher et

---

* La *Jeanne d'Arc*, de Schiller, ne devrait, par conséquent, ni prononcer ni écouter de longs et froids discours descriptifs, semblables à ceux des héros d'Homère; de même que les discours d'Ulysse, dans la tragédie de *Philoctète*, ne seraient pas à leur place dans l'*Odyssée*.

pour gagner ses couronnes, besoin de beaucoup plus de forces que lui. C'est pourquoi le drame n'a pris naissance dans les différentes nations qu'à l'époque de leur civilisation, tandis que l'épopée est née en même temps que leur langue ; en effet les langues, d'après Platner, n'expriment d'abord que le passé, ce domaine de la poésie épique (186).

Il y a quelque chose de singulier, mais aussi d'organique dans ce mélange et cette pénétration mutuels de l'objectif et du lyrique dans le drame ; car il est impossible que la description d'un héros tragique produise un bon effet dans la bouche d'un autre personnage de la pièce : le poëte a l'air de lui souffler son âme. Tous les éloges adressés à Wallenstein par un camp entier et ensuite par toute une famille, s'évaporent sans produire d'effet, et relèvent ceux qui les expriment plutôt que celui qui en est l'objet ; ils restent purement extérieurs, tandis que nous désirons que tout sorte de l'intérieur du héros. Dans l'épopée, au contraire, dans ce domaine de l'extérieur, les éloges prononcés par les personnages secondaires font briller le héros principal ; c'est une seconde peinture, mais pour l'oreille. Cette existence de l'élément lyrique se manifeste, non-seulement dans les caractères qui sont eux-mêmes comme autant de poëtes lyriques objectifs, mais surtout dans les chœurs des anciens, ces ancêtres du drame, pleins chez Eschyle et chez Sophocle d'une chaleur toute lyrique. Les sentences de Schiller et d'autres poëtes peuvent passer pour autant de petits chœurs individuels, qui ne sont que le développement des proverbes populaires les plus élevés ; c'est pourquoi Schiller a aussi remis sur la scène les chœurs mêmes, cet élément musical de la tragédie, pour y répandre ses courants lyriques (187). Quant au chœur en lui-même, toute âme qui accorde à la poésie une forme plus élevée que celle des planches de la réalité, doit le construire volontiers sur le papier d'imprimerie ; mais quant à en faire autant sur une scène grossière, devant des oreilles grossières, et sans musique, c'est là une question de circonstances plutôt que de théorie.

Qu'on me permette une digression ! On a encore trop l'habitude de greffer le poëte dramatique sur l'acteur dramatique, au lieu de les distinguer comme deux troncs différents d'une même cime fleurie. Parmi les choses que le poëte nous offre autrement qu'à l'aide de son imagination, il y en a qui n'appartiennent pas à son art, mais qui, dès que la scène les présente à nos regards, se rattachent à un art étranger pour lui. Le poëte frivole aime à substituer les arts les uns aux autres, pour s'approprier, suivant ses besoins, une partie de l'effet général qui en résulte. Une musique convenablement placée, un groupe d'enfants, une troupe de guerriers, une marche de couronnement, le spectacle ou le récit d'une souffrance quelconque, tout cela peut obtenir une feuille de laurier, mais cette feuille n'appartient pas à la couronne du poëte; elle revient à l'acteur ou au décorateur; c'est ainsi que Shakespeare aurait tort de s'approprier les mérites de la *Shakespeare's gallery*, ou un Schikaneder ceux de la *Flûte enchantée* de Mozart (188). La seule épreuve qui existe véritablement pour la pure appréciation du poëte dramatique est celle de la lecture*.

§ 66. — *Unité épique et dramatique de temps et de lieu.*

Quand on mesure les deux routes que parcourent les deux genres, on trouve de grandes différences entre elles. L'épopée a tout à la fois une grande étendue et une longue durée, elle est large et avance avec lenteur; le drame se sert d'ailes pour parcourir seulement une

---

* Cette différence trop souvent méconnue entre la présentation poétique et la présentation scénique, est plus développée dans le *Jubelsenior*, pp. 111-117. [II, pp. 266-270 (189)].

carrière de peu d'étendue. Puisque d'un côté l'épopée ne décrit que le passé et un monde extérieur, et que de l'autre côté le drame ne s'occupe que du présent et des choses intérieures, il faut que le passé de l'une se développe lentement, que le présent de l'autre se manifeste avec rapidité. Le passé est une ville pétrifiée : le monde extérieur, le soleil, la terre, l'empire des animaux et de la vie tout entière sont là sur un sol éternel. Mais le présent, qui est pour ainsi dire un champ de glace transparente placé entre le passé et l'avenir, fond et se fige dans des proportions égales, et il n'y a rien de stable en lui que sa fuite constante. C'est pourquoi le monde intérieur qui crée et qui mesure les temps, peut aussi les doubler ou les accélérer, ce n'est qu'en lui qu'on trouve le *devenir*, comme dans le monde extérieur l'*être n'est pas*, mais *devient ;* la mort, la souffrance et la sensibilité portent en elles les pulsations de la rapidité et de l'expiration.

Mais il y a encore quelque chose de plus ! A cette rapidité dramatique et lyrique du présent et de l'intérieur vient se joindre encore la rapidité extérieure de la présentation. Qu'y aurait-il de plus désagréable que de voir se pétrifier ou se fixer dans la cire de l'acteur, pour y rester comme gelés, une sensation, une douleur, un transport? Nous repoussons cette stabilité. Il faut que les situations fuient et s'envolent tout aussi bien que les paroles. Il y a dans le drame une seule passion dominante, qui doit monter, tomber, fuir, arriver, mais qui ne doit jamais s'arrêter.

Mais dans l'épopée, au contraire, toutes les passions peuvent être mises en jeu; et tous ces serpents glissants peuvent s'y entrelacer dans la fixité d'un groupe. Dans le drame, le nombre des personnes ne peut être trop petit, comme il ne peut être trop grand dans l'épopée *. Il est impossible que chaque personnage se développe dans le premier aussi complétement que dans l'autre; car il faudrait à chacun, pour ses mouvements intérieurs, un espace trop large et trop étendu; s'ils se développaient sous toutes leurs faces, cela prendrait trop de temps; et s'ils se développent seulement sous une face, cela détruit la richesse du jeu. Dans la détermination de la nature de l'épopée, on a tenu jusqu'à présent trop peu de compte de la latitude accordée au poëte épique, pour le grand nombre de ses personnages.

La première épopée véritable a mis en jeu deux nations à la fois, de même que la première tragédie a mis deux hommes sur la scène (190). L'*Odyssée*, qui est pour ainsi dire le roman épique primitif, se borne à un seul héros, mais elle supplée à la foule des per-

---

* Dans Shakespeare, la foule des personnages fait souvent de son drame épique une épopée dramatique.

sonnages par la multiplicité des pays. Plus un grand nombre d'hommes prennent part à un événement, moins celui-ci dépend d'un caractère, et il s'ouvre alors un plus grand nombre de voies aux effets que produisent les forces étrangères et mécaniques du monde.

Dans le drame, la nécessité d'un nombre restreint de personnages, prouve autant pour l'unité de temps, qu'elle prouve peu pour l'unité de lieu. Dès que le présent est une condition de temps pour ce genre de poésie, l'imagination n'est plus libre de s'élancer d'un temps présent, qui n'est précisément créé que pour nous-mêmes, dans un temps futur; et de mettre ainsi en discordance nos propres créations. Notre vol au contraire passe facilement sur les lieux et les pays qui existent dans le même temps. L'Asie, l'Amérique, l'Afrique et l'Europe existent en même temps que notre héros; et, quand les décorations changent ces différents lieux, peu nous importe dans lequel le héros passe son existence. Mais d'autres temps sont d'autres états de l'âme, et ici nous ressentons toujours la sensation pénible d'un saut ou d'une chute.

C'est pourquoi chez Sophocle l'action la plus longue se renferme souvent dans l'espace de quatre heures; Aristote assigne comme limites à l'action dramatique le laps d'un jour ou d'une nuit (191). Il est vrai qu'il tombe ici dans le défaut ordinaire du philosophe tranchant et absolu. Pourvu que le temps intérieur, c'est-à-dire le changement dans les situations, se passe sans interruption et ne soit pas concilié après coup, toute unité extérieure de temps est superflue ; tandis que si la première unité fait défaut, ce petit saut de l'étoile du matin à l'étoile du soir que permet Aristote, suffirait pour constituer une véritable interruption. Que le poëte dramatique, dans ses efforts pour arriver à l'unité de temps et de lieu, se rappelle toujours que le temps et le lieu sont mesurés par l'esprit et non par l'œil, et que ce dernier ne voit dans le spectacle extérieur que l'ombre projetée par le spectacle intérieur ! Il peut par conséquent oser les plus grands sauts au delà du présent, dès qu'il a suffisamment enflammé l'intérêt et l'attente pour des lieux ou des temps éloignés, et qu'il a su, par un enchaînement de causalité, attirer avec une certaine force ces lieux et ces temps vers ce qui est plus rapproché. Quand on a une fois des ailes, il est facile de prendre son essor.

§ 67. — *Lenteur de l'épopée ; ses vices héréditaires.*

Comme il en est autrement de l'épopée ! Ici on pardonne les fautes contre le temps, on punit les fautes contre le lieu. Et ce n'est pas sans raison : dans le passé, le temps perd son étendue; mais l'espace conserve la sienne.

Le poëte épique, libre de voler de pays en pays, de monter au ciel ou de descendre aux enfers, doit au moins décrire le vol et le chemin de ses mouvements, tandis que le poëte dramatique charge de ce soin le décorateur, qui n'a rien à faire avec la poésie. Dans le roman, ce voisin de chambre de l'épopée, le passage rapide d'une ville à une autre ville éloignée est d'un effet tout aussi pénible que dans Shakespeare la diversité des temps. La lenteur est permise à l'épopée, qui présente le passé et les qualités stables de l'univers. Achille est longtemps en colère, le Christ meurt longtemps; c'est pourquoi la description calme du bouclier d'Achille et les épisodes deviennent possibles. L'introduction d'un grand nombre de personnages prolonge, comme la multitude des rouages d'une montre, la marche de la machine; car chaque personnage secondaire demande de la place pour se mouvoir; au fond, l'action par elle-même ne devient pas plus lente, mais plus large; elle n'est pas prolongée, mais multipliée. Le roman, puisqu'il est de nature épique, a devant lui et pour lui la loi de la lenteur. Ce qu'on appelle une marche rapide, et que réclame un critique déraisonnable sous lequel se cache un lecteur avide de récréation, cette marche appartient à la scène et non au poëme épique. Nous passons, sans nous sentir attirés, sur le tableau des événements de l'histoire, tandis que le mariage de la fille d'un pasteur dans la *Louise* de Voss, nous enlace, nous retient et nous enflamme. Ce n'est pas par la violence de son feu, mais parce que son tuyau fait de longs détours, qu'un poêle donne de la chaleur. De même les merveilles de *Candide* passent devant nous ou nous passons devant elles sans qu'aucun intérêt se produise, tandis que dans *Clarisse*, le soleil qui monte lentement répand sur nous une chaleur infinie. Ici, comme dans la fable, le soleil a raison de la tempête, et c'est lui qui nous force à quitter notre manteau. Le *Voyage sentimental* ne remplit que trois jours; tout le cinquième livre de *Don Quichotte* ne renferme qu'une seule soirée dans une hôtellerie. C'est que les hommes, et surtout ceux qui lisent, sont très-avides de contrastes; c'est toujours l'histoire la plus détaillée qui nous offre le plus d'intérêt; mais celle-là aussi est la plus lente, et c'est pour cela que le lecteur la veut d'autant mieux remplie. Le livre doit être, comme la vie, tout à la fois court et long.

Toute satisfaction rapide éveille même la soif d'une satisfaction encore plus rapide. N'existerait-il pas aussi une vertu esthétique de modération? Et une faim, une soif excessives de l'esprit conviennent-elles à un esprit bien réglé?

La lenteur de la marche n'est souvent qu'une apparence produite par l'exposition. Quand l'exposition, contenue dans le premier chapitre d'un roman, montre et indique à l'avance aux lecteurs, comme cela se fait toujours dans l'épopée, cette ville éloignée où conduit une route de quatre forts volumes et dont ils aperçoivent toujours les clochers (c'est ce qu'a fait et fait encore dans son *Titan* un auteur qui nous est bien connu), alors tout le monde se plaint en route, parce qu'on a pu espérer (c'est ainsi qu'ils parlent) qu'on arriverait dès le second chapitre et qu'on pourrait fermer le livre. Combien sont, au contraire, heureux et amusants les auteurs qui se promènent dans leurs ouvrages sans apprendre eux-mêmes, avant leurs lecteurs, où ils doivent arriver et rester!

L'action ne rampe que lorsqu'elle se répète; elle ne s'arrête que lorsqu'une action étrangère marche à sa place, et non lorsque la grande action, reculée un moment dans le lointain, se répartit dans un détail d'actions plus rapprochées qui la partagent, pour ainsi dire, comme les heures partagent le jour; ou encore lorsqu'elle reste à la même place parce qu'elle doit lutter contre une résistance; car ici, comme dans la morale, l'intention vaut plus que le fait. Mais la longue plainte amère et presque comique avec laquelle Herder exprime l'envie que lui et les autres éprouvent de s'endormir sur un poëme, mérite d'être citée et même quelque peu justifiée ici. Aux raisons bien connues de Herder (192) on peut encore ajouter la suivante : « Ce qui nuit à l'intérêt du poëme épique, ce n'est pas cet appareil merveilleux qui lui est essentiel, car ce qui est merveilleux sur la terre devient naturel dans le ciel ; mais c'est sa froideur et même sa dureté à l'égard des deux principes de raison suffisante et de contradiction de Leibnitz, ou à l'égard du jugement, dont on a tant besoin quand il s'agit de fournir des motifs. » Homère, qui est ici la première exception parmi les poëtes, est en même temps la dernière ; il a beau oser tant qu'il veut, c'est à peine s'il a osé quelque chose. Il est vrai que l'Iliade, dans sa double guerre des dieux entre eux et avec les hommes, soumet les hommes aux dieux et les dieux eux-mêmes au père tout-puissant des dieux ; de telle sorte que Jupiter, dieu des hommes et des dieux, aurait eu, comme *deus ex machina*, le pouvoir de décider du sort de la guerre dès la première ligne qui ne contient que l'invocation à la muse. Mais, chez Homère, les dieux ne sont que des hommes supérieurs, qui n'agissent sur les hommes ordinaires que par des moyens humains (rêves, exhortations). L'Olympe est le banc des princes, et la terre est le banc de la bourgeoisie; les êtres qui agissent dans le poëme ne se distinguent, comme sur la terre, que par des degrés. De plus, les passions partagent le ciel comme la terre en deux partis : cela forme en tout quatre divisions, qui cachent sous des actions l'intervention des machines divines; de plus, de même que le banc de la bourgeoisie est plus long et plus actif que celui des princes, de même, dans l'Iliade, la race humaine est l'armée qui combat toujours, tandis que les dieux ne sont que des troupes auxiliaires, de sorte que, grâce à ces modifications des miracles, on craint la puissance des hommes plus que celle des dieux. Les dieux, d'après les traditions grecques, n'étaient que d'anciens habitants et acteurs de la terre, et ainsi leur immixtion postérieure dans une histoire héroïque était aussi peu un miracle *ex machina*, que l'immixtion dans le progrès ou la réaction de l'histoire universelle actuelle d'un génie pratique qui s'est récemment révélé(193). Enfin, la présence d'un héros comme Achille, à la fois demi-dieu et demi-homme, attache à ce poëme des dieux et des hommes, avec la beauté, la double qualité de divin et d'humain; et l'action céleste est proportionnée à son espace terrestre. Cependant l'esthéticien pourrait objecter qu'Homère tient toujours prêt pour la terre un secours arbitraire du ciel, comme une Pallas qui vient donner à Diomède la victoire sur les hommes et sur Mars; comme un Apollon qui comble les fossés et renverse les murailles; comme un Jupiter qui, à son gré, tantôt empêche, tantôt permet l'intervention des dieux (194). Mais, de l'autre côté, Jupiter lui-même obéit à cette destinée tout à la fois déterminante et déterminée, qui échappe à la raison suffisante de Leibnitz, à cette destinée qui est l'axe du ciel et de la terre et autour de laquelle pivotent les hommes et les dieux. Et d'ailleurs est-ce que tout conte, même le plus petit, n'a pas besoin d'une force immédiate, mais médiatrice en même temps? Ce qui décide du prix en faveur d'Homère, c'est probablement que malgré notre manque de foi dans les qualités surhumaines de ses dieux, les pouvoirs extraordinaires qu'il leur accorde ne nous choquent nullement.

Mais il en est tout autrement de ce fade et beau demi-héros, qui, dans l'*Énéide*, parcourt les terres, les mers et les îles ; ce poëme pourrait tout aussi bien avoir pour héros Pâris, et s'intituler la *Pârisiade* ou la *Pâriade*. La faiblesse de ce héros a pour conséquence la nécessité d'un nombre plus considérable et plus ennuyeux de dieux auxiliaires. Virgile n'aurait pas eu tort de condamner son œuvre à devenir, comme Hercule, la proie des flammes, si cette mort avait pu, comme pour Hercule, ne réduire en cendres que la partie mortelle, c'est-à-dire Énée, et laisser subsister, pour recevoir les honneurs divins, la partie immortelle, c'est-à-dire les épisodes et les descriptions.

Mais c'est dans le *Paradis perdu*, de Milton, que l'auteur perd le plus le jugement. La guerre des démons, déjà vaincus par le Tout-Puissant, n'est, jusqu'à ce que ce dernier vienne soutenir et couronner lui-même ses ennemis, qu'une guerre des ombres contre le soleil, du néant contre l'univers; cette contradiction fait même oublier les faits qui ne sont qu'absurdes, comme, par exemple, une canonnade efficace entre des immortels, ou les anges mis en sentinelles devant la porte d'Éden pour empêcher l'entrée horizontale des démons, tandis que ceux-ci y pénètrent perpendiculairement, etc. Mais il suffit, pour sauver ce grand poëte, de lui enlever ses machines auxiliaires d'anges auxiliaires, et il devient plus divin par ses hommes que par ses anges (195).

C'est l'épopée allemande qui, comme la philosophie allemande, a poussé le plus loin, non le manque, mais l'anéantissement même du jugement. Le rapport entre Dieu le fils et Dieu le père, qui, au fond, met deux héros dans un seul poëme ; leur toute-puissance, qui s'étend sur les anges et sur les démons, l'impossibilité pour le Messie de dévier en rien de l'éternelle volonté, une identité perpétuelle dans tout le poëme, pour ne pas parler de contradictions physiques, comme le courroux contre l'humanité, qui se divise pour habiter chez le père et non chez le fils, tout cela a été, trop souvent et dès le commencement, dit et déploré par les lecteurs de la *Messiade;* chacun d'eux a été choqué par l'action principale quand elle ne disparaît pas sous des épisodes. La vieille orthodoxie prend ici la place de la destinée homérique, mais elle ne la vaut pas, car la dernière ne présente, comme l'opéra, que des choses physiquement incompréhensibles, tandis qu'ici nous avons des incompréhensibilités métaphysiques; et ce qui est incompréhensible ne peut ni devenir un motif ni avoir des motifs (196).

Tout cela charge d'un fardeau nouveau la lenteur de l'épopée, et nous nous endormons avec Herder, enfoncés dans des sables profonds. Car puisque l'épopée profite si bien des libertés de l'église épique (gallicane), et que par conséquent, au lieu de faits, elle n'offre souvent pour motifs que la salutation angélique et la conception immaculée de ses fils et de ses faits divins, il arrive que l'action principale, dépourvue de motifs, se transforme à peu près en un cadre plein de goût, destiné à contenir des épisodes motivés; ces épisodes deviennent alors, comme autant de tableaux, plus larges que ne le pourrait devenir le meilleur cadre doré. Mais cela peut du moins produire la longueur, cette sœur de la lenteur, et l'extension de l'action épique, trop considérable pour être suivie par les regards, est remplacée par une extension égale d'épisodes possibles.

Herder attribue en grande partie à la monotonie continue du mètre de l'épopée sa vertu soporifique; mais cette monotonie se retrouve cependant dans beaucoup de drames sans leur nuire, et elle cause, comme il arrive dans la vie, d'abord du plaisir, ensuite de l'ennui, et enfin de l'habitude. La véritable raison, le véritable oreiller qui donne le lecteur pour compagnon aux Homères qui sommeillent (197), c'est l'arrêt ou la marche rampante de l'action. Les épisodes se font mieux supporter au commencement qu'au milieu et qu'à la fin, là où l'intérêt est devenu plus fort; cependant le onzième chant de la *Messiade* est tout entier, comme nous l'avons dit, un épisode descriptif. Ce *far niente* du lecteur augmente de plus en plus vers la fin de cette épopée, où les chants de cygne des anges, par leur force et leur charme magiques, font du lecteur un Endymion accompli. C'est pour cette seule raison que les admirateurs des premiers chants se sont tant refroidis à l'égard des derniers, malgré la facture pompeuse des vers; ce qui est d'autant plus singulier que le poëte, au début du poëme, rencontrait des lecteurs qu'il devait préparer et se concilier, tandis qu'à la fin il n'a affaire qu'à des lecteurs tout formés et disposés en sa faveur.

§ 68. — *Des motifs.*

Il serait souvent possible de dire que les motifs eux-mêmes doivent être motivés. Qu'est-ce que motiver, si ce n'est expliquer la nécessité intérieure en tant qu'elle se manifeste à l'extérieur dans une série de faits ? On peut motiver de quatre manières : 1° en faisant naître les faits intérieurs des faits extérieurs ; 2° en faisant le contraire ; 3° en faisant naître les faits extérieurs de faits extérieurs ; et 4° en faisant naître les faits intérieurs des faits intérieurs. Mais il y a des conditions : le monde physique, en tant que cercle du hasard, a peu besoin d'être motivé ; j'ai déjà dit que l'auteur a le droit et les moyens de créer suivant son gré par exemple un fils ou une fille. Un auteur que nous connaissons tous a souvent commis la faute de motiver, par exemple, un orage par des indices précurseurs (198). Mais peut-être a-t-il voulu en cela se donner comme prophète plus encore que comme poëte. Des faits subjectifs insignifiants n'ont pas besoin non plus d'être motivés; Thümmel, par exemple, l'auteur des *Voyages dans le midi de la France*, n'avait nullement besoin de rendre probable aux yeux des critiques l'exhibition d'une petite image cachée sur la poitrine au moyen de la douleur particulière que causait sa pression. Il est vrai que l'artiste est facilement porté à trop motiver, parce qu'il a conscience de son propre arbitraire et des différentes directions qu'il pourrait prendre, tandis que le lecteur sent, au contraire, l'impression du passé moins que l'effet de l'avenir. Mais une surabondance de causalité ne sert précisément qu'à faire paraître l'arbitraire de l'auteur : nous finissons par demander les ancêtres et les motifs du motif; de telle sorte qu'en définitive le poëte devrait nous conduire à reculons (*a parte ante*) à travers l'éternité entière et au delà. Non ! de même que le poëte, comme un dieu, pose son monde au premier jour de la création, sans autre raison que celle de la toute-puissance de la beauté; il peut de même, au milieu de son œuvre, quand rien d'antérieur n'exige une réponse ou une rétractation, renouveler le libre commencement d'une création.

Plus le sol et les héros d'une œuvre d'art sont bas et se rapprochent de la prose, plus ils sont soumis à la loi de la causalité.

Mais dès que la poésie éclate sur des sommets, dès que ses héros sont, comme des montagnes, baignés de flots de lumière, et qu'ils sont doués des organes et des forces du ciel, ils en portent d'autant moins la lourde chaîne de la causalité; de même que chez les dieux, c'est leur liberté qui devient une nécessité; ils nous entraînent avec force dans le feu de leurs résolutions, et de leur côté les événements du monde extérieur marchent d'accord avec leurs âmes. En général, la poésie ne doit ni faire fondre les couches de neige les unes après les autres, ni faire pousser l'herbe touffe par touffe, ni employer la force et la violence pour faire sortir le printemps des glèbes et des troncs d'arbre; elle doit, au contraire, comme un vaisseau volant, nous faire subitement passer d'un sombre hiver sur une mer calme et devant un rivage couvert de fleurs épanouies. La procédure des tribunaux de la réalité est beaucoup trop lente pour le domaine immatériel, aérien et éthéré de la poésie. La muse ne peut donner à la sylphide un escargot pour monture.

L'épopée a moins besoin de motifs que le drame, non-seulement parce que des formes plus élevées y marchent dans des éléments plus élevés, mais aussi parce que dans la première c'est l'univers qui se développe, dans la seconde ce sont des hommes.

Mais il ne doit pas seulement y avoir dans le motif une nécessité étrangère, il doit en contenir aussi une qui lui soit propre. Il doit dépendre du passé aussi strictement que l'avenir dépend de lui. Et c'est là ce qui est le plus difficile. Il faut que toute la conclusion de cette chaîne intérieure ou cet enchaînement de conclusions s'enveloppe de la chaîne fleurie du temps; il faut que toutes les causes se dérobent sous des heures et des lieux. Aussi n'y a-t-il pas pour les événements (excepté pour les résolutions) de motifs plus arbitraires et plus mauvais que ceux que fournit la conversation; où le courant du discours ne peut-il s'égarer, se vaporiser, se perdre? Si on se sert d'une goutte d'eau pour faire éclater le cuivre ardent, où peut-on puiser encore plus facilement cette goutte? C'est seulement dans l'œil d'une femme, lorsqu'il est accompagné de lèvres de femme. Le dialogue poétique doit, comme un jardin anglais, dans toute la liberté de ses détours, poursuivre et concilier l'unité précise de son but; les questions, les réponses sont des actions intérieures; elles deviennent les mères de filles nouvelles, c'est-à-dire de questions et de réponses nouvelles; et ainsi un court dialogue pourrait, en dix lignes, donner naissance à un nouvel enchaînement d'actions tout à fait contraires et qui renversent tout; et on marcherait d'arbitraire en arbitraire, si le poëte n'essayait précisément de jeter et d'étendre comme une couverture sur la succession des opinions et des faits qu'il a précédemment offerts, cette apparence de liberté qui naît du dialogue. Dans l'œuvre d'art, c'est le passé et l'avenir qui règnent et non le présent.

La mise en jeu pour un événement d'un grand nombre de motifs peu importants ne produit, comme dans la vie, que la moitié de l'effet d'un seul motif important qui frappe l'âme et la remplit ; et cela parce que ces motifs ne sont pas aperçus immédiatement, mais seulement par la réflexion. Mais il est plus facile, comme nous l'apprenons tous dans les chaires et en dehors, de fournir cent raisons faibles qu'une seule raison forte.

Plusieurs, comme par exemple Schiller, se servent de caractères taciturnes et impénétrables pour faire naviguer leur action, parce qu'ils peuvent alors faire souffler de différents points vers des buts différents la dissimulation de ces caractères.

Un caractère dur comme le diamant pétrifie le poëte et l'action parce qu'il décide tout dès le seuil du poëme. Un caractère trop doux a encore plus d'inconvénients, parce que, comme de l'eau, son action coule et se répand de tous côtés et sans s'arrêter.

Le caractère, en tant que caractère, ne comporte

pas de motifs ; car si l'on ne veut admettre dans l'homme une passivité absolue, c'est-à-dire la résistance du néant, il doit y avoir en lui quelque chose de libre et de fixe avant que la nécessité mécanique ait produit sur lui quelque impression. Quelques auteurs voient dans le berceau d'un héros le moule ou la forme qui doivent gouverner son développement ; ainsi l'éducation expliquerait la naissance, la nourriture, les facultés digestives. A cet égard la vie de l'homme est bien comme un arbre qui reçoit continuellement des greffes nouvelles ; mais cela même suppose qu'il a été planté.

CHAPITRE XII.

Du roman.

§ 69. — *Sa valeur poétique.*

La latitude que le roman a dans sa forme nuit à la pureté de sa conception ; car, dans cette forme, toutes les formes peuvent se rencontrer et réclamer la prépondérance. En principe, le roman est épique ; mais quelquefois c'est le héros qui raconte à la place de l'auteur, quelquefois même ce sont tous les personnages. Les romans par lettres, qui ne sont que des monologues ou des dialogues prolongés, se rapprochent beaucoup de la forme dramatique, ou même, comme dans *Werther*, de la forme lyrique. Tantôt l'action se développe, comme dans *le Visionnaire*, de Schiller, avec la marche serrée du drame ; tantôt, comme le conte, elle folâtre et se joue sur la surface de l'univers entier.

Il y a encore une autre influence nuisible, c'est la liberté de la prose, dont la facilité dispense d'abord l'artiste de faire des efforts, et engage le lecteur à ne pas étudier l'ouvrage de trop près. Comme le roman consomme plus de papier qu'aucune autre œuvre d'art, son étendue même conspire contre lui ; le connaisseur étudie et apprécie volontiers un drame dont les feuilles d'impression ne dépassent pas en nombre la moitié de l'alphabet; mais qui voudra en faire autant pour un livre dont l'alphabet, dix fois répété, suffit à peine à numéroter les feuilles? Aristote veut qu'une épopée puisse être lue dans l'espace d'un jour (199); Richardson et l'auteur que nous connaissons tous suivent cette règle dans leurs romans, qu'ils limitent à un jour de lecture; seulement, comme ils sont plus voisins du Nord qu'Aristote, il s'agit pour eux d'un de ces jours comme il y en a sous le pôle, et qui comprennent quatre-vingt-dix nuits et un quart (200). Les critiques songent trop peu à la difficulté de faire passer et de conserver à travers dix volumes un même feu, un même esprit, une même unité d'action ou de caractère; ils n'ont pas assez présent à l'esprit qu'un bon ouvrage doit grandir sous l'atmosphère et sous la chaleur d'un climat entier, et non mûrir sous l'influence

limitée d'une serre chaude, qui cependant est bien
capable de produire une ode*; les critiques ne pensent
pas à tout cela, parce que les artistes eux-mêmes
n'y pensent pas assez; ceux-ci commencent bien, continuent
médiocrement et achèvent misérablement leur
ouvrage. On ne veut étudier que les détails, précisément
ce qu'il faudrait étudier moins.

D'un autre côté, autant le roman, le seul genre de
prose poétique qui soit permis, est susceptible de s'appauvrir,
autant il peut amasser de richesses, quand il
est traité par de bonnes mains. Pourquoi n'y aurait-il
pas une encyclopédie poétique, une licence poétique
de toutes les licences poétiques? Que la poésie nous
arrive quand elle veut et comme elle veut; qu'elle
emprunte, comme le diable des anachorètes ou comme
le Jupiter des païens, un corps prosaïque, étroit et
chétif, pourvu qu'elle habite réellement dans ce corps,
ce travestissement sera le bienvenu. Dès qu'il y a un
esprit, il doit, dans ce monde, comme l'esprit du
monde lui-même, se revêtir de toutes les formes qu'il
peut prendre et porter. Quand l'esprit du Dante voulut
marcher sur la terre, il se trouva à l'étroit dans les

---

* Une ode peut naître en un jour; mais la *Clarisse*, même
avec tous ses défauts, ne peut naître en un an. L'ode ne reflète
qu'un des côtés du monde et de l'esprit; le véritable roman les
reflète tous.

crânes et les coques d'œuf de l'épopée, du drame et de la poésie lyrique ; c'est alors qu'il se revêtit tout à la fois de la nuit infernale, de la flamme du purgatoire et de l'éther céleste ; il planait ainsi, attaché seulement à la moitié d'un corps, au milieu des critiques les plus forts et les plus robustes.

Quelle que soit la forme dans laquelle le roman est frappé ou fondu, son élément le plus essentiel est le romantique. Jusqu'à présent, les stylistes, au lieu de chercher dans le roman l'esprit romantique, ont exigé tout au contraire de lui des exorcismes contre cet esprit ; et ainsi le roman devait réprimer et combattre ce peu de romantisme qui couve encore sous les cendres de la réalité. Leur roman, comme un poëme didactique non versifié, devint un gros almanach à l'usage des théologiens, des philosophes et des mères de famille. L'esprit devint pour le corps une forme agréable à habiter. De même qu'autrefois pour représenter les drames des jésuites, les écoliers se costumaient en verbes et en flexions de verbes, en vocatifs, en datifs, etc., de même des caractères humains servirent à représenter des paragraphes, des applications morales, des leçons exégétiques, des mots d'à propos, et des cours spéciaux et supplémentaires ; le poëte donna à ses lecteurs, comme Basedow aux enfants, des lettres cuites à manger (201).

Il est vrai que la poésie et par conséquent le roman sont et doivent être un enseignement pour nous ; mais c'est seulement comme la fleur qui, en ouvrant ou en fermant son calice, et même par son parfum, nous fait connaître le temps et les heures du jour; mais que leur structure délicate ne soit jamais détruite pour devenir le bois d'une chaire d'église ou d'enseignement ! Cette cloison de bois et celui qui s'y renferme ne peuvent remplacer le parfum vivant du printemps. Et en général qu'est-ce que donner des axiomes ? Cela vaut autant que donner des signes ; mais l'univers, le temps entier, sont déjà pleins de signes ; ce qui manque, c'est la lecture de ces caractères ; ce qu'il nous faut, c'est une grammaire et un dictionnaire de ces signes. C'est la poésie qui nous apprend à lire ; tandis que le maître qui n'est que maître doit plutôt être rangé parmi les signes que parmi ceux qui les déchiffrent.

Un homme qui exprime son jugement sur le monde, nous donne son monde à lui, un monde détaché et rapetissé, à la place du monde vivant et étendu; ou bien il nous donne le résultat de son calcul sans le calcul lui-même. Ce qui rend la poésie indispensable, c'est qu'elle ne fait que rendre à l'esprit un monde qui renaît dans et par l'esprit, et qu'elle n'impose pas à l'égard de ce monde une conclusion accidentelle.

Dans le poëte, il n'y a que l'humanité qui parle à l'humanité, et non tel homme qui parle à tel homme.

§ 70. — *Le roman épique.*

Malgré tout l'arbitraire qui gouverne les différentes formes du roman, il faut cependant qu'il tourne autour des deux centres de l'ellipse poétique, et qu'il se rapproche ou de l'épopée ou du drame. La classe de ces romans vulgaires et sans poésie n'offre que de pures biographies qui, tant qu'elles ont du papier devant elles, marchent en suivant le cours ordinaire du monde et de la vie, à travers tous les changements de temps et de lieu, sans avoir ni l'unité et la nécessité de la nature, ni la liberté du romantisme épique, mais en empruntant à la première ce qu'elle a d'étroit, à la seconde, ce qu'elle a d'arbitraire.

L'auteur de ce livre, qui a lu récemment l'*Histoire du chapeau enchanté de Fortunatus* (202), a presque honte d'avouer qu'il y a trouvé plus d'esprit poétique que dans les romans des plus célèbres stylistes. Et même, quand les copistes vulgaires de la réalité étendent la main vers l'éther et au delà des nuages terrestres, il leur arrive de ne la retirer que pleine de fumée ; les ennemis du romantisme, au delà de leur cercle terrestre et brumeux, présentent eux-mêmes les formes les plus irrégulières, et des figures grotesques beaucoup plus sauvages et plus contraires à la nature, que ne pourrait enfanter le génie consciencieux, qui ne s'avance que sous les enseignes de la nature.

Cette forme épique et romantique, qui était celle des vieux romans français et du moyen âge, a été ressuscitée, dans *Wilhelm Meister*, par la baguette magique de Gœthe ; de leurs ruines amoncelées, il a reconstruit de frais et nouveaux édifices aériens. Fidèle au caractère épique, cet esprit rajeuni d'une époque plus romantique fait passer devant nous une vapeur claire, légère et élevée, qui reflète et qui porte le monde entier et surtout le passé, plutôt qu'un seul héros. Herder fait, par conséquent, preuve de justesse et de sagacité quand il fait consister l'essence du roman dans sa ressemblance avec le rêve*; il en est de même de cette ressemblance entre le roman et le conte, que l'on exige aujourd'hui. Le conte, c'est l'épopée avec plus de liberté ; le rêve, c'est le conte avec plus de liberté. Le *Meister*, de Gœthe, a, à cet égard, formé plusieurs bons élèves, par exemple les

---

* *Adrastée,* III, 171, sq.

romans de Novalis, de Tieck, d'E. Wagner, de La Motte Fouqué, d'Arnim. Il est vrai cependant que quelques-uns de ces romans, par exemple ceux d'Arnim, ne savent pas, malgré tous leurs rayons brillants, condenser suffisamment la chaleur de l'intérêt, parce que leur forme sert plutôt à disperser qu'à condenser ces rayons.

§ 71. — *Le roman dramatique.*

Mais les modernes veulent oublier de nouveau que le roman peut tout aussi bien recevoir, et, en fait, a reçu une forme romantique dramatique. Je crois même que cette forme plus précise est la meilleure; et cela pour la même raison qui fait dire à Aristote que l'épopée doit se rapprocher des dimensions dramatiques (203). D'ailleurs la liberté que la prose assure au roman lui fournit les moyens de donner à sa forme une sévérité salutaire et même indispensable. Richardson, Thümmel, Wieland, Schiller, Jacobi, Fielding, Engel, et d'autres, ont suivi cette voie, qui n'est pas le champ libre de l'histoire, mais plutôt la carrière plus étroite des caractères : l'auteur que nous connaissons tous en a fait autant. De cette forme résultent des scènes où les passions arrivent à leur comble, des mots qui se rapportent au présent, un intérêt vif, des traits de caractère motivés et précis, des nœuds fortement serrés, etc. L'esprit romantique doit d'autant plus facilement accepter ces liens, qu'il a déjà chaussé le lourd cothurne et levé le poignard tragique.

§ 72. — *De l'esprit poétique dans les trois écoles de matière romanesque : italienne, allemande et des Pays-Bas.*

De même que, d'après Boyle (204), tout édifice bien fait doit résonner d'un certain son; de même il doit y avoir au fond de tout roman un esprit général qui réunisse et attire secrètement vers un but unique tout l'ensemble historique, sans nuire à la liberté de son mouvement, comme fait un Dieu avec l'humanité libre; un roman purement historique n'est pas un roman, mais un récit. *Wilhelm Meister*, cet esprit de vie et de fleurs, ce *spiritus rector*, est l'harmonie grecque de l'âme, c'est-à-dire la mesure et l'accord de toute la vie produits par la raison *; dans *Wolde-*

---

* On sert dans ce roman de la glace fine après chaque repas *mar* et dans *Allwill*, deux romans de Jacobi, c'est une guerre de Titans contre le ciel de l'amour et de la justice; dans ceux de Klinger, c'est un esprit tapageur et malin qui ne fait qu'animer le désaccord entre l'idéal et la réalité au lieu de l'apaiser; dans *Hesperus*, c'est l'idéalisation de la réalité; dans le *Titan*, le nom de cet esprit se trouve écrit avec de grosses lettres sur la première page du livre, et il s'ensuit toute cette Titanomachie en quatre volumes; mais, contrairement aux habitudes des autres esprits, il ne veut pas se manifester à la foule des places publiques. Quand l'esprit d'un roman n'est qu'une âme de bête, ou un gnome, ou un esprit malfaisant, l'œuvre tout entière tombe par terre sans vie, ou rampe sur le sol comme la brute.

Or, ce même esprit romantique a à vivifier trois corps très-différents l'un de l'autre; il est, par conséquent, nécessaire de diviser les romans, d'après leur matière, en trois catégories.

La première classe se compose des romans de l'école italienne (il faut pardonner à notre manque de termes techniques propres l'emploi de pures allusions). Dans ces romans, les personnages et leurs rap-

divin et entre les vins fins pleins de feu. En général, les cavernes de ce Vésuve fournissent à notre jeune littérature, ardente comme une Italie, toute la neige dont elle a besoin (205).

ports se confondent avec le ton et l'élévation du poëte. Ce qu'il décrit, ce qu'il fait dire, ne diffère point de ce qui se passe au dedans de lui; car pourrait-il s'élever au-dessus de son propre sublime, s'agrandir au delà de ce qu'il y a de plus grand? Quelques exemples, qui appartiennent à cette catégorie, rendront plus claires les considérations qui viendront ensuite. *Werther*, le *Visionnaire*, *Woldemar*, *Ardinghello*, la *Nouvelle Héloïse*, les romans de Klinger, *Donamar*, *Agnès des lis*, les romans de Chateaubriand, *Valérie*, *Agathon*, *Titan* (206), etc.; tous ces romans peuvent être rangés dans une seule classe, mais à des degrés très-différents; car ce n'est pas la classe qui rend classique, mais le rang dans la classe. Le ton supérieur de ces romans exige et adopte une élévation au-dessus des bas-fonds de la vie ordinaire, la liberté plus grande et le caractère plus universel des classes supérieures de la société, peu de traits individuels, des contrées plus indéterminées ou italiennes ou idéales, soit quant à la nature, soit quant à l'histoire, des femmes de mérite, de grandes passions, etc., etc.

Pour la seconde classe, celle des romans allemands, l'infusion de l'esprit saint du romantisme est plus difficile que pour la troisième classe qui, cependant, est moins élevée. Pour frayer la route à mes explications par des exemples, je citerai cette catégorie : Hippel, Fielding, Musæus, Hermès, Sterne, Gœthe, pour une partie de son *Meister;* Goldsmith, pour son *Vicaire de Wakefield;* Engel, pour son *Stark;* la Fontaine, pour le *Pouvoir de l'amour;* enfin mon *Siebenkæs* et surtout mes *Années d'école buissonnière*, etc. Il n'y a rien de plus difficile à élever et à soutenir par l'éther léger du romantisme que la grosse bourgeoisie.

Mais je veux nommer de suite la troisième classe, les romans de l'école des Pays-Bas, afin d'éclairer la deuxième et la troisième par la comparaison. A cette catégorie appartiennent, en partie, les romans de Smollet, le *Siegfried de Lindenberg*, le *Caporal Trim*, de Sterne, *Wutz*, *Fixlein*, *Fibel*, etc. (207).

La profondeur, en tant que renversement de la hauteur (*altitudo*), est, comme cette dernière, favorable au poëte, pour l'usage de ses ailes. Il n'y a que le milieu, la plaine, là où il faut tout à la fois voler et courir, qui ne puissent lui être utiles, de même que la capitale et le village, le roi et le paysan, sont plus faciles à traiter romantiquement que le bourg et l'homme de bonne condition qui se trouvent entre les deux extrêmes. C'est ainsi que la tragédie et la comédie, en suivant des directions opposées, arrivent plus facilement au but que les drames moyens de Diderot et d'Iffland. Le roman de l'école allemande, ou celui de la bourgeoisie, est précisément celui qui, le plus souvent, est lu et écrit par des gens de cette même condition ; il offre une grande difficulté à vaincre : le poëte, qui se trouve peut-être lui-même dans le même chemin que son héros, et qu'assiégent toutes les petites misères de la vie, ne peut ni élever, ni rabaisser son héros, ni le peindre à l'aide du repoussoir des contrastes, et cependant il a à couvrir et à colorer vivement la vulgarité quotidienne de la bourgeoisie par la lueur rouge du soir romantique. Le héros du roman de l'école allemande occupe, pour ainsi dire, le milieu entre deux conditions sociales, deux états, deux langages, deux événements; c'est un caractère qui ne revêt ni le sublime de l'école italienne, ni l'abaissement comique ou sérieux de l'école opposée, celle des Pays-Bas. Un pareil héros doit rendre difficile et même enlever à son poëte les moyens d'être romantique; et, qui ne comprendrait pas cela, n'a qu'à lire les *Années d'école buissonnière*. *Werther* même aurait été forcé de descendre de l'école italienne à l'école allemande, si les reflets d'une petite vie bourgeoise ne devenaient pour lui l'expression lyrique de sa propre âme qui les agrandit. Cela est si vrai que si le grand poëte s'était contenté de tout raconter lui-même, c'est-à-dire s'il avait été poëte épique et non lyrique, il n'aurait pu donner d'autres couleurs que celles de l'école allemande aux personnages du bailli, de sa femme et du secrétaire de légation. Mais l'élément lyrique, en tant qu'esprit pur, vient à son secours; il change en rapports généraux tous les rapports vulgaires, et, comme la musique, sœur de la lyre, il exclut tout ce qui est médiocre et bas.

Il arrive souvent que les trois écoles se mêlent dans un même roman comme dans une galerie de tableaux : cela se voit assez clairement dans mes propres ouvrages; seulement, pour ne pas me faire tort, je voudrais ranger certaines choses dans la catégorie italienne, par exemple la *Vallée de Campan*, et surtout les trois derniers volumes du *Titan*. On m'excusera, quand on me verra convenir qu'il y a, dans le premier volume de ce dernier roman, beaucoup de contrebande des Pays-Bas, comme le docteur Sphex, qui se cache sous les cordes du romantisme, comme une souris au fond d'un instrument de musique; c'est pourquoi l'auteur a eu le bon esprit de chasser cet animal des volumes suivants pour le faire entrer dans le *Katzenberger*. Le genre italien lui-même peut se concilier avec un caractère comique, de même que l'épopée est compatible avec un Thersite et un Irus; il est seulement nécessaire que le comique soit dans le caractère, et non dans le poëte.

C'est l'école allemande qui, à l'exemple du *Meister*, de Gœthe, a mis le plus en scène la vie bourgeoise ou prosaïque ; et c'est peut-être pour cette raison que Novalis, dont le large feuillage et l'ombrage poétiques contrastaient avec la nudité des palmes de Gœthe, a reproché aux années d'apprentissage de *Meister* une certaine partialité pour la prose et contre la poésie dans la vie. Pour Gœthe, la vie poétique bourgeoise est encore une vie prosaïque ; l'une et l'autre ne sont pour lui que des pieds de vers longs ou brefs, des quantités vraies ou fausses, ou quelque chose comme le *Dictionnaire de rimes* de Hübner (208) ; mais sa poésie supérieure plane au-dessus de tout cela, et ne s'en sert que comme de moyens poétiques. C'est ici que l'expression souvent mal comprise de poésie de la poésie acquiert toute sa valeur. Quand Gœthe se proclamerait lui-même persuadé de la supériorité de la prose de la vie, il ne ferait qu'oublier que son vol plane cependant au delà de cette prose, et qu'il lui prête même plus d'éclat qu'il n'en pourrait donner à la poésie ordinaire, plus rapprochée de lui.

Les romans français ont, quand ils s'élèvent, quelque chose de l'école italienne, et, quand ils s'abaissent, quelque chose de celle des Pays-Bas. Mais ils n'ont rien de l'école allemande, parce que leur poésie, comme l'état politique de la Russie, manque d'un tiers état.

Avant de passer à une petite anthologie de remarques sur le roman, nous devons réparer un oubli commis dans la première édition, à l'égard d'un genre qui se rapproche du roman : je veux parler de l'idylle.

§ 73. — *De l'idylle* (209).

L'idylle n'est pas une branche, mais une fleur des trois branches du roman ; de telle sorte qu'on ne peut en donner une définition plus vide qu'en disant qu'elle représente cet âge d'or de l'humanité qui a disparu.

On a fait jusqu'ici trop rarement la réflexion suivante : puisque la poésie, dans son écho céleste, transforme en harmonie les dissonances de la douleur, pourquoi n'emploierait-elle pas ce même écho céleste à rendre plus tendre et plus sublime la musique de la joie ? C'est ce qu'elle fait, mais on ne s'en aperçoit pas assez et on l'en loue trop peu. C'est une douce émotion sans nom, qu'on éprouve quand on est témoin, dans les œuvres épiques, de l'accom-

plissement et du développement de la joie promise
aux héros, et que l'on partage cette joie. Que le
lecteur passe rapidement en revue, dans sa mémoire,
toutes les scènes de bonheur contenues dans les
poëmes qu'il connaît, avec leurs printemps, leurs
aurores, leurs parterres de fleurs, avec l'amour et la
joie dans les cœurs et dans les yeux ; ces images célestes de l'art lui rappelleront les cieux réels de
son enfance. Car il n'est pas vrai, comme on a l'habitude de le dire, que ce qui saisit le plus fortement les enfants, ce soient des histoires douloureuses, dont on ne devrait se servir qu'avec discré-
tion, et seulement pour rehausser la bravoure, la
vertu et la joie; ce sont au contraire les transfigura-
tions d'une vie misérable, une ascension lente, mais
brillante, hors de la tombe de la pauvreté, le passage
de l'échafaud au trône, et d'autres images semblables, dont le charme transporte déjà l'enfant dans
l'empire du romantisme où les désirs sont accom-
plis sans dessécher comme sans gonfler le cœur.
C'est pourquoi les enfants aiment tant ces contes qui
d'ordinaire n'ouvrent à leurs regards que des cieux
sans causes comme sans limites, tandis qu'ils pourraient au contraire leur montrer des enfers tout aussi
illimités. — Mais revenons à la joie que donne la
poésie. Le spectacle du bonheur fatigue prompte-

ment les yeux ; mais c'est seulement pour cette raison que l'accroissement du bonheur doit cesser bientôt : la souffrance au contraire peut occuper longtemps l'imagination, parce que le poëte, comme malheureusement la destinée, peut longtemps l'augmenter; la joie a peu de degrés, mais la douleur en abonde. Il faut, pour arriver à quelques roses, franchir une longue échelle d'épines, en passant par des épines de plus en plus douces; et quand nous nous trouvons au sein du vrai bonheur, la Némésis nous montre, dans ses miroirs, le malheur beaucoup plus clairement et de plus près, qu'elle ne nous fait apparaître le bonheur, lorsque nous sommes dans une grande douleur. C'est pourquoi le poëte, qui ne doit jamais s'arrêter, mais qui doit monter toujours, s'est tellement habitué à la tragédie, qu'il n'a même pas inventé de nom pour un poëme joyeux. Car la comédie ou plutôt le drame pour rire, où les héros sont même souvent aussi tourmentés et aussi exaltés que dans la tragédie, ne peut nous causer et nous donner une joie sympathique comme la tragédie nous cause une peine sympathique; le spectateur reste devant la scène avec un sentiment mêlé de malice et de froideur; le bonheur des fripons ou des sots ne peut devenir le sien.

Mais quel effet produirait cependant la poésie

joyeuse? Il en existe au moins un petit genre épique, c'est-à-dire l'idylle. C'est une présentation épique du plus grand bonheur possible dans un état borné. Les transports sublimes appartiennent au genre lyrique et au romantisme; car sans cela le ciel du Dante et les cieux disséminés de Klopstock rentreraient dans la catégorie des idylles. L'état borné dans l'idylle peut être relatif tantôt aux biens, tantôt aux lumières, tantôt à la condition sociale, tantôt à tous ces éléments à la fois. Mais comme, par l'effet d'une confusion, on le rapportait surtout à la vie pastorale, une seconde confusion le transportait dans l'âge d'or de l'humanité; comme si cet âge ne pouvait se passer que dans un berceau immobile, et non tout aussi bien dans un char volant de Phaéton. Quelle preuve y a-t-il que le premier âge, l'âge d'or de l'humanité, ait été un état borné, et non l'âge le plus riche, le plus libre et le plus éclairé?

Cette preuve du moins ne se trouve pas dans la Bible : elle n'est pas non plus dans l'assertion de quelques philosophes qui prétendent que la floraison de toute notre culture ne peut être atteinte que par une répétition de l'âge d'or, et qu'après un véritable accomplissement de la science et de la vie, les peuples regagneront l'arbre qui porte ces noms, avec le paradis. D'ailleurs la vie pastorale, en dehors du calme et du loisir, n'offre guère mieux que la vie d'un gardeur d'oies; la terre bienheureuse de Saturne n'est pas un parc de moutons; son lit et son char célestes ne sont pas une charrette de pâtres. Théocrite et Voss, ces Dioscures de l'idylle, ont laissé entrer dans leur Arcadie toutes les conditions inférieures : le premier y appela des Cyclopes; le second introduisit la grosse bourgeoisie dans sa *Louise* et ailleurs. L'*Hermann* et *Dorothée* de Gœthe n'est pas un poëme épique, mais une idylle épique. *Le Vicaire de Wakefield* est une idylle jusqu'au moment où une infortune propre à la ville vient troubler l'harmonie de cette harpe éolienne, dont les cordes trop fortement tendues rendent alors des sons faux, de telle sorte que la fin déchire le commencement.

Le maître d'école, Wutz, de l'auteur que nous connaissons tous, est une idylle dont je ferais plus de cas que n'en font d'autres critiques, si mes relations personnelles avec cet auteur me le permettaient; le Fixlein et le Fibel du même auteur rentrent également dans cette catégorie. La vie même de *Robinson Crusoé*, celle de Jean-Jacques sur son île de Saint-Pierre, nous réjouissent du parfum et des douces couleurs de l'idylle. On peut élever au rang d'une idylle le voyage à pied et en voiture, d'un roulier qui trouverait du beau temps, de bonnes routes, des repas plantureux, et à qui vous offririez même (mais ceci serait déjà du superflu) sa fiancée dans une auberge. Si l'on veut d'autres exemples, les jours de vacance d'un pédagogue, les journées blanches d'un artisan, le baptême du premier enfant, et même ce premier jour où la fiancée d'un prince, lasse des fêtes de la cour, roule enfin, seule avec son prince (leur suite se tient à une certaine distance) vers un ermitage plein de fleurs, tout cela peut devenir la matière d'une idylle ; tous peuvent chanter : « Et nous aussi nous avons été en Arcadie. » (210).

Pourquoi le Rhin ne pourrait-il pas devenir, pour l'idylle, une Hippocrène, un fleuve du paradis à quatre bras, non-seulement par son courant, mais aussi par ses bords ? Il porte sur ses vagues la jeunesse et l'avenir, sur ses bords un passé sublime. Les œuvres produites sur ses rives expriment et répandent, comme ses vins, le bonheur de l'idylle. Je n'ai pas besoin de nommer ici le peintre Müller ; mais je dois plutôt rappeler les romans de Frohreich, par exemple son *Savonnier*, et d'autres, empreints de cette joie des bords du Rhin, et injustement oubliés (211).

Mais quel est donc, nous demandera-t-on, cet élément qui, dans les idylles de Théocrite et de Voss, malgré une dépense si modérée d'esprit et de sensibilité de la part des acteurs, nous agite si gaiement, et nous balance sans nous emporter? La réponse à cette question se trouve presque contenue dans cette dernière comparaison avec la balançoire, qui nous berce de haut en bas suivant de petites courbes, qui nous fait voler et tomber sans effort, qui nous fait échanger, sans secousse, l'air qui est devant nous contre l'air qui est derrière nous. Il en est de même de cette joie que nous fait éprouver un poëme pastoral; elle est sans égoïsme, sans désir et sans secousse; car dans votre joie supérieure vous embrassez concentriquement la joie innocente et extérieure du berger. A ce comble de bonheur que nous présente l'idylle, et qui n'est qu'un reflet du bonheur de notre enfance ou d'un autre bonheur sensiblement borné, nous prêtons tout à la fois le charme de nos souvenirs, et celui de notre pensée poétique et plus haute; le fruit, qui n'est ordinairement orné que d'un reste noirâtre de fleur flétrie, rencontre ici la fleur elle-même dans toute sa fraîcheur; et, par un effet merveilleux, l'un et l'autre se servent réciproquement d'ornement.

De ce que l'idylle présente le comble du bonheur dans un état parfait, il résulte deux choses : d'abord la passion, qui est accompagnée de chaudes

nuées d'orages, ne peut introduire ses tonnerres dans
ce ciel calme; on ne lui permet que quelques
nuages de pluie, avant et après lesquels se laisse toujours apercevoir la brillante clarté du soleil largement répandue sur les collines et sur les vallées.
C'est pourquoi la *Mort d'Abel* de Gessner n'est pas
une idylle.

La seconde conséquence, qui découle de la première, est que ni Gessner, ni à plus forte raison les
Français, ne sont des auteurs d'idylles; mais qu'on
peut au contraire donner ce nom à Voss, Théocrite,
Kleist et Virgile.

C'est justement pour peindre son état borné au
comble du bonheur, que l'idylle a besoin des couleurs locales les plus claires, non-seulement pour le
paysage, mais aussi pour les situations, les conditions sociales et les caractères; elle ne peut s'accommoder de ces généralités vierges et vaporeuses de
Gessner, dans les aquarelles duquel ressortent à
peine un mouton ou un bouc, et où les hommes se
perdent. Il ne faut pas mettre ce jugement sévère
sur le compte de cet excellent Auguste Schlegel, qui
souvent ne fait qu'adopter des opinions antérieures
et étrangères, tout en s'attirant comme ici le reproche de dureté; — mais il faut le rapporter à Herder
qui, il y a cinquante ans, dans ses fragments litté-

raires *, a mis Gessner, qui était alors dans toute sa gloire et couvert de lauriers, bien au-dessous de Théocrite, dont chaque parole est naïve, caractéristique, colorée, ferme et vraie. Gessner (212) était cependant bien libre de puiser dans ses Alpes, dans ses chaumières et ses cors de pâtres, et dans ses vallées, les couleurs les plus délicieuses de la nature. Dans le seul drame pastoral, *Jeri et Baeteli*, de Gœthe, il y a plus d'idylle suisse que dans toute la moitié de Gessner. C'est pourquoi les Français ont si bien pris goût à ce dernier, qu'ils l'ont traduit et transporté chez eux comme une bonne et fraîche crème de montagne digne de figurer à côté du *superfin idyltique* de Fontenelle. En général, ce n'est pas un bon signe pour un auteur allemand que d'être facile à traduire en français; dans Lessing, Herder, Gœthe etc., c'est même une bonne qualité de plus que de ne pouvoir être compris de ceux qui ne savent pas l'allemand.

Nous avons dit que peu importe où se passe la scène de l'idylle; que ce peut être une montagne, une prairie, l'île d'Otahiti, le cabinet d'un pasteur ou le canot d'un pêcheur : car l'idylle est un ciel

---

* Herder, *Œuvres de littérature*, etc., 2ᵉ partie, pp. 127-142.

bleu, et ce même ciel s'étend au-dessus des rochers comme sur les parterres de fleurs, sur les nuits d'hiver de la Suède comme sur les nuits d'été de l'Italie. On peut en dire autant de la condition des personnages, pourvu que l'idylle présente toujours un bonheur parfait dans un état borné. Il est par conséquent faux ou inutile d'ajouter, dans la définition, que l'idylle cultive ses fleurs en dehors de la société civile. Est-ce que des petites sociétés, comme celles des pâtres, des chasseurs, des pêcheurs, ne sont pas des sociétés civiles? Celle des idylles de Voss n'en est-elle pas une? Tout ce qu'on peut admettre à cet égard, c'est que l'idylle, en tant que comble du bonheur dans un état borné, exclut le grand nombre des personnages et les grands rouages politiques; et de plus que les bienheureux de l'idylle, ayant arraché pour eux un des feuillets du livre des bienheureux du ciel, ne peuvent se trouver bien que dans un jardin clos; ce sont de gais Lilliputiens qui prennent un parterre de fleurs pour une forêt, et qui, pour cueillir les fruits d'un arbre nain, doivent se servir d'une échelle.

§ 74. — *Règles et conseils pour les romanciers.*

En général, l'intérêt que nous prenons à une recherche est fondé sur une continuité de petits nœuds qui se forment et se dénouent alternativement; c'est au moyen de ce charme secret que les études de Lessing nous retiennent; c'est aussi pour cette raison que le roman est particulièrement tenu de ne nous présenter aucun état actuel qui ne porte en lui les semences et les boutons de l'avenir. Chaque dénoûment doit renfermer une complication nouvelle. On peut, pour rendre le nœud plus solide, y introduire autant de personnages nouveaux et de dieux *ex machinâ* que l'on voudra; mais le dénoûment doit toujours être confié à des personnages qui nous soient connus. C'est dans le premier chapitre, ce chapitre qui gouverne l'œuvre tout entière, qu'il faut aiguiser le glaive qui doit trancher le nœud dans le dernier. C'est au contraire un effet désagréable de l'arbitraire, que de ne faire surgir le machiniste suprême qu'au dernier volume, sans l'avoir annoncé par des machines dans les volumes précédents. Il faut élever le plus tôt possible la montagne qui doit trancher les deux vallées d'une complication. Le dénoûment a plus de beauté, c'est-à-dire est moins arbitraire, quand il est amené par un trait de caractère connu d'un personnage connu ; car ce qui triomphe alors, c'est cette belle nécessité spirituelle, qui échappe au contrôle du poëte. Ainsi dans le *Tom Jones* de Fielding, l'action se dénoue d'une manière inattendue par la découverte d'un ancien mensonge intéressé du fourbe Bilfilis. Dans la tragédie quelque peu maniérée de *Cadutti*, elle se dénoue d'une façon surprenante et presque trop ingénieuse au moyen d'une loi physique, dont Lavater a fait l'observation (213) : un fils inconnu et depuis longtemps attendu, prend, au moment de mourir, une ressemblance frappante avec son père qui, après avoir été sa victime, est devenu ensuite le prêtre qui l'immole. En un mot, le dénoûment doit se fonder sur le passé, et non sur l'avenir.

Quelques auteurs préparent de bonne heure dans le passé ce moyen de solution, et ils en remplissent déjà les premiers volumes, mais sans le rendre toutefois nécessaire dans le présent ; or, il n'y a rien de plus rebutant qu'une pareille cure prophylactique là où il n'y a point réellement de maladie. Ce qui se développe dans le présent doit être nécessaire, non-seulement en vue de l'avenir, mais aussi pour le présent même. Toute l'importance que peut avoir une scène relativement à l'avenir ne peut excuser son inutilité actuelle ; car le lecteur, contrairement à ce qui se passe pour la religion, est libre de ne vivre que pour le présent ; il n'est pas, comme l'homme en général, d'après la règle *respice finem*, tenu de penser à la fin, qui par exemple, dans un roman de huit volumes, ne serait, après une vie longue et difficile de 160 feuilles, qu'une éternité d'un ou de deux volumes. Du reste il se peut que l'auteur que nous connaissons tous ait péché contre cette règle un peu plus souvent que, pour des raisons qu'il est facile de deviner, il n'est disposé à en convenir.

Dans *les souffrances du jeune Werther*, l'épisode de l'assassinat d'une amante par son amant est très-bien préparé dès le printemps, mais sans aucune nécessité apparente, si ce n'est que plus tard, en automne, son couteau doit servir à rendre encore plus serré le nœud de Werther ; mais puisque cet épisode ne contribue pas à la solution, il n'était pas tenu de paraître au printemps ; il pouvait venir à chaque mois.

Il y a deux chapitres qui doivent être faits les premiers et l'un pour l'autre ; c'est d'abord le dernier, et ensuite le premier. Mais qu'on nous dispense de ce qui précède le passé ! — Avec quelle tiédeur et quelle faiblesse ce pauvre public se traîne à travers les volumes d'un ouvrage, par exemple à travers le 109°, quand il est forcé de repasser, comme une chenille qui ronge sa feuille verte, par tous les détours des volumes précédents, et même par ce qui s'est passé avant le premier chapitre, en tenant continuellement la tête en avant et en haut. C'est là une peine trop grande, comme celle qu'on éprouverait en voyant tout à coup, après un repas offert par un ami, circuler une assiette qui réclamerait le paiement. Qu'a-t-on gagné quand, après avoir été entraîné jusqu'au milieu par le premier chapitre, on se trouve ramené par le dernier jusqu'en deçà du premier? Dans ce chapitre qui domine tout, où rien n'existe encore, nous aurions tous accepté avec plaisir, avant la jouissance, une création, un miracle et un travail quelconque; mais maintenant, après avoir longtemps subi le charme de choses merveilleuses, les choses naturelles qui viennent après coup ne nous conviennent plus. Qu'on anticipe par conséquent sur le passé futur autant qu'on pourra le faire sans le trahir, afin qu'au dernier chapitre on n'ait plus qu'à s'écrier : «Eh! Messieurs, ne l'avais-je pas dit?» — Si l'on demandait pourquoi dans le roman, qui n'est lui-même qu'un passé marchant en avant, quelques excursions dans les antécédents de ce passé deviennent si choquantes, il y aurait à répondre que le passé antérieur interrompt le passé plus rapproché; que l'homme, ayant commencé n'importe où, veut marcher en avant et non en arrière; qu'enfin une série d'heures écoulées est un enchaînement de causes et d'effets et par conséquent un système qui aime mieux placer son point de départ au commencement qu'à la fin.

Nous avons déjà fait entendre dans ce qui précède que la volonté, en tant que nécessité poétique, ne se manifeste jamais trop tôt, tandis que le monde corporel peut paraître tard et partout : mais la première ressemble aux tours et aux pions du jeu d'échecs, qui ne produisent leur effet décisif qu'à la fin et non au commencement de la partie, tandis que le dernier est semblable aux cavaliers et aux dames dont les sauts et la marche ne sont utiles qu'au commencement, et rendent moins de services à la fin.

Quand vous avez votre effet bien motivé, vous ne devez l'introduire dans votre narration qu'après en avoir confié les causes au lecteur bienveillant, mais défiant ; défiant, parce qu'il a été si souvent trompé et abusé sur son fauteuil ou sur son âne de lecture (214), et aussi parce qu'il lit assez clairement dans les esthétiques qu'on s'efforce de lui procurer des illusions, et qu'il craint, non sans raison, que le poëte n'ait inventé après coup la cause de son effet.

Moins le nœud est matériel, plus le dénoûment est difficile ; et il n'en vaut que mieux, lorsqu'il réussit. Il faut par conséquent préférer les nœuds dus à la volonté à ceux qui viennent du hasard.

Si vous avez deux buts ou deux nœuds également immatériels, il faut faire de l'un le moyen de l'autre ; sans cela ils se paralysent réciproquement.

Il est très-bon de cacher un peu un dénoûment véritable sous un dénoûment apparent ; seulement il faut alors empêcher le lecteur de deviner mal, car son pressentiment, quand il est mal fondé, ne peut résoudre des difficultés, qu'aux dépens de l'intérêt.

Le poëte ne doit jamais oublier, au profit d'un avenir que lui-même trouve plus brillant, les exigences du présent et du lecteur qui ne tient qu'à ce dernier.

L'épisode n'est guère un épisode dans le roman épique, comme par exemple dans *Don Quichotte*, parce que la vie elle-même y est prise comme un épisode. Dans le roman dramatique, au contraire, les épisodes ne sont que des retards déplaisants, même quand ils se rattachent à des moyens de développement postérieurs : ils ne peuvent y entrer qu'à la condition de se rattacher à des fils antérieurs. Le drame a horreur de l'épisode. Si l'épisode était permis par lui-même, on serait libre de passer d'un épisode à un autre, du second au troisième, de telle sorte qu'on en viendrait à se perdre dans l'infini. Un épisode, en tant que présent, peut se confondre agréablement avec l'ouvrage principal; mais cela n'arrive jamais quand il n'est que le fragment désagréable d'un passé qui devrait nous être raconté.

Ce qu'on vient de dire de la digression historique ou épisode, s'applique également à la digression spirituelle ou philosophique, qui est plus courte. Le lecteur les accepte l'une et l'autre au commencement et au milieu plus volontiers que vers la fin, quand les rayons se concentrent de plus en plus vers le foyer d'un intérêt unique. Cet avis est moins pour les auteurs, qui sont entraînés malgré eux par leur sujet, que pour les lecteurs, qui ont besoin d'apprendre pour quelle raison un auteur, comme un homme qui s'est d'abord livré beaucoup à la débauche, finit par s'y livrer le moins possible.

Un seul son humain qui part véritablement du fond du cœur, produit plus d'effet que dix paysages ou descriptions psychologiques; l'air agité par un son parlé nous frappe plus fortement que s'il y grondait une tempête. Mais il n'y a, après tout, qu'un dieu invisible qui puisse souffler en nous, en fuyant, le mot vrai; tandis que, pour ne produire que des tissus mécaniques coloriés, il y a toujours assez de bonnes machines à carder et à filer.

L'auteur, dont la tête est pleine d'omniscience et d'avenir, qui est de plus ennuyé par les événements qu'il

a à décrire, et qu'il connaît depuis longtemps, comme
il se connaît lui-même, pour les avoir motivés, aime à
laisser au lecteur le soin de colorier les scènes de joie
qu'il se contente d'ébaucher à grands traits, et dont
le lecteur a attendu, pendant des volumes entiers, l'a-
gréable tableau. Je ne puis rien offrir, dit ici l'auteur,
que le lecteur ne connaisse déjà, et qu'il ne puisse se
dire lui-même sans mon aide. Mais le lecteur qui,
même enfant, prévoit, par exemple dans *Robinson
Crusoé*, toutes les circonstances qui doivent venir au
secours du naufragé, d'après les motifs que l'auteur
leur a donnés, n'en réclame pas moins cependant une
description détaillée. De même il veut que l'auteur
compte devant lui toutes les récoltes bruyantes que le
Nil d'or d'un gain de loterie peut apporter au trésor
desséché d'une famille, bien que son imagination de
lecteur, élargie par celle du poëte, devine tout cela
avec facilité. Il veut être tout à fait sûr des couleurs
gaies, et il a une si grande confiance dans le poëte,
qu'il veut que ce soit ce dernier et non son propre arbitraire poétique, qui lui en donne la certitude. Il en
est tout autrement du sublime, où règne le silence
de l'ineffable, et d'une douleur trop grande, où les
blessures que le lecteur se donne lui-même lui semblent plus douces que celles qu'il reçoit d'autrui.
D'autres raisons conduisent encore quelques auteurs à

faire de leurs lecteurs autant d'auteurs qu'ils chargent de composer une suite à leurs ouvrages ; quand par exemple l'auteur de ce livre n'avait à présenter que des événements historiques, faciles, sans flammes, sans fleurs et sans sel, il ne se mettait à la besogne qu'avec répugnance, et s'en dispensait volontiers.

Il faut ou s'en tenir aux rapports les plus généraux de personnes et de choses, ou bien, lorsqu'on en choisit qui ont plus de couleur locale, par exemple Malte (215), le dentiste de telle université, ou le confiseur de telle cour, il faut, après avoir examiné leur atelier ou l'*Orbis pictus*, les revêtir de toutes les couleurs qui leur appartiennent.

Le héros du roman est souvent la tête de Cicéron parlante de l'auteur, et son plus grand traître. Au moins ne faut-il pas le faire accompagner d'une longue série de louanges, qui, de toutes les fenêtres et de toutes les loges, crient après lui : « *Vivas!... Plaudite!... Te Deum!...* » Il n'y a pas de passage dans Richardson où l'on ne rencontre un ou plusieurs individus, portant à la main ou sous le bras de larges auréoles et de pesantes couronnes de laurier, qu'ils vont poser sur les têtes des Clarisse et des Grandison. On n'en a que plus mauvaise opinion de ces personnages et souvent même de l'auteur, dont la propre tête se trouve dans la grande tête de son héros couronné.

N'employez pas un trait de caractère pour peindre un caractère, mais seulement pour peindre un événement.

La nature épique du roman vous interdit les longs dialogues, surtout quand ils sont mauvais. Car le plus souvent ils ne consistent que dans les deux arts de s'interrompre les uns les autres, ou de répéter les questions comme des réponses, comme fait souvent Engel, ou de répondre à un trait d'esprit en en donnant la suite.

N'introduisez pas tous vos lecteurs autour du berceau de votre héros. De même que, d'après César, les Gaulois tenaient leurs enfants éloignés jusqu'à l'âge de puberté (et c'est peut-être pour la même raison que les Français ont aujourd'hui l'habitude de faire élever les leurs à la campagne), de même nous voulons voir dès l'abord au héros une taille de quelques pieds ; ce n'est que plus tard qu'on pourra nous offrir quelques reliques de sa chambre d'enfant. Car ce n'est pas la relique qui donne de la valeur à l'homme, mais l'homme qui en donne à la relique. Il est plus facile pour l'imagination de réduire un arbre à l'état de petite plante, que d'élever cette dernière à l'état d'arbre. C'est du moins aux auteurs de romans comiques qu'il faut recommander de travailler plus longtemps encore à la conception qu'à l'exécution du plan de leurs ouvrages (c'est ainsi que font les chrétiens avec leurs plans moraux). Si le plan est large et convenable, le travail va sur des ailes, et il supporte toutes les charges de saillies et de plaisanteries qu'on pourra lui donner. Mais quand il est étroit ou mutilé, l'auteur le plus riche et le plus mobile reste là comme un mendiant boiteux ; il n'a rien à recevoir, c'est-à-dire rien à donner ; au milieu de son désert, entouré de pierres précieuses de première, de seconde, de troisième eau, il ne peut étancher sa soif. Seulement un auteur ne voit jamais clairement d'avance si, dans tel plan ou tel château d'Espagne qui plane trop haut au-dessus de lui dans l'éther de son cerveau, il y a un espace libre ou une réalité étroite. C'est pourquoi tout auteur, avant de commencer une œuvre qui sera souvent pénible, avant de creuser un puits ou une mine, doit savoir étendre sur son terrain une baguette divinatoire pour lui demander s'il renferme ou non l'eau ou l'or qu'on y va chercher. Car il existe pour lui un art particulier d'exécuter d'avance, comme dans un prologue, une pensée ou un examen provisoires, le plan d'un ouvrage avant sa réalisation ; mais ce procédé ne s'exerce que de loin et à la légère, dans le cerveau plutôt que sur le papier. Quand un poëte sait planer de cette façon au-dessus de ses conceptions au moyen d'une exécution fictive, il y gagne, quand le plan est bon, de la confiance en lui-même, et de la connaissance de cause ; et, dans le cas contraire, il perd seulement la peine que lui a donnée cette première ébauche.

Une autre question, qui ne concerne pas seulement le roman, ce rejeton de l'épopée, est celle de savoir ce qu'il faut créer d'abord, des caractères ou de l'action. Créez d'abord au moins le caractère du héros qui sert d'expression ou de corps à l'esprit romantique de l'œuvre ; quant aux caractères secondaires, plus ils s'abaissent et descendent dans le vide et le particulier, plus ils se perdent dans ce domaine de mort, dépendant, soumis au sceptre du poëte et de l'histoire. L'histoire n'est que le corps ; le caractère du héros, c'est l'âme qui habite ce corps, qui s'en sert, bien qu'elle souffre et acquière ses connaissances par lui. Les caractères secondaires peuvent souvent entourer cette âme à titre seulement de purs accidents historiques, ou, d'après la comparaison de tout à l'heure, comme des parties du corps ; c'est ainsi que, d'après Leibnitz, les monades qui dorment entourent la monade qui veille, c'est-à-dire l'esprit. Quant à la latitude infinie de l'accidentel, il faut absolument des caractères qui lui donnent de l'unité, et cela au moyen d'un cercle magique qui n'exorcise ici que des corps et non des esprits. Le roman de voyages et le journal eux-mêmes, restent également soumis à l'unité calme et dominante d'un caractère, tant que la largeur de l'espace et la longueur du temps ne viennent pas nous étourdir et nous inonder d'accidents. Le poëte, surtout quand sa marche est tranquille, cache ses ailes transparentes sous les épaisses enveloppes du monde physique ; mais dès qu'il agite ses ailes au delà de la terre, il étend du moins ces enveloppes, s'il ne va pas jusqu'à les remuer. Le conte même fixe ses brillantes gouttes de rosée et ses perles sur le tissu invisible et automnal d'une signification libre.

Me permettra-t-on encore quelques avis moins importants ? Comme par exemple les suivants :

Pour peindre des jouissances physiques sans leur enlever tout intérêt moral, il ne faut pas les donner seulement par exemple à un malheureux sans culture, mais aussi à un malade bien élevé ; c'est ainsi que nous acceptons avec gaieté morale et avec contentement chaque friandise offerte au héros souffrant de Thümmel (216) : cet homme faible en a besoin ; son estomac est son bouclier contre notre blâme ; son hypocondrie est sa prière de table. Mais que ce même héros, après sa guérison, ou bien qu'un hôte inattendu et de santé florissante, se mettent à la table des gourmands, le lecteur se transforme presque en ce prêtre qui fait des lectures aux dîners du réfectoire. La jouissance physique ne peut se présenter quelque part poétiquement et moralement que sous les conditions du besoin et de la nécessité.

Il y a du bon dans cet artifice de dévoiler par les malentendus ou par le zèle intempestif des domestiques ou des enfants, des choses qu'on ne veut montrer qu'à demi voilées. Seulement l'omniscience du poëte, quand elle nous donne ou nous enlève de ces choses, nous paraît abuser de son arbitraire, dès qu'il ne prouve pas, dans tout son ouvrage, la plus stricte obéissance à la règle de ne rien raconter que le présent.

L'imagination du lecteur s'exalte plus dans la brièveté de son vol, que celle du poëte dans son vol prolongé ; car la première reçoit et rapproche pour un seul effet, dans l'espace peut-être d'une demi-journée, toutes ces images, flammes et tempêtes nouvelles de l'œuvre du poëte, que l'imagination créatrice de ce dernier n'a conçues et rangées qu'isolément, et l'une après l'autre ; ajoutez à cela que l'enthousiasme du poëte causé par son sujet, s'épuise à force d'être en contact avec lui. Le poëte doit par conséquent supposer chez son lecteur plus de chaleur et de hardiesse qu'il n'en a conservé lui-même ; et il aura raison d'exiger de cette imagination qu'il a douée lui-même d'ailes et de plumes si bonnes, des vois qui soient semblables aux siens. Il serait à désirer que l'on connût l'état du lecteur : enflammé par l'auteur, il étendra son vol au delà de tout, et, à force de voler lui-même, il oubliera et excusera les bonds d'autrui. L'auteur, dont la plume doit, pour arriver à son but, parcourir un chemin pierreux, songera toujours que son lecteur ardent arrive à ce but plus tôt que lui, animé comme il l'est par la lueur du soir et la couleur du but.

Une petite circonstance produit une surprise d'autant plus grande qu'elle existait plus tôt; il faut seulement, en y revenant quelquefois accidentellement, empêcher qu'on ne l'oublie. Il faut nous épargner les longues séries de philtres d'amour, les longues chaînes dorées de cœurs amoureux enfilés, les longues suites d'êtres qui s'embrassent ; l'amour n'aime pas qu'on multiplie ses présentations ; car il ne saisit avec toute la force de l'idéal que lorsqu'il est à son comble, et ce comble ne comporte guère les répétitions. L'amitié au contraire exige et respecte l'association ; l'aspect d'un petit jardin avec deux amants et leurs enfants au milieu des fleurs, et celui d'un champ de bataille plein d'amis combattant ensemble, nous élèvent à la même hauteur.

Même la bagatelle de donner des noms aux personnages n'en est pas une. Wieland, Gœthe, Musœus, ont su en donner qui sont véritablement allemands et frappants ; l'homme éprouve jusque dans les moindres choses le désir d'une certaine causalité : « Donnez-moi seulement, dit-il, l'ombre d'une raison, et j'agirai volontiers. » Personne n'avait songé par exemple à diviser Homère ou Théophraste en 17 ou 29 livres ; mais on a songé à les diviser en 24 livres d'après le nombre des lettres de l'alphabet, et c'est là l'ombre de raison. Les juifs, plus pauvres de deux lettres, ont par conséquent donné 22 livres à la Bible. On n'aime pas à voir que les chapitres d'un ouvrage se terminent par un nombre impair : je fais exception pour les nombres 3, 5, 7, 9, 11, 25 et 99. Aucun homme n'introduira, sans raison particulière, un changement dans sa manière de vivre un mardi ou un jeudi (217) : « Ce sera pour un autre jour, se dit-il ; je saurai alors pourquoi ; car ces jours ont, pour ainsi dire, quelque chose de particulier. » De même l'homme cherche toujours quelque chose, peu de chose à la vérité, mais enfin quelque chose dans les noms. *Torre-cremada* ou *la Tour brûlée*, et *Feu ardent*, tels sont (nous affirmons d'après Bayle) les noms de baptême de deux moines qui firent brûler gaiement la moitié du parti de l'opposition religieuse.

L'affinité anglaise entre le nom et la chose est insupportable au goût allemand ; Hermès nous en a fourni les exemples les plus choquants d'abord dans messieurs *Connait-mal* et *Fondateur*, et ensuite dans le sieur *Cachot*, et enfin partout. Mais d'un autre côté un nom ne doit pas rester non plus sans signification, d'autant plus que, d'après Leibnitz (218), tous les noms propres ont été d'abord des noms communs ; mais il doit se tenir tout juste dans le quart du milieu, et parler et dire beaucoup par des sons plutôt que par des syllabes d'un sens déterminé. Par exemple, les noms suivants chez Wieland : *Flok, Flaunz, Parasol, Dindonette,* etc. De même ce n'est pas sans raison que l'auteur de ce livre a désigné par des noms monosyllabiques des personnages peu importants, comme *Wuz, Stuss* ; d'autres personnages méchants ou d'une importance purement apparente, ont reçu de lui des noms où entre la syllabe itérative *er*, comme *Lederer, Fraischdærfer* (219) ; il appelle *Fahland* un individu chauve et pâle, etc. Quant aux femmes, la loi indienne défendant à un brame d'épouser une femme qui ne porte pas un beau nom, s'applique également aux romans ; toute héroïne moderne a, sinon d'autres beautés, du moins un nom italien au lieu d'une figure italienne.

Enfin le dernier, mais peut-être le plus important des avis qu'on ne peut se lasser de répéter aux romanciers, est celui-ci : « Ayez surtout, messieurs, un génie véritable et brillant, et vous serez étonnés vous-mêmes du point d'excellence auquel vous vous élèverez. »

CHAPITRE XIII.

De la poésie lyrique.

§ 75. — *L'ode.* — *L'élégie.* — *La chanson.* — *Le poëme didactique.* — *La fable.* — *Etc.*

Ce chapitre, sans être trop long, ne doit cependant ni devenir trop court, ni faire entièrement défaut comme dans la première édition : on n'y peut guère dire en peu de mots beaucoup de choses qui n'aient déjà été dites par d'autres en beaucoup de mots. Quand, dans la première édition, j'ai laissé de côté le genre lyrique tout entier, je ne faisais que suivre l'exemple déjà ancien, mais peu recommandable d'Eschenburg * qui distribue également toute la matière

---

* *Programme d'une théorie et littérature des beaux-arts.* — *Nouvelle édition revue,* 1789.

entre le drame et l'épopée, et qui fait rentrer dans cette dernière tout le troupeau lyrique, l'ode, l'élégie et de plus la satire, l'allégorie et l'épigramme. C'est dans la personne du poëte lui-même qu'il trouve une pierre de démarcation, une colonne d'Hermès, pour diviser plus facilement la poésie en ses différents genres, l'un d'un côté, l'autre de l'autre; quand le poëte parle lui-même, son œuvre devient, dit-il, *épopée et compagnie;* lorsqu'il fait parler d'autres personnages, on a le drame. Ainsi l'on pourrait considérer le poëte relativement au monde qu'il crée, comme autrefois diverses écoles de philosophie considéraient Dieu, c'est-à-dire comme étant tantôt extramondain (en dehors du monde) et tantôt intramondain (dans le monde). Mais est-il possible d'établir sur cette mer de la poésie une division et une classification moins stables? Ce n'est ni l'immixtion ni la retraite du poëte qui décide entre les deux formes d'un poëme (220). Le poëte qui parle n'est pas plus une partie organique du poëme entier que tout autre interlocuteur; il doit lui-même s'y changer et s'y transfigurer autant que tout autre homme, et éveiller le phénix poétique dans les cendres de son individualité. Le peintre devient tableau, le créateur devient sa propre créature. S'il n'y avait pas d'autres différences que de pareilles bagatelles, de parler soi-même ou de faire parler les autres, il serait bien facile de ramener une forme à une autre, et le même dithyrambe pourrait devenir tantôt épique, si le poëte avertissait et chantait d'abord qu'il va chanter le dithyrambe d'un autre ; tantôt lyrique, s'il annonçait qu'il va chanter le sien ; tantôt dramatique, s'il l'introduisait sans rien dire dans un monologue tragique. Mais de pures formalités ne sont pas des formes, dans la poésie du moins.

L'épopée présente une série de faits qui se développent dans le passé ; le drame, une action qui s'étend pour et vers l'avenir ; la poésie lyrique, un sentiment qui se renferme dans le présent. Comme le sentiment est en général la source et l'étincelle vivifiante de toute poésie, le genre lyrique est au fond antérieur à tout autre genre poétique ; c'est comme un feu de Prométhée sans forme qui organise et vivifie des formes. Quand ce feu lyrique opère seul, en dehors des deux formes ou corps de l'épopée et du drame, cette flamme au libre essor ne prend, comme la flamme physique, aucune forme fixe et déterminée : c'est tantôt une ode, tantôt un dithyrambe, tantôt une élégie qui s'élance et voltige. Elle entre dans le drame à titre de chœur et quelquefois à titre de monologue, comme dithyrambe de tristesse ou de joie, bien qu'elle ne soit jamais qu'une partie dépendante et relative, n'ayant pas de sens par elle-même et répétant seulement celui de l'ensemble. Il serait possible de faire passer à travers un drame toute une chaîne de montagnes d'odes sublimes. Quant à l'épopée, le passé y modère toute tempête lyrique et ne souffre que difficilement l'introduction récitative d'un chœur, d'un dithyrambe, etc. (221). Dans le véritable genre lyrique, le fait n'existe qu'en tant que présent, et l'avenir ne s'y trouve que comme sentiment. Le sentiment s'y présentera seul et indépendant, sans y peindre, comme dans l'épopée, tous ses parents, ou comme dans le drame, ses enfants. Le plan compliqué de l'ode n'est point par conséquent le masque masqué d'un petit fait épique ; les épisodes historiques n'y sont que des éruptions ardentes du torrent lyrique qui, en débordant, se répand de tous les côtés de la montagne. Le sentiment vole entre la fin, le commencement et le milieu sans suivre aucune ligne historique, guidé seulement tour à tour par sa propre surexcitation ou par sa fatigue ; il en résulte qu'à la fin d'une ode par exemple, il peut se trouver encore plus fortement saisi par son point de départ historique qu'au commencement de l'ode. Le sentiment peut même se présenter hardiment, comptant sur la sensibilité commune à tous les cœurs, sans introduire un seul mot de fait ; par exemple dans une ode sur Dieu, sur la mort, etc. ; ici le poëte ne chante qu'une ancienne histoire gravée dans le cœur de l'homme. Aussi pourrait-on dire encore que l'épopée raconte l'histoire, que le drame la prévoit et l'accomplit, qu'on la sent ou qu'on en devient le sujet dans la poésie lyrique (222).

Si le sentiment est, comme au fond cela doit être, considéré comme l'élément commun, comme la circulation du sang de toute la poésie, les œuvres lyriques ne sont que les membres détachés des deux corps gigantesques de la poésie, en tant que cette dernière est un aigle double ou un double soleil d'Apollon; membres qui continuent à vivre par eux-mêmes. Par conséquent l'ode, le dithyrambe, l'élégie, le sonnet ne seraient que des notes à l'unisson de la gamme harmonique du drame, vivant par elles-mêmes ; et la romance, le conte, la ballade, la légende, etc., ne seraient que des accords de la fugue de l'épopée. Il est vrai que l'art a peu à gagner à ces divisions de plus en plus étroites, qui ne reposent que sur des différences poétiques peu importantes : comme celles des objets et du nombre de lignes. Nous allons cependant arracher encore quelques plumes aux deux grandes ailes de l'épopée et du drame, et chercher si elles appartiennent à l'aile droite ou à l'aile gauche, moins en vue de l'utilité, ou de la théorie et de la vérité, que dans le but de rendre notre manuel d'esthétique complet.

C'est ainsi qu'il nous faut tout d'abord retrancher

du genre lyrique, pour le faire entrer dans le genre épique, le poëme descriptif, quoique cet avis puisse paraître singulier quand nous placerons plus loin le poëme didactique dans le genre lyrique. Les poëmes descriptifs, par exemple de Thomson, de Kleist, etc., présentent une partie du théâtre, un *bowling green* du grand paysage épique, mais sans les acteurs. C'est la vie de repos de la poésie ; là c'est la scène même qui agit, et les personnages sont le théâtre.

Le poëme didactique appartient au genre lyrique. Cette classification pourra paraître étrange parce qu'on attribue généralement beaucoup plus de chaleur au poëme de paysage, qui s'adresse aux sens, qu'au poëme didactique, qui est de nature abstraite. Mais le poëme descriptif n'a affaire qu'au plan physique de l'épopée, qui a sa valeur par lui-même, s'étend et fleurit au loin. Le poëme didactique au contraire fait tomber le foyer de la sensibilité sur des objets intérieurs et spirituels ; et il y jette tant de lumière et de feu que Pindare, dans sa chaleur poétique, fond pour son airain de Corinthe des séries entières de froids axiomes.

Les réflexions et les connaissances n'y sont pas disposées de manière à former une doctrine, mais elles le sont à l'adresse du cœur et en vue de l'unité du sentiment ; elles s'offrent à lui comme un fruit entouré de guirlandes de fleurs, par exemple dans les poëmes d'Young, de Haller, de Pope, de Lucrèce. Dans la poésie chaque pensée touche à un sentiment, et chaque compartiment du cerveau touche à un compartiment du cœur. Sans cela une philosophie, comme celle de Platon par exemple, serait un poëme didactique. Quelquefois la matière du poëme didactique de ce chœur prosaïque, se trouve plus éloignée du cœur que du cerveau : ainsi les poëmes didactiques sur l'esthétique d'Horace et de Pope. Les *Géorgiques* de Virgile et ce qu'on appelle les *épîtres* sont un gibier errant sur les limites de la poésie descriptive et de la poésie didactique. A quelle catégorie appartiennent les poésies de Delille, c'est là un point fort indifférent pour ceux qui ne les lisent pas.

Puisque, dans la fable, ce n'est pas la morale qui est faite pour l'histoire, mais que l'histoire n'y est que le sol de la morale, la fable n'appartient pas, quelque large que puisse être le sol historique d'un petit grain de semence, au poëme épique, mais au poëme didactique d'une pensée.

L'épigramme peut, quand elle est grecque et qu'elle exprime un sentiment, être rangée parmi les premiers matériaux du genre lyrique; mais dès qu'elle est romaine ou moderne et qu'elle devient seulement une pensée piquante, il faut la ranger dans la poésie didactique comme un petit poëme didactique rétréci.

Enfin, il y a encore à mettre à leur juste place l'énigme, ainsi que la charade avec ses rejetons et ses branches gourmandes, les logogriphes, les anagrammes, etc. J'ai toujours cru faire preuve de toute l'équité possible, en les plaçant (ainsi que l'épître, mais sous une forme moins considérable), comme des êtres moyens et des sels neutres, sur la frontière du poëme descriptif et du poëme didactique.

Pousser plus loin ces subdivisions, serait plutôt un passe-temps agréable pour la sagacité du critique, qu'une doctrine d'esthétique utile au poëte; je demande, par conséquent, qu'on ne me reproche pas de manquer de système, si je ne fais qu'effleurer, en passant, des poëmes d'un petit nombre de syllabes et microscopiques : comme le sont, par exemple, des *hélas!* ou des *ha!* isolés (qui rentreraient dans l'élégie, ce fragment de la tragédie) — ou de simples *Montjoie! ça! ça!* (qui ne sont évidemment que des abréviations du dithyrambe).

Je ne ferai à l'égard de ces petits poëmes qu'une remarque secondaire. Les Grecs sont beaucoup plus riches que nous autres modernes en cris de douleur, ces élégies en miniature, qui sont comme des signes de leur supériorité tragique. Les interjections du français sont généralement plus brèves que les nôtres : *Ah!* (nous disons *Ach!*), *Fi!* (chez nous *Pfui!* une satire en abrégé), *Aie!* (*Au Weh!*), *Parbleu!* (*Potztausend!*), *Hélas!* (*Leider!*). Encore un fait qui prouve que, même dans ces plus petites des œuvres d'art, ils ne sont pas aussi infiniment longs et larges que nous le sommes dans tous les genres de l'art.

Enfin, ce serait de la plaisanterie et du superflu que de vouloir citer même les points d'interrogation et d'exclamation, comme étant les formes poétiques les plus petites, et de distinguer les simples et les doubles. L'auteur espère que les considérations qui précèdent sont plus que suffisantes pour prévenir le reproche qui aurait pu lui être adressé, d'avoir laissé dans cet ouvrage des lacunes systématiques.

CHAPITRE XIV.

Du style ou de la manière de présenter la pensée.

§ 76. — *Définition du style.*

Buffon dit avec raison que le style est l'homme même. De même que chaque nation se peint dans sa langue, chaque auteur se peint dans son style; les particularités les plus secrètes avec leurs ondulations les plus subtiles s'impriment vivantes dans le style, ce second corps flexible de l'esprit. Imiter le style d'autrui, c'est, par conséquent, cacheter avec de la cire seulement, et sans cachet. Il est vrai qu'il y a deux sortes de style : l'un, scientifique et large, et, pour ainsi dire, le manteau de sentinelle que les pensées revêtent l'une après l'autre; l'autre, le style du génie, est comme une gousse et une cosse qui mûrit et se mange en même temps que les grains verts. Mais le premier style lui-même gagne par l'individualité ; et, dans ce qui est purement scientifique, l'homme, en se montrant, révèle souvent autant de facultés supérieures que, dans la poésie, en se dérobant. Si vous avez quelque chose à dire, il n'y a rien de mieux que votre style propre ; si vous n'avez rien à dire, votre style est encore le plus convenable (223).....

§ 77. — *Qualités sensibles du style.*

Si le style ne doit pas seulement exprimer, mais encore présenter la pensée à l'imagination, il ne peut atteindre ce dernier but que par des qualités sensibles. Mais comme en Europe on ne peut se servir, sur son bureau d'écrivain, que du cinquième sens, la vue, ces qualités sensibles ne peuvent être que plastiques, c'est-à-dire qu'elles doivent se manifester dans la forme et le mouvement, soit sans images, soit au moyen d'images.

Nous avons peu d'imagination à l'égard du goût et du toucher ; mais nous avons encore moins d'expressions pour l'odorat, comme nous l'avons démontré plus haut.

Notre langue a rassemblé un trésor pour l'oreille dans presque tous les gosiers d'animaux; cependant notre imagination poétique se tourne difficilement du côté de l'ouïe; l'œil et l'oreille se trouvent dans le monde dans des directions d'angles opposées. C'est pourquoi les métaphores musicales, pour produire leur effet, doivent d'abord être incarnées dans des métaphores optiques : ainsi les termes *son haut, son bas*, parlent déjà aux yeux. Si l'on dit, par exemple, que « *le souvenir chez le vieillard est un bruit doux des années précédentes, qui va en s'éteignant,* » ces termes ne frappent pas l'imagination aussi agréablement que si l'on disait : « *Ce souvenir est un bruit lointain qui s'élève de vallées sombres et profondes.* » En un mot, nous entendons mieux un son éloigné qu'un son doux, un son rapproché qu'un son fort; l'œil est le tuyau acoustique de l'imagination acoustique (224). D'un autre côté, comme l'œil intérieur, d'après une loi particulière, n'a pas une perception claire de ce qui se présente à lui subitement, mais seulement de ce qui se manifeste graduellement et, pour ainsi dire, après une suite d'ancêtres, les sons, ces enfants de dieux, qui surgissent devant nous, sans avoir de mère et tout armés comme Minerve, ne se présentent pas vivants à notre âme, comme les formes qui croissent et se rapprochent de nous peu à peu ; pour produire le même effet que ces dernières, les sons doivent se faire porter par elles.

§ 78. — *Qualités sensibles sans images.*

Les qualités sensibles de la forme et du mouvement constituent, sans images ou avec des images, la vie même du style.

Thümmel partage la gloire de la prose la plus belle, et souvent tout à fait homérique, avec un petit nombre d'auteurs, parmi lesquels se trouvent Goethe et Sterne, mais non Wieland, qui a laissé la sienne se décolorer dans son commerce avec les généralités françaises. On pourrait aussi bien peindre Thümmel que l'imprimer, quand il dit, par exemple : « Tantôt la tête d'amour d'un petit garçon aux joues roses se montrait à une fenêtre ; tantôt les yeux de corbeau d'une jeune fille pleine de santé nous accompagnaient dans la rue. Là nous rencontrions le cerceau après lequel sautaient, en jouant, une douzaine d'enfants ; ici un vieillard affable découvrait sa tête blanche pour nous donner sa bénédiction patriarcale. » Le tableau ne cesse qu'à la fin de la dernière ligne. Il ne saisit pas les sens avec moins de beauté quand il parle des émotions qu'on éprouve « quand le timon de la chaise de voyage se retourne vers la patrie. »

Comme le langage abstrait n'est lui-même qu'une reproduction du langage sensible, les qualités sensibles se trouvent également à la portée des philosophes, comme le prouvent les exemples de Schiller et de Herder; et il serait à désirer qu'ils en eussent encore davantage, afin de disposer leurs pensées d'une manière plus étroite et plus facile. Par conséquent, je n'aime pas les mots clairement vides, tels que *causer*, *effectuer*, *produire un effet;* je n'aime pas non plus les mots vagues anéantis par une négation, comme « *non-fils, non-estime;* » le mot *transparent*, par exemple, peint beaucoup mieux que l'expression *non visible*. De même la personnification des verbes est, dans la poésie, du moins, et surtout quand elle est négative, le poison de toute forme : par exemple, cette phrase de Lessing : « La *négligence* de l'étude du squelette humain se vengera un jour sur le coloriste »…..

Il y a beaucoup de moyens d'augmenter les qualités sensibles pour l'imagination : ainsi on peut changer toutes les qualités en membres, le passif en actif. Quand, par exemple, au lieu de dire : « Les rapports de toute la terre sont changés par de pures idées, » on dit : « L'œil intérieur ou son regard peuple des parties du monde, enlève des terres aux marais, etc., » on a, du moins, quelque chose de plus sensible. Plus l'objet sensible, passif ou actif, est considérable, mieux cela vaut; par exemple : « La couronne s'impose sur un pays comme le soleil. »

Les verbes neutres sensibles gagnent à se résoudre en une description sensible; par exemple, au lieu de dire : « la vie fleurit, » il est plus sensible de dire : « la vie pousse des fleurs, les rejette et les laisse tomber. » En général, un verbe est moins sensible qu'un nom. Un participe, au contraire, est plus actif, et, par conséquent, plus sensible qu'un adjectif; ainsi, *un cœur desséché* est plus sensible qu'un *cœur sec*. Le repos est exprimé d'une manière moins vive par un verbe neutre que par un verbe actif; ainsi, « *la route va, monte, etc., au delà des montagnes, des marais,* » n'est pas aussi vivant que « *la route s'élance, se glisse au delà des montagnes.* » — On obtient plus de vigueur en changeant le verbe en substantif; ainsi, au lieu de « celui que ses mains élèvent, » nous trouvons dans Herder : « l'élève de ses mains. » Le participe, et surtout le participe actif, remplace avec avantage le sec adverbe; ainsi : « Ils se sont ôté la vie en hésitant, » au lieu de « lentement. » Herder se sert souvent de cette tournure pour présenter d'une manière charmante de petites phrases entières. Les modernes, par leur misérable indigence en fait de participes, ne sont, auprès des Romains, que des pauvres honteux, et, auprès des Grecs, que des gueux de grand chemin. Il vaut mieux présenter l'objet naissant que de le présenter produit ; ainsi, au lieu de : « les nerfs partent du cerveau, » il vaut mieux dire : « le cerveau est un tissu de nerfs »......

Dès qu'on est parvenu à grands frais à placer quelques formes sur le bac de la métaphore, il faut leur en associer d'autres. Il n'y a rien de plus plat que de planter l'élément sensible sur des mots, et réciproquement. Ainsi, on ne doit pas dire comme Wieland : « défier les dents du temps ; » dans le comique, au contraire, ce contraste est excellent : par exemple, ce trait de Wieland : « L'imbécile porte son excuse sous son chapeau. »

Les épithètes d'une signification juste et sensible sont des dons du génie. On ne les sème et ils ne fleurissent qu'aux heures et aux jours d'inspiration. Celui qui les cherche ne les trouve que difficilement. A cet égard, Gœthe et Herder ont le pas non-seulement sur les autres Allemands, mais aussi sur les Anglais qui fortifient chaque soleil par des épithètes ; comme par des soleils secondaires ou des aréoles solaires. Herder dit : « *Thèbes l'épaisse, — l'esclave courbé, — la*

sombre multitude des Barbares en marche, etc. »
Gœthe dit : « *Les yeux amoureux des fleurs, — le
fleuve aux reflets d'argent, — résoudre en larmes
les langueurs douloureuses de l'amour, — porté sur
les ailes du vent du matin, etc.* » Ce sont surtout
les épithètes de Gœthe, même lorsqu'elles sont sans
images, qui font sortir du cœur les sentiments les plus
intimes. Par exemple : « *Comme tout à coup, à travers toutes ses joies, au milieu de ce bonheur expansif se font sentir les griffes de douleurs atroces, les mains de fer de démons !* » Après de pareilles pages,
on trouve la pompe vulgaire des poétriaux anglais
encore plus détestable. De même, les couleurs trop
délayées de Gessner pâlissent devant les couleurs plus
fermes et plus claires du printemps de Kleist. Mainte
description de Kosegarten ne manque, pour être poétique, que d'une longue barre qui en biffe toutes les
épithètes *.

* Qu'on compare son poëme « *Moi et la destinée*, » mis en
vers par Nathalie dans son compliment de bonne année adressé
à elle-même (*Siebenkæs*, III, p. 255.— *Ed. de Paris*, II, 243),
avec l'original. Toute la noble simplicité du dernier se trouve
perdue dans l'imitation.

§ 79. — *Présentation de la forme humaine.*

Si les figures servent à peindre, quel est le moyen de les décrire elles-mêmes et surtout la plus difficile, c'est-à-dire la plus belle? C'est l'action, répond Lessing. Mais puisque tout en général doit être action dans un poëme, nous devons considérer ici d'une manière particulière l'action qui produit spécialement cet effet.

Pour l'imagination il n'y a jamais de formes fixes, mais seulement des formes qui deviennent; elle ne conçoit qu'une naissance, et par conséquent une cessation d'existence éternelles. Chacun de ses regards éclaire et anéantit son objet comme un même coup de foudre, et quand nous croyons considérer le même objet longtemps, ce n'est que la course d'un point lumineux errant sur une forme étendue. Nous retenons avec plus de facilité et de fermeté devant l'œil les lignes droites, courbes ou ondoyantes, parce qu'elles ne sont pas changées par la continuité de leurs parties qui se ressemblent toutes*; mais toute ligne brisée doit naître

---

* Leur fréquente répétition dans le monde extérieur y contribue également.

devant un premier regard et être déjà rompue par le second. Il est malheureux que nous n'ayons pas encore de photomètres et de chronomètres spirituels pour nos idées et nos sentiments ; je préférerais à un nouveau système de métaphysique un livre plein d'observations.

Le procédé le plus difficile pour l'imagination, c'est de produire ou de reproduire par des paroles une beauté humaine qui, comme la sphère, renferme la plus grande richesse de matière dans une forme relativement minime. Elle y trouve partout des différences, mais qui se fondent les unes dans les autres ; elle n'offre par conséquent ni les avantages de la ligne où l'ensemble n'est que la répétition de la partie, ni ceux de la laideur, dont les parties désunies et contrastantes offrent plus de rapidité et plus de concision. Mais la beauté est fille de l'ensemble ou des rapports, il ne peut y en avoir là où le regard n'embrasse pas en même temps plusieurs parties cohérentes.

Mais l'imagination est habituée à reproduire et à produire partout des ombres exprimées par des paroles plutôt que des couleurs vivantes. Les *cogitationes cæcæ*, comme Leibnitz les appelle, habitent en nous pendant toute la journée ; ce sont des ombres qui tiennent pour moitié au langage des sens, pour un quart au langage des sons, et pour un quart au langage écrit. « Comme ces mots infinis de ciel, d'enfer, nous passent, dit Jacobi, légèrement et sans effet dans l'esprit et sur les lèvres! Avec quelle froideur nous prononçons et lisons le mot *Dieu!* »

Ce que l'imagination produit le plus facilement, ce sont les couleurs; car c'est elle qui, à travers toute la vie, doit colorer l'espace infini et tremper l'ombre elle-même dans ses couleurs. C'est pourquoi les fleurs, qui ne consistent qu'en quelques couleurs et en lignes courbes, et qui restent toujours les mêmes, poussent si vite dans l'imagination. Les contours, en tant que limites des couleurs, deviennent déjà plus difficiles; il faut en excepter ceux qui exigent et présentent du mouvement, ce reflet de l'esprit, par exemple une forme longue, de grandes distances, de grandes routes, des sommets élevés.

Mais qui peut forcer l'imagination du lecteur à créer une forme plastique? Ce n'est ni un simple propos, ni un simple signe comme : « une figure charmante, une Vénus, » où les vers suivants de l'Obéron, de Wieland, qui, d'ailleurs, sont excellents à tout autre égard : « Chacune de ses parties présentait ce que de tout temps l'imagination des Alcamène et des Lysippe a conçu et prêté à ses images comme le comble de la beauté : c'étaient le sein d'Hélène, et le genou d'Atalante, et le bras de Léda, et les lèvres d'Érigone, etc. (225). »

Chacun de ces beaux membres que l'on présente ici comme créés, devrait être créé tout d'abord par le poëte, car le mot seul ne me donne pas plus une intuition que le mot *ciel* me procure une joie céleste. Il doit ensuite fondre dans une seule forme, au moyen d'un feu organique, tous ces membres que l'imagination ne pourrait retenir. Il n'y a que le poëte lyrique qui puisse dire qu'« il veut chanter une chose », ou qu'« il ne veut pas la chanter, parce qu'elle est trop grande », ou « un poëte a-t-il jamais rien imaginé de plus beau que, » etc. Car c'est au moyen de ses propres sentiments qu'il nous présente l'objet. Le poëte épique, au contraire, ne peut nous procurer le sentiment qu'au moyen de l'objet, de sorte qu'il ne peut pas commencer, mais seulement terminer par lui. Dans le genre lyrique lui-même, nous nous trouvons comme énervés quand, par exemple, Klopstock, se préparant à chanter Dieu, nous déclare tout d'abord qu'il est impuissant à le chanter; car, si d'un côté l'impuissance de décrire paraît plus grande en raison du talent de celui qui décrit, d'un autre côté l'objet lui-même, Dieu, n'y gagne presque rien ; aussi se trouve-t-on choqué de rencontrer si près du Très-Haut, tant d'attention et de réflexion sur soi-même et sur sa description.

Pour qu'une forme puisse sortir un moment du courant rapide des idées et surgir devant l'imagination, il faut que les ressorts qui produisent cet effet aient été tendus à l'avance. On peut distinguer ces ressorts en suppression, contraste et mouvement; et ce dernier se divise lui-même en mouvement extérieur et mouvement intérieur.

La suppression consiste à ne présenter d'abord que le rideau qui cache la forme et à l'enlever ensuite entièrement; l'imagination, qui ne peut ni souffrir ni contempler un espace vide, est alors obligée de le remplir de la forme que vous n'aurez désignée auparavant que par un seul mot, Vénus, par exemple. Ces mêmes circonstances qui empêchent le héros de voir la beauté qu'il aime, servent précisément à la montrer aux yeux du lecteur; ainsi, par exemple, les jets d'eau derrière lesquels Albano voudrait apercevoir sa Liane aveugle, produisent cet effet. Je me suis autrefois demandé pourquoi toutes les beautés des *Mille et une Nuits* paraissent si vivantes et si belles; je puis répondre aujourd'hui que c'est à cause de la suppression. Comme chacune d'elles brille d'abord, d'après les coutumes du pays, sous son large voile de feuillage, et que ce voile est toujours subitement enlevé, il est naturel qu'on voie confusément pendre derrière lui ce fruit délicat, transparent, blanc et rose.

Il en est de même du contraste, soit dans les couleurs, soit dans les rapports. Les poëmes ne m'ont montré nulle part des dents plus éclatantes de blancheur, des yeux plus étincelants que dans des figures de Maure; nulle part des lèvres plus vermeilles que dans une figure pâle de souffrance qui passe peu à peu en se fanant de la rose rouge à la rose blanche (226). Cela est de l'optique. De même pour le contraste dans les rapports : quand nous voyons dans Wieland la lumière et l'âme de deux beaux yeux transfigurer un visage désagréable, comme les étoiles transfigurent les nuits; quand les anciens eux-mêmes nous présentent Vénus en courroux ou Pallas la vierge, sérieuse, ces contrastes font mieux ressortir ceux qui les offrent que des couleurs qui leur conviendraient davantage, par exemple Vénus souriante, Pallas aimante. Je n'emprunterai à Heinse, cet excellent créateur de formes, qu'une des beautés, la première venue de son *Anastasia :* « Pendant que nous nous retournons, il amène une femme en tunique blanche, le voile relevé, grande et majestueuse, quoiqu'encore presque enfant par son âge, les yeux étincelants dans un noir nuage de boucles, type charmant d'une Pallas, et cependant avec le sein et les hanches déjà arrondis comme ceux d'une Vénus de Médicis, en un mot la forme merveilleuse d'une beauté étrange. »

Quand on présente la cause à l'imagination, on l'oblige à tirer la conséquence; quand on lui donne des parties d'un tout indivisible, elle doit suppléer le reste. C'est pourquoi, en troisième lieu, une action, c'est-à-dire une série de mouvements, est le meilleur moyen de retenir la série des agréments qui s'y rapportent, c'est-à-dire des formes. Ce qui est mobile peint ce qui est fixe mieux que ce qui est fixe ne peint ce qui est mobile. On peint le cou en y mettant un collier ou en l'ôtant. Habillez, dans la poésie, une beauté devant les lecteurs, comme, par exemple, Gœthe habille sa Dorothée, et vous l'aurez montrée. La même chose arrive, et à un degré supérieur, lorsqu'on la déshabille. Siebenkæs pose et presse la tête de sa Lenette sur sa planche à silhouettes, et cela dessine son profil non-seulement sur la planche, mais aussi dans notre âme. Si, pour la strophe citée plus haut, Wieland avait pris dans un musée de débris de sculptures romaines un bras de Léda ou quelque chose d'analogue, et qu'il eût, comme un fournisseur de sa personne, dit que tel était son bras, il aurait offert sa forme à nos regards et à nos sens, seulement ce n'aurait pas été assez sérieusement.

Tout flambeau montre comment l'action et le mouvement produisent des formes dans l'imagination fugitive. Si vous dites : « J'ai vu l'Apollon de Dresde ; j'ai vu les glaciers de la Suisse, » vous n'aurez élevé et dévoilé que faiblement devant nous ces formes sublimes ;

mais si vous ajoutez : « Nous avions des torches, par exemple en Suisse, et quand leur lueur se précipitait dans les sombres abîmes, qu'elle courait le long des pentes, qu'elle errait en se jouant comme des esprits vivants autour des sommets verts et sur les couches de neiges, et qu'elle y créait des ombres, » etc., alors on y verra quelque chose.

Indépendamment du mouvement extérieur, il y a encore un peintre plus élevé de la forme intérieure, c'est le mouvement intérieur. Notre imagination n'imite rien plus facilement que le produit d'une autre imagination. Dans une édition in-folio des pensées nocturnes d'Young, avec des vignettes fantastiques par Blake, il y a, par exemple, sur la feuille où des songes sont dessinés, une forme courbée et inquiète regardant fixement vers un buisson, et que je trouve terrible, car ce fait seul de regarder devient pour moi tout un visage. Par conséquent, pour montrer à l'esprit une belle forme, il suffit de lui montrer quelqu'un qui la voit; mais pour cela il faut présenter une partie quelconque du corps, ne fût-ce qu'un œil bleu ou même un grand sourcil blanc, et tout est fait. Vous voulez, par exemple, dessiner une forme sublime de femme : que son âme l'anime de tout l'éclat d'un amour qui se sacrifie, de telle sorte que la lumière et les contours se confondent! mais il faut que l'âme repose sur une incarnation quelconque et que la forme, en donnant ou en aimant, abaisse un front pur, clair et droit, et alors vous pourrez la voir. Herder, dans les *Heures*, présente un amant qui peint sa maîtresse devant le calife; il n'introduit qu'une forme pâle et malade, mais il demande qu'on la voie de ses yeux, et c'est pour cela qu'il nous donne ses yeux. Il faut, comme nous l'avons dit, qu'une feuille de fleur visible et d'une couleur quelconque (dans l'exemple de tout à l'heure elle était blanche et fanée) serve de base au parfum invisible; elle pourrait même n'être qu'une des parties fixes du discours d'Homère, comme *aux yeux bleus, aux grands yeux, aux bras blancs* (227), etc. Cette transparente Charlotte du *Werther*, n'est par conséquent qu'un beau son, un écho; mais la nymphe reste cachée.

Quelques-uns voudraient nous dévoiler la forme en la faisant précéder et suivre par des peintres, des poëtes, des panégyristes et des artistes de toute espèce qui l'exaltent. Ainsi a fait Richardson, ainsi que l'auteur que nous connaissons tous, et beaucoup d'autres. Mais un raisonnement ne donne pas une figure, excepté dans l'histoire universelle. Lessing voit dans les exclamations joyeuses de quelques vieillards à l'aspect de la beauté d'Hélène dans l'*Iliade*, autant de grains de couleur solides pour une image vigoureuse de l'héroine grecque; cela est vrai, mais ce n'est pas l'effet des seules exclamations de ces voix séniles et catarrhales; car chez nous et chez les Grecs cela serait dégoûtant, repoussant, et, de plus, contraire au but; l'intention qu'a le poëte de louer paraîtrait exprimée d'une façon trop grossière et même inutile, car l'image d'Hélène est déjà reflétée par toutes les épées tirées pour elle. C'est au contraire pour deux autres raisons que cette description d'Hélène est si pleine de justesse et de chaleur : d'abord les vieillards l'ont vue voilée et douée par conséquent de ce double avantage que la forme offre à l'imagination : celui de l'action et celui du voile; en second lieu, Hélène appartient à l'histoire universelle. Quand l'historien nous dit que Marie Stuart a été une grande beauté, on le croit, et on se représente une beauté aussi vivement et aussi facilement qu'on reconnaît dans la rue une âme charitable au bras qu'elle étend pour secourir ou pour donner; mais, dans la poésie, Marie ne devient belle que lorsque Schiller fait admirer par Mortimer ses yeux, sa gorge, et le reste. Il est seulement choquant que toutes ces beautés soient rappelées en présence du bourreau.

§ 80. — *Description poétique du paysage.*

Il est plus facile pour le poëte et pour le peintre de décrire de beaux paysages que de décrire des hommes. Dans le premier cas, la précision des assertions est tempérée, quant aux couleurs et au dessin, par le vague de l'espace et l'ignorance de l'objet. C'est par les paysages qui contiennent les descriptions de voyage que le poëte peut apprendre ce qu'il doit omettre dans les siens; il y verra comment un tableau facile à percevoir résulte rarement d'une profusion et d'un chaos de montagnes, de fleuves, de villages, d'un arpentage de parterres ou d'une énumération de plantes, en un mot, d'un sombre monceau de couleurs entassées les unes sur les autres. C'est ici seulement que Simonide a raison de mettre sur le même rang la poésie et la peinture; un paysage poétique doit former un ensemble pittoresque; il ne faut pas exiger de l'imagination du lecteur qu'elle arrange et rapproche péniblement comme sur un théâtre des rochers et des bosquets, pour contempler ensuite cet ensemble à une distance de quelques pas. Le paysage doit au contraire se développer involontairement avec ses élévations et ses profondeurs devant l'imagination comme devant les yeux de celui qui, du haut d'une montagne, regarde autour de lui quand le soleil se lève.

Mais tout cela ne suffit pas encore. Tout paysage doit fournir en outre une nuance particulière de sensibilité indiquée par le héros ou par l'héroïne, et non par l'auteur. Ce n'est que par les yeux des acteurs épiques que nous voyons la nature tout entière. Le même soleil se couche avec un rouge différent pour la mère placée par le poëte sur le tombeau de son enfant, et pour la fiancée qui, sur le haut d'une éminence plus belle, regarde venir son amant ou se tient à ses côtés. Pour chacune de ces soirées, le poëte doit choisir des étoiles, des fleurs, des nuages et des papillons tout à fait différents. Quand la nature se présente de près à vos regards dans toute sa rudesse et son abondance, sans être adoucie par un œil étranger, et que cette abondance inappréciable produit sur nous son effet de distraction, nous devenons des auteurs comme Brockes, Hirschfeld, et en partie comme Thomson et Kleist; chaque feuille d'arbre devient pour nous un univers, et cependant le poëte, égaré par son erreur, voudrait nous entraîner à travers toute une forêt. Ajoutons à cela que dans la nature extérieure la durée de l'ensemble vivant et étendu augmente l'effet de tout éclat de lumière, de toute montagne, de tout chant d'oiseau ; mais le paysage décrit par le poëte, qui ne présente les détails que successivement, manquerait entièrement de cet ensemble qui ne se réalise que peu à peu, chaque détail resterait nu et isolé, si un ensemble poétique intérieur ne venait suppléer pour la sensation à l'ensemble extérieur, et distribuer à chaque petit trait sa part de puissance.

Les paysages des anciens sont plutôt plastiques, ceux des modernes se rapprochent plus de la musique, ou, ce qui vaut mieux, participent en même temps d'un caractère et de l'autre. Les deux paysages décrits par Gœthe dans le *Werther* brilleront et résonneront dans tous les temps comme deux astres ou deux chœurs. L'âme de l'homme renferme des sentiments qui restent inexprimables, jusqu'à ce qu'on emploie pour les décrire tous les attributs physiques de la nature au milieu desquels ils sont nés comme des parfums; c'est ce qu'on trouve dans Gœthe, Jacobi et Herder. Heinse et Tieck * ont également, le premier d'une manière plus plastique, le second d'une manière plus musicale, fait résonner

---

« Il ne faut jamais oublier le plus bel ouvrage que Gleim ait composé comme poète (*le Halladat*); quant au plus bel ouvrage qu'il ait fait comme homme, cet excellent Allemand ne le connaît peut-être plus lui-même, depuis qu'il a cessé de l'être, c'est à-dire depuis qu'il a passé dans un monde meilleur » (228).

de la même manière les cordes innombrables de l'univers, et ils font précisément résonner celles qui expriment les émotions de leurs cœurs.

Il est cependant bon non-seulement d'étudier Brockes, Hirschfeld et les récits de voyage, pour se préparer des couleurs et pour éviter des méprises comme celles de Klopstock * et du romancier Cramer, qui font lever l'Hesperus le soir, mais aussi de copier le grand paysage de la nature elle-même. Elle a en effet ceci de grand qu'elle n'est petite nulle part. L'étude de la nature humaine offre souvent des couleurs que le poëte doit rejeter; mais dans le ciel étoilé ou nuageux, sur les montagnes, ou sur les fleuves, il n'y a rien de bas, et l'on peut se servir de chacune de leurs couleurs, sinon dans chaque tableau, du moins une fois. Baggesen, si plein d'imagination et d'humour, veut qu'un poëte ne décrive qu'une seule fois un coucher ou un lever de soleil, et tout ce qui est grand. Il a certainement raison en ce qui concerne le poëte lui-même; car, une seconde expression d'une même chose n'a plus cette sainteté enfantine et printanière d'une âme pleine et même trop pleine que l'on trouve dans la première. Mais c'est pour chacun de ses héros qu'il

---

* *Messiade*, ch. I, p. 25 (229).

a besoin de matinées nouvelles; c'est pour chacune de ses héroïnes qu'il lui faut d'autres soirées; et l'on doit par conséquent retrouver à l'égard des esprits créés par le poëte, cette même variété qui existe entre les innombrables levers du soleil qui arrivent sur différents points cardinaux à l'égard de chacun des poëtes eux-mêmes.

Quand un paysage ne peut être décrit musicalement (par une disposition de l'âme), mais seulement d'une manière plastique (ou mieux optique), ce dernier procédé, qui s'attache moins à la beauté qu'à la vie des corps, profite surtout de la description de l'œil du spectateur, lorsqu'on le présente d'une manière aussi magistrale et aussi excellente que Gœthe le fait toujours; par exemple dans ce passage de *Wilhelm Meister* où de gros chars pleins d'acteurs cheminent la nuit vers le château du comte, avec de grandes espérances qui leur font jeter vers le sombre manoir leurs yeux brillants comme autant de pelotes à feu (230). Quel est l'art avec lequel il développe devant nous une perspective aussi pleine d'une vie florissante? C'est l'art que nous avons mentionné plus haut à propos de la description de la forme humaine : nous voyons au moyen des yeux investigateurs de cette troupe; nous nous en servons comme d'une lorgnette. La pluie et la nuit servent de repoussoirs aux lumières lointaines qui brillent sur les escaliers et les fenêtres du château, et ces lumières en font autant pour le château lui-même; chaque tour de roue développe ce tableau davantage.

C'est au moyen d'une pareille diminution de la distance et par conséquent d'un rapprochement graduel, que le poëte peut, du moins au commencement, étendre le tableau de ses formes, où chaque ligne tracée appelle la ligne à venir, et cela avec plus de succès que le peintre lui-même; car sur le tableau de ce dernier l'œil doit tout d'abord errer entre les différentes directions pour en chercher le rapport.

Pour les paysages que l'on nomme par exemple paysages d'Italie, la couleur locale est indispensable; et cependant ces paysages ne sont souvent barbouillés par les poëtes que de la bouillie générale des couleurs du ciel et de la terre. C'est là une erreur presque excusable : tout sentiment se croit et se sent individuel et certain; et, quand il se rapporte à tel paysage déterminé, il se substitue au poëte pour présenter d'une manière déterminée le poëte lui-même. La même chose arrive plus souvent encore aux amateurs de voyages, qui deviennent poëtes à force de poétiser leur matière, par exemple au voyageur Fischer, qui fait entrer le lac de Genève dans presque tous les charmes de paysage, sans toutefois y faire entrer les Génevois (231).

§ 81. — *Présentation sensible au moyen d'images.*

La poésie se sert, comme la peinture, de figures pour exprimer des âmes : seulement dans la poésie, c'est à la fois l'incarnation et la transfiguration qui produisent la vie, mais chacune d'une manière différente.

Il n'y a pas de réponse générale à la question que l'on peut poser sur la juste mesure dans l'emploi des images. Nous en blâmons souvent la surabondance, quand nous ne sommes tourmentés et fatigués que par leur vulgarité. Que de fois on a, par exemple, donné sur le papier des blessures qui se rouvraient ensuite, se fermaient, saignaient, et, ce qui répugne le plus, se cicatrisaient, d'après la théologie esthétique des blessures ! Quand on veut suppléer par la quantité à la valeur d'images usées, on ne fait que trahir la plus grande froideur. Dans les vers latins et français des modernes et dans cette affreuse prose des phraséologues latins, règne cette habitude froide et routinière de couvrir les murailles d'un papier de tapisserie bigarré et fané. Même dans les lettres de Moses Mendelssohn sur les sentiments, ce sont de pareils tapis qui recouvrent les murs. La métaphore « *Amasser pour ainsi dire dans des granges,* » revient des millions de fois dans la *Polyhistorie* de Morhof, comme cette autre : « *des débris sauvés du naufrage* » dans le style de Monboddo, froid et unicolore comme la mer. Adelung, dans son livre sur le style allemand, répète la plate comparaison du style avec la peinture ; en d'autres termes, il compare une œuvre d'art à une autre œuvre d'art, avec autant de goût que si une imagination ardente allait chercher pour la musique vocale des points de comparaison dans la musique instrumentale. Au lieu de marquer les branches du feuillage flétri de l'année précédente, il vaudrait mieux nous les donner noires et dépouillées.

Il est vrai qu'un auteur, pour peu qu'il soit riche, a ses constellations de prédilection qu'il adore et qu'il contemple : l'un a des étoiles; l'autre, des montagnes; le troisième, des sons; le quatrième, des fleurs. Mais si une imagination indienne comme celle de Herder, semblable au colibri, aime à voler vers les fleurs, c'est-à-dire sur les métaphores dont elles sont les bases, cela ne l'empêche pas de recueillir du miel sur d'autres. La condition à laquelle peut reparaître une ancienne image, c'est de revêtir une forme nouvelle. Toute vie, qu'elle habite le monde réel ou le monde poétique, doit prendre des formes individuelles.

Klopstock et Lessing savent du moins donner aux vieilles figures le charme d'une précision nouvelle. Ainsi Lessing : « *Mes exemples sentent la source* » ; mais c'est la chasse même qu'il fait aux germanismes qui lui fait trouver de vieilles images allemandes plutôt que de vieilles images belles ; par exemple « *examiner les dents du pouvoir*, » ou bien « *interroger l'urine des traductions.* » Il faut du moins relever une image déjà employée par une épithète qui n'en soit pas une suite fatiguée, mais plutôt une antithèse agréable. Si je dis, par exemple, selon la convenance du discours : « *La douleur déchira son cœur dur, ou pesant, ou brûlant, ou ferme, etc.*, » au lieu de « *son cœur saignant*, » j'évite du moins, au profit de l'imagination, la répétition de l'action de déchirer qui se trouve dans le mot « *saignant.* » Il en est de même quant à la place d'une expression comme « *La tête lourde tomba dans la poussière,* » on dit : « *La tête couronnée, aux boucles blanches, nue, blessée, élevée, ardente, etc.* »

La perfection de toute expression figurée, c'est d'être belle et nouvelle pour les sens, même sans être belle et nouvelle pour l'esprit ; par exemple quand Herder dit : « *Le jeune navigateur est quelquefois attendu par des tempêtes sous le regard même de l'aurore;* » ou bien c'est d'être facile à saisir, par exemple quand on lit dans Herder : « *Soustraire le laurier aux griffes de l'envie.* » On peut en dire autant d'innombrables figures de Schiller et de Gœthe. Cette perception d'une double poésie ou nouveauté, l'une extérieure, l'autre intérieure, n'a pas besoin de lois mesquines de pompe; car il n'y a que la vie intérieure qui puisse produire une vie extérieure. On ne doit être économe de figures que là où elles ne servent que de parure secondaire; mais quand la parure devient soit un visage, soit les roses des joues, soit le joyau des yeux, il est permis à une figure d'être aussi belle que possible. Du reste, les figures de la pensée sont tout aussi bien compatibles avec sa profondeur, qu'un beau nez et un beau front le sont avec le cerveau le plus philosophique; cela se prouve non-seulement par l'exemple des penseurs tels que Platon, Bacon, Leibnitz, Jacobi, mais aussi par celui de ces écrivains innombrables qui ne pèchent contre les lois de l'économie et contre le vœu de pauvreté, que par le nombre de leurs paroles et de leurs livres, mais qui s'y conforment d'autant plus strictement à l'égard de leurs idées et de leurs images.

L'inspiration est souvent, comme l'amour, la cause

d'une surabondance que la froideur stérile ne devrait pas juger ; c'est ainsi qu'Homère, au deuxième livre de son *Iliade*, s'égare tout à coup dans des séries de comparaisons, dont la première est certes plus difficile à créer que la dixième. C'est ainsi que la grande âme de Winckelmann couronne de fleurs et de guirlandes de fleurs le seuil et ensuite la sortie de son œuvre d'art sur les arts. C'est ainsi que Swift et Butler ne donnent des comparaisons qu'à profusion.

§ 82. — *Des catachrèses* (232).

Je voudrais qu'on pût condamner comme catachrèse cette faible métaphore empruntée à la balance : « *Le plateau a monté;* » et soutenir qu'on tombe de la métaphore du poids dans une métaphore qui lui est étrangère, celle du fait de monter. Or il y a des marchandises, les mousselines de l'Inde par exemple, que l'on mesure précisément par leur légèreté et par l'élévation du plateau de la balance. Cette double manière de peser gâte tellement la métaphore que lorsqu'on dit : « *Le plateau a monté,* » on a le choix entre deux sens tout à fait contraires, de sorte que cela n'apprend rien, à moins que tous les auteurs ne s'entendent et ne conviennent de ne faire monter sur la balance que ce qui est mauvais ; procédé qui est déjà employé par des gens plus considérés qu'eux. La métaphore de saltimbanques : « *Monter sur les épaules d'un autre et en savoir plus que lui,* » ne vaut guère mieux. Car elle force l'imagination à élever péniblement de longues séries d'hommes l'un après l'autre sur des épaules plus hautes, et quand elle a une fois dressé cette échelle humaine, elle doit encore se donner la peine de la soutenir.

Avec chaque siècle, toute une campagne de fleurs poétiques perd sa forme vivante et florissante ; elle tombe en pourriture pour devenir de la matière inerte ; par exemple les images : « *goût, digestion, perspective, son, montagne, sommet.* » Ce sont précisément les métaphores relatives au sens le moins délicat, par exemple les termes : « *dur, rude, aigu, froid,* » qui s'évaporent les premières pour devenir des esprits abstraits; c'est que le sens le plus grossier est en même temps le plus obscur, tandis que l'œil, dans sa clarté, poursuit et contrôle ses formes claires à une plus grande distance. Mais pour ce dernier lui-même, l'objet qui se montre à lui fréquemment finit également par s'évaporer : par exemple *la lumière, une obscurité profonde.*

Cette fréquente répétition rend quelquefois un mot qui désigne un corps tellement transparent qu'un auteur qui, dans un traité, doit se servir continuellement du même mot, mais non dans le sens propre, en oublie facilement la véritable signification. Dans le paragraphe précédent, j'étais souvent bien près de faire parler, voler, respirer les images, de leur faire exhaler du parfum. Fontenelle lui-même, si froid ailleurs, qui, en pareil cas, veillait sur lui-même plus que je ne veille sur moi, se sert, dans ses *Réflexions sur la poétique*, de la catachrèse : « *Les semences du dénoûment sont dans le premier acte,* » et d'autres du même genre, pour ne pas parler de l'expression : « *Faire éclore le dénoûment.* »

Adelung lui-même n'était pas toujours assez maître du feu avec lequel il écrivait pour ne pas laisser échapper, dans ses deux volumes sur le style, des passages comme le suivant (II, p. 153) : « C'est pour cela que dans un sentiment violent il paraît tant de choses tronquées ; c'est pour cela que les termes ordinaires de conjonction manquent d'un côté, tandis qu'ils s'accumulent de l'autre, surtout lorsqu'une *lueur* d'entendement veut arrêter la *marche* rapide des idées et attribuer un certain poids à l'une d'elles ; » ou comme cet autre (p. 181) : « On ne *rampe* que lorsque le *ton* s'abaisse au-dessous de l'*horizon* du but que l'on se propose. » Comme il y a déjà du bois vert qui brûle, c'est à lui à excuser les flammes du bois sec.

Quand Herder dit : « Le goût fleurit, » c'est avec plus de raison que si l'on voulait couvrir de la matière verte d'une allégorie nouvelle l'eau croupissante d'une métaphore usée. De même, lorsqu'Engel dit avec assez de hardiesse : « La douce harmonie, » il mérite d'être loué, et il est même désirable qu'on puisse se servir partout et sans crainte d'être blâmé, pour une catachrèse, de l'adjectif *doux* au lieu du long terme désagréable : « *agréable* ; » par exemple : « *Une douce ville, le doux valet d'un doux maître.* » Car nous sommes très-pauvres en adjectifs qui expriment la jouissance.

L'auteur de ce livre n'a pu rassembler dans son dictionnaire, en laissant de côté les participes, autant d'adjectifs de joie que nous comptons ordinairement d'ancêtres, de vents et de dents (trente-deux). Mais c'est précisément cette continuelle fanaison des fleurs du langage qui doit nous révéler un plus grand espace libre pour y semer de nouveau. Le temps adoucit tout et efface les couleurs tranchantes.

L'expression « organisation d'un pays » nous aurait autrefois choqués autant que le ferait aujourd'hui l'expression : « *generatio æquivoca* » de ce pays. Mais par l'intermédiaire des Français si corrects, nous nous sommes si bien habitués à ce terme que même des hommes d'État très-froids, par exemple le ministre de Kretschmann, ont employé cette métaphore sur les titres de leurs livres. De sorte que par les sauts que l'esprit s'exerce à faire, par la combinaison plus facile de toutes les idées, par l'échange des produits de toutes les parties du cerveau, et par un nivellement qui augmente et continue en nous-mêmes, le monde finira comme il a commencé, avec des figures hardies. Il faut que les fleurs du langage, semblables aux tulipes dont on ne connaissait il y a deux cents ans que l'espèce jaune et dont il y a aujourd'hui trois mille variétés, se communiquent de plus en plus les unes aux autres leur multiplicité de couleurs par la poussière de leurs étamines. Il y a cinquante ans que M. de Schœnaich condamnait dans Klopstock des hardiesses que nous savons apprécier aujourd'hui, comme Lessing a su les apprécier plus tôt; et de même que dans la musique on permettait à peine des fugues par tierces, tandis qu'aujourd'hui on en a par quintes et par octaves, de même la poésie a la latitude d'un pas plus allongé à travers des rapports plus distants. Car il n'y a pour cela que deux conditions : d'abord il faut que l'image sensible, sans avoir une réalité sensible, puisse être perçue par les sens; je puis, par exemple, me figurer une pluie d'étincelles perçue par les sens, et par conséquent Schiller est libre de dire : « une pluie d'étincelles de volupté. » Schiller se sert souvent et abuse rarement de cette hardiesse; ainsi « *Mendier* dans le *reflux* du cœur, » ou, ce qui est plus fort : « (1) *Percer* de (2) *blessures* une (3) *image* de (4) *roses*, » expression où le tableau est presque formé de quatre images, sans qu'on puisse lui adresser de reproche. Goerres, ce millionnaire en images, quoique simple prosateur, quand il jette une image comme la monnaie volante d'une autre, frappe à la vérité le revers de cette pièce de monnaie d'une image qui forme disparate avec celle de la face, et je n'aurais qu'à continuer cette allégorie pour l'imiter dans cet abus. Adelung, qui doit nous guérir du défaut de Goerres, blâme l'expression de Bodmer : « *La lumière se fane;* » mais pourquoi la perte des couleurs propre à la fanaison ne ressemblerait-elle pas au fait de pâlir qui arrive à un rayon de lumière? Tieck dit : « *La lumière fleurit;* » et, comme il y a un grand nombre de fleurs blanches, cette hardiesse n'est que de la justesse augmentée. On devrait par conséquent pouvoir dire aussi, comme : « *Le goût fleurit,* » « *la lumière d'une critique plus pure fleurira, mais seulement dans une dizaine d'années.* » Mais ce qui devient pour l'imagination un procédé plus difficile, c'est le rapprochement des deux sens les plus dissemblables de l'œil et de l'oreille, du plus visible et du plus invisible. Tieck fait non-seulement sonner les couleurs, avec une hardiesse qui peut être justifiée, puisque c'est du visible que part toujours l'esprit invisible de l'effet ; mais il fait aussi briller les sons, ce qui exige un saut bien plus hardi encore (233). Mais je n'oserais jamais placer un seul esprit métaphorique dans la confusion même de deux sensations, et dire : « *Les mélodies de la musique de sphères de la poésie brillent et brûlent dans l'univers,* » excepté toutefois dans ce passage où il m'a fallu inventer une image dépourvue de goût.

Le second moyen de varier les images sans se rendre coupable de catachrèse, c'est de les réunir dans une seule impression, au moyen de leur concision même, qui en fait plutôt des couleurs que des images, et, de même qu'un verre ardent rassemble dans un seul faisceau blanc les sept rayons de couleur du prisme. C'est ainsi, par exemple, que Sturz dit tout à fait bien : « *Les tournois d'esprit de société où l'on se dit des choses plates, creuses, douces comme le miel.* » Ces métaphores empruntées à trois sens différents perdent ce qu'elles ont de choquant dans un effet commun : ce qui les concilie, c'est la concision et non le changement intime dans la signification propre de leurs termes. Car sans cela pourrais-je dire : « *La vie est un arc-en-ciel illusoire, une répétition de comédie, un été qui fuit plein de mouches volantes, un météore d'abord ardent, et ensuite humide?* » Je puis le dire, puisque je le dis, et la raison s'en trouve dans ce qui précède.

En général, il y a beaucoup d'arbitraire dans les distances que l'on prescrit de laisser entre les différentes métaphores. Peut-on en introduire une nouvelle dans la dernière partie de la période, ou bien faut-il pour cela une période nouvelle ? Ou bien faut-il que dans cette dernière, pour ménager l'espace où la métaphore nouvelle doit produire son effet, il se trouve une phrase impropre comme limite? En faut-il plusieurs? La métaphore doit-elle se perdre dans une allégorie de plus en plus subtile et imperceptible, ou bien doit-elle croître en une allégorie plus forte ? Mais dans le premier cas l'attention n'est-elle pas appelée vers un bruit faible d'images et d'idées ; et, dans le second, le son ne cesse-t-il pas trop brusquement devant le silence qui vient ensuite ? Il n'y a pas ici de règle : tout ne dépend que de l'esprit général de l'ouvrage. Quand ce dernier peut s'emparer d'une âme, et la pousser, comme un corps céleste, à travers un vaste ciel, ce mouvement violent ne vous fera pas éprouver plus de vertige que nous en donne le tournoiement perpétuel de la terre. Mais dès que l'auteur vous embarque sur un étroit coche d'eau, où vous devez faire une attention soutenue à tout ce qu'il y a autour de vous, même jusqu'aux guillemets de l'impression, vous finissez par éprouver un profond dégoût pour tout ce qui passe rapidement devant vos yeux.

Il en est de même pour l'auteur. Lorsque le poëte se tient et plane dans cette véritable inspiration qui contemple intuitivement, ses fleurs se réunissent de leur propre chef dans un ensemble, parce que l'impossible ne peut être connu intuitivement. Mais lorsqu'il est froid et mort, ses éléments inertes sont compatibles avec tous les éléments hétérogènes qui seraient exclus par la vie. De même qu'Adelung*, appelle très-bien « *l'écriture qui s'écarte de la prononciation, un frein bienfaisant pour la prononciation elle-même, privée de ses autres soutiens,* » de même j'appelle l'inspiration *le frein de l'esprit privé de soutien.*

Il n'y a qu'un seul défaut ou un seul excès que l'inspiration intuitive ne puisse empêcher, c'est l'expression d'une seule pensée par un trop grand nombre de paroles. C'est ainsi que, par exemple, les différentes reproductions d'une seule et même forme ont produit dans l'*Agathon* de Wieland la proposition suivante : « *Qui connaît, avant d'avoir été instruit par sa propre expérience, tous les réduits secrets du cœur, où la passion se tient cachée comme dans une embuscade sûre, en attendant l'occasion de vous surprendre avec une double énergie, au moment où nous sommes sans armes et ne nous y at-*

---

* *Orthographie*, 2ᵉ éd., p. 32.

tendons pas, et quand nous rêvons que nous triomphons d'elle? » Car s'il avait dit : « *Qui est-ce qui connaît une passion avant de la connaître et de l'avoir éprouvée?* » il aurait été, sinon aussi bref, du moins aussi clair.

CHAPITRE XV.

Fragment sur la langue allemande.

§ 83. — *Sa richesse.*

Un Allemand qui parcourt une grammaire allemande rend grâces au ciel d'en posséder une partie sans l'avoir apprise, et précisément celle qui est la plus difficile. Mais comme nous aimons à adresser des compliments vers tous les points cardinaux et tous les vents intermédiaires, autant pour nous gagner toutes les nations que pour gagner quelque chose d'elles, nous avons souvent sincèrement souhaité que notre langue pût devenir plus anglaise, plus française, plus régulière, surtout quant aux verbes irréguliers, et qu'elle prît en général une plus grande disposition à devenir cette langue universelle cherchée par les philosophes, afin que les étrangers eussent moins de difficultés à l'apprendre. S'il n'y avait à côté de nous qu'une seule langue étrangère, la langue française, par exemple, nous nous serions depuis longtemps débarrassés de ce grand nombre de mots et de locutions qui subsistent comme autant de marques distinctives entre notre langue et celle des Français...

On a proposé de remplacer les caractères allemands par des caractères latins : parmi les différentes raisons alléguées pour justifier cette substitution, il y en a surtout une qui paraîtrait servile dans la bouche de toute autre nation : c'est qu'il y aurait un grand avantage pour l'étranger qui apprend l'allemand, à trouver tout d'abord son écriture à la place de la nôtre. Seulement il ne faut pas nous enlever le mérite d'un pareil sacrifice en faisant observer qu'au fond nous n'avons pas d'écriture à nous, et que nos caractères ne sont qu'une corruption des caractères latins; car ces derniers eux-mêmes ne sont que des caractères grecs altérés ou agrandis, et ces derniers dérivent des caractères orientaux (234). De sorte que les Romains auraient pu se rapprocher des Grecs en adoptant leur écriture, et que ces derniers auraient pu en faire autant quant au monde entier dérivé de l'Orient, par le moyen d'une imprimerie orientale.

Cependant nous ne sommes pas au fond aussi dévoués à l'étranger que nous paraissons l'être ; seulement nous voudrions posséder un ensemble de toutes les supériorités et de toutes les couronnes ; et nous regardons plutôt vers le but qui est devant nous que vers ceux qui sont derrière nous. Nous exaltons énormément une littérature étrangère *in corpore*, nous chantons un *vivat* à toute une ville ou à une contrée entière qui se trouvent en dehors de nos enceintes et de nos limites ; mais quand se présente un auteur seul pour prendre sa part de ce *vivat*, nous établissons une différence entre lui et la foule, et nous trouvons en lui mille choses à reprendre. Le contraire arrive quand il s'agit de notre propre littérature : nous traitons son ensemble avec dureté ; nous n'élevons pas un seul mur pour le temple de sa gloire ; mais nous plaçons sur un char triomphal tout auteur individuel afin de nous atteler devant lui (235).

Nous reproduisons, pour bien nous fâcher, les jugements quelque peu naïfs que les Français portent sur nous ; mais qu'arriverait-il si un Parisien reproduisait ceux que nous portons sur les Parisiens (236)? L'un et l'autre fait prouvent à la vérité que nous n'avons ni la vanité française, qui croit que l'Europe tout entière est son écho et son odéon, ni la fierté anglaise qui se passe de tout écho. Pour nous rendre la dignité que nous perdons par la chasse mesquine que nous faisons après les éloges des étrangers, il n'y a peut-être que notre philosophie, dont les chameaux ne peuvent passer par le trou d'aiguille d'une porte ou d'une oreille de Paris ou de Londres (237).

Nous revenons à l'allemand pur et simple. Plus il y a de libertés de langage, de variétés, d'exception, mieux cela vaut, selon moi, pour nous et pour notre richesse ; pour nous, qui puisons dans la règle des règles, dans les coutumes de la langue, il n'y a pas d'irrégularités ; ces dernières n'existent que pour l'étranger qui doit soumettre d'abord notre législateur, c'est-à-dire les usages de notre langue (238), au sien, et ranger et apprendre nos lois d'après les siennes. Car s'il y avait une règle générale, toutes les langues n'auraient qu'une seule grammaire (239). Je suis par conséquent partisan de tout ce qui rend notre langue différente des langues étrangères...

Notre langue nage dans une abondance si belle qu'elle n'a qu'à puiser en elle-même et à exploiter pour ses créations trois veines des plus riches : celle des différentes provinces, celle de l'ancien temps, et celle du langage figuré des métiers. Pourquoi serions-nous choqués, surtout en prose, et lorsqu'elles ne remplissent que le quart d'une ligne, par des locutions de province, plus que ne l'était Homère par des idiomes qui donnaient peut-être leurs couleurs à une page tout entière, ou plus que les Grecs chez qui le dialecte attique n'est devenu dominant que sous la domination des Romains, ces semeurs d'esclavage et ces planteurs d'esclaves? La seule bonne réponse à faire, c'est qu'au fond nous n'en sommes pas choqués du tout : car on n'a qu'à nous donner des auteurs d'un esprit original et vigoureux, comme un Schiller, un Lessing, un Bode, un Gœthe, qui nous apportent des locutions provinciales de Souabe, de Lusace, de Basse-Saxe ou des contrées Rhénanes (240), et nous ne manquons jamais d'accueillir avec tous les honneurs qui leur sont dus ces termes qui sont nos frères et nos compatriotes.

Si l'on voulait rouvrir les mines d'or pleines de trésors de l'ancien allemand, on pourrait élaborer tout un dictionnaire, par exemple sur les seuls ouvrages de Fischart. Ce serait une entreprise pieuse et cependant réalisable par Henri Voss et quelques autres, que de composer un dictionnaire contenant seulement tous les mots qui ont vieilli depuis quelques siècles, sans nous laisser d'héritiers qui portent leurs noms (241). Chaque siècle particulier pourrait même avoir de cette manière son dictionnaire ou son registre particulier de mots apparents. Nous autres, Allemands, nous devrions profiter avec joie de la faculté que nous avons de rajeunir des mots vieillis, tandis que les Anglais et les Français n'osent recevoir que des mots de fabrication récente, et qui même, au lieu d'être faits d'une argile indigène comme chez nous, empruntent une argile exotique. L'Allemand, toujours complet dans ce qu'il fait, écrira tout autre livre complet plutôt qu'un dictionnaire de sa langue ; car il faudrait, à chaque nouvelle foire, ajouter un volume supplémentaire contenant les mots d'invention récente; de sorte que le dictionnaire de Campe, quoique difficile à faire, est cependant facile à surpasser. Le nombre des sources qu'un auteur voit jaillir à chaque pas sur le sol de notre langue, est tellement considérable qu'il doit les éviter plutôt que les chercher, et que, dans le feu de la composition, il arrive souvent qu'il ne sait pas lui-même qu'il a créé un mot nouveau. Cette confusion d'un mot nouveau avec un mot ancien, cette présence inattendue et non recherchée du premier fournit en même temps la meilleure preuve de sa valeur ; il en échappe de nouveaux et de justes même à des enfants.

C'est dans la traduction de Shakespeare par Schlegel et dans celles de Voss que notre langue fait surtout jouer ses eaux artificielles ; les chefs-d'œuvre de ces deux auteurs donnent quelque poids à ce souhait de l'auteur de ce livre : que tous les traducteurs sachent bien toute la latitude qu'ils ont et dont ils peuvent se servir pour donner à la langue de l'harmonie, de l'abondance, de la pureté, latitude plus grande encore que celle de l'écrivain original lui-même : car ce dernier, entraîné par la matière, peut quelquefois oublier la langue ; tandis que, pour les traducteurs, la matière, c'est justement la langue elle-même.

Ce sont du reste les poëtes qui, dès qu'on leur attribue la faculté d'un choix savant, introduisent avec le plus de facilité des mots nouveaux, que la poésie, en leur donnant un cadre d'or, fait paraître davantage et retient plus longtemps devant les yeux... Il y a encore un excellent moyen d'introduire un mot nouveau, c'est de le mettre sur le titre d'un livre : les journaux le répandent alors avec encore plus de bonheur et de facilité....

Quant aux tournures et aux locutions nouvelles, elles rencontrent, pour pénétrer par cette porte étroite, dans l'univers vivant de la langue, beaucoup plus de difficultés et de lenteur que les mots isolés. Il y a plusieurs raisons de ce fait : d'abord l'emploi de toute une fonction créée par autrui ressemble quelque peu à un vol et à un écho ; et, en second lieu, la solennité de ces locutions convient moins bien que la brièveté d'un mot seul à la simplicité de l'esprit de société et du langage ordinaire.... En général, c'est à la poésie que la prose emprunte de quoi fonder et nourrir la force de son langage; car la poésie doit toujours s'élever à l'aide de plumes nouvelles, tandis que la prose se sert de vieilles plumes qui tombent des ailes de la poésie. De même que la prose est née de la poésie, c'est par elle aussi qu'elle prospère. Notre langue ressemble à une chambre dont les murs, couverts de glaces, reproduisent et reflètent les objets de tous côtés. Pour avoir le tableau complet de toutes ses richesses, il suffit d'examiner le trésor de ses verbes radicaux sensibles *. Ce n'est en général qu'en possédant bien les verbes, qu'un auteur finit par se rendre maître de la langue....

Celui qui cherche à enrichir la langue de mots

---

* Il y a bien des années que l'auteur de ce livre a composé, pour sa propre utilité, un petit registre des verbes radicaux sensibles, et un autre plus considérable de tous les verbes radicaux; la division principale y est celle des verbes intransitifs et des verbes actifs. Il y a quatre-vingts verbes neutres pour exprimer le mouvement d'un endroit dans un autre; plus de soixante-dix actifs du même sens, et ces derniers sont indéfiniment multipliés par les préfixes itératifs et autres. Pour exprimer le son, nous avons cent verbes, depuis les indications les plus générales jusqu'aux sons de la musique, des hommes, des animaux.... La richesse, quant aux verbes qui désignent les actions de mourir et de tuer, est immense; mais pour les verbes qui désignent celles de haïr et de séparer, elle est plus grande encore. La langue est beaucoup moins riche pour exprimer l'action d'accoupler, de réunir, etc. Elle est tout à fait pauvre en mots qui indiquent la joie.

qu'il crée, fait le plus souvent preuve de pauvreté à l'égard des mots anciens : ce sont là des fleurs qui ne doivent leur plénitude qu'à une faiblesse maladive, et qui poussent des feuilles nouvelles. C'est pourquoi Lavater a créé à lui seul plus de mots que Lessing, Herder et Gœthe n'en ont créé ensemble : quand il ne savait pas s'exprimer, il créait un mot nouveau *. Ce sont les enfants qui en créent le plus, précisément parce qu'ils y sont forcés par la gêne boiteuse que l'ignorance impose à leur langage.

§ 84. — *Du purisme de Campe* (242).

Je prêche le purisme, tout en faisant l'aveu d'avoir assez souvent péché contre lui : mes conseils et mes aveux deviennent plus faciles les uns par les autres. Donnons d'abord les objections qu'on peut faire à cette tendance qu'a professée Campe, d'éliminer de la langue allemande certaines expressions et d'en adopter d'autres.

---

* Laissons-lui cependant la gloire de celles de ses créations qui ont procuré à sa science nouvelle des physionomies, des termes nouveaux et nécessaires.

Le lieu de naissance de toute langue, de ce second organe de l'âme, nous est indifférent, pourvu que nous la comprenions. Au fond tous ces fleuves dérivent d'une même source orientale, de même qu'ils ont peut-être devant eux une seule mer ; car il est possible qu'après des billions d'années, une civilisation supérieure vienne confondre toutes les langues en une seule ; et pourquoi tiendrions-nous plus aux sons de la patrie, qu'aux sons étrangers que nous amène le progrès de la civilisation ?...

Un mot étranger appartenant à une science ne peut être transporté en allemand qu'avec cette science elle-même ; dès que par exemple un philosophe quelconque aura établi et désigné par un nom nouveau, comme *indifférence, clinamen des atomes*, etc., une nouvelle chaîne de pensées, ce nom doit rester pour notre usage, si l'on ne veut faire accompagner le nom indigène mis à sa place, de la reproduction de toute cette chaîne de pensées.... Quand nous autres, Allemands, brassons notre langue avec des éléments de toutes les autres langues, il ne faut pas oublier que c'est parce que nous trouvons à apprendre dans toutes ces langues, et que nous sommes la nation de tout le monde, une nation cosmopolite. Un second baptême, surtout au moyen d'un terme étranger, n'est répréhensible qu'à l'égard des choses que nous savions déjà et qui par conséquent avaient déjà leur nom... Les Romains, qui étaient aussi une nation de tout le monde, quoique très-positive, également cosmopolites, quoique négativement cosmopolites, acceptaient facilement de toutes les nations des choses, des arts, des armes, des dieux, etc.; mais rarement des mots sans leur faire subir de grandes transformations; il faut cependant toujours excepter le cas où ils allaient, comme nous, chercher des sciences en Grèce, comme ils y étaient d'abord allés chercher des lois. En général, l'hospitalité que nous accordons aux termes étrangers, est en grande partie excusée et expliquée par l'hospitalité tout aussi grande avec laquelle nous recevons les termes allemands, soit vieillis, soit tout à fait neufs. Cette prédilection pour tout ce qui est étranger, qui brode dans notre manteau de couronnement quelques points brillants, ne pourra ni effacer ni couvrir le tissu indigène fait avec nos richesses les plus anciennes et les plus récentes.

En dernière analyse, le peuple lui-même ne perd pas toujours à l'adoption d'un terme technique étranger. Car, de deux choses l'une : ou bien ce terme désigne un objet matériel, qui finit par se traduire lui-même à l'œil, et qui, s'il n'était pas désigné par un mot étranger, se ferait créer un mot nouveau dans la langue elle-même; ou bien le terme étranger désigne une idée abstraite et scientifique, et alors le son déterminé qui lui est propre le conserve intact pour le sens défini qui vient s'y rattacher peu à peu... On peut observer ce dernier fait sur les femmes du monde qui comprennent le sens de tant de mots grecs, sans l'avoir jamais demandé à un hôte ou à un amant, et n'est-ce pas en général ainsi que les enfants apprennent une langue? Ils n'apprennent qu'au moyen de l'analogie des mots; et cependant ils apprennent les mots avant l'analogie qui en résulte. Puisque des mots philosophiques et abstraits comme : *cependant, mais, en vérité*, finissent par être compris par les enfants eux-mêmes, des termes étrangers, dont le sens est exprimé par un objet ou par une série d'idées connue, doivent être compris beaucoup plus facilement encore par des hommes d'un certain âge. Comment, sans cela, le peuple de Londres arriverait-il à comprendre un mot nouveau dérivé du latin, qui n'a été rendu anglais par aucune autre modification nationale qu'un suffixe? Et le peuple de Paris? Est-ce que tous ces termes nouveaux vont rencontrer dans la langue où ils entrent un parent anglais ou français, qui puisse leur servir d'interprète, comme par exemple tous les termes grecs mis en vogue en France par la révolution?...

Quelque rigoureux d'ailleurs que puisse être le puriste, il n'ira jamais assez loin; il pourra toujours arriver qu'on lui prouve que nous avons conservé tel terme de racine grecque ou persane, pour ne rien dire de l'incertitude dans laquelle il est condamné à rester à l'égard de ces mots dont l'origine et la dérivation ne sont pas tout à fait clairement établies....

C'est surtout en Grèce que les médecins et les philosophes allemands, de même que les Français, vont enrôler le plus de troupes auxiliaires; chacun d'eux veut écrire en grec au moins pendant une demi-minute, et dit, en omettant le *non :* « *Græca sunt, leguntur.* » Ils vont même jusqu'à laisser de côté, pour désigner une opinion nouvelle, un nouveau terme allemand ou un vieux mot grec, et à former de préférence une nouvelle composition grecque.

Ce même reproche assez grave d'adultère commis avec des langues étrangères, est encore mérité par les professeurs de l'enseignement secondaire et de l'enseignement supérieur, qui n'aiment pas à respirer une atmosphère allemande parmi leurs auditeurs : car ils sont persuadés que le latin ne peut être mieux enseigné que dans un demi-latin. Ces vices de langage doivent se graver fortement dans les âmes jeunes et impressionnables, et transformer les jeunes gens qui sont puristes de naissance (car quelle autre langue parlerait-on avant la sienne?) en véritables maculistes *. Il est vrai, et nous l'avons déjà dit, qu'un système nouveau n'est pas tenu de se traduire lui-même et tous ses termes en allemand; mais lorsque nous inventons des choses et des maximes nouvelles, pourquoi ne pas les désigner tout d'abord par un terme allemand? C'est le seul moyen d'enrichir le monde de la matière et de son nom tout à la fois. Au commencement, la matière explique facilement le nom; plus tard, le nom explique difficilement la matière, et en tout cas un nouveau terme national est beaucoup plus facilement compris qu'un nouveau terme étranger, si toutefois Swift a raison de poser ce principe qu'un homme qui ne comprend d'une chose que la moitié vaut beaucoup mieux qu'un autre qui ne la comprend pas du tout. Beaucoup de créateurs de systèmes et de termes étrangers qui les expliquent auraient pu nous enrichir réellement en créant des termes nationaux; car il nous serait du moins resté quelque chose de ces systèmes, savoir ces mots nouveaux....

Quelque grande, quelque effrénée que soit la con-

---

* C'est ainsi que les franciscains appelaient les dominicains qui niaient la conception immaculée de Marie.

fusion de langues qui tourbillonne actuellement dans les ouvrages scientifiques, le puriste peut se consoler en considérant que depuis cinquante ans, les ouvrages de goût, et ceux qui se rapportent aux intérêts généraux de l'humanité, ont perdu beaucoup plus de termes étrangers, que n'aurait dû le faire espérer l'importation perpétuelle de ces termes....

Après tout, ce qui nous semble le meilleur, c'est de nous fortifier gaiement, en rendant grâces à Dieu et à Campe, avec notre armée nationale, sans renvoyer pour cela les bonnes troupes étrangères que nous avons recrutées. L'harmonie, la prosodie, le coloris spirituel, l'esprit, la concision, la variété des sons ont également besoin de ces deux mondes et les exigent pour qu'ils puissent mieux choisir.... L'auteur de ce livre peut d'ailleurs terminer ce paragraphe avec la conviction d'avoir écarté de cette seconde édition tous les mots étrangers qu'il a pu supprimer sans altérer la pureté de son langage ; et c'est ce qu'on verra facilement, si l'on compare la première édition avec la seconde.

§ 85. — *Observations diverses sur le langage.*

La concision du langage a pour fin d'économiser du temps au lecteur et non de lui en coûter. Quand, après deux longues phrases difficiles, on met : « *et réciproquement* », ce pauvre lecteur est obligé de les lire de nouveau et de se donner la peine d'en renverser le sens ; de sorte qu'il n'y a que les petits retours insignifiants qui puissent être exprimés de la sorte. C'est ainsi que j'ai perdu beaucoup de temps en lisant l'excellente biologie de Treviranus qui, par l'emploi des adjectifs démonstratifs, me forçait toujours à retourner sur mes pas, tandis qu'il eût été beaucoup plus simple et du moins plus clair de répéter un terme monosyllabique. C'est pourquoi Johnson ne disait jamais : « le dernier, le mentionné », et qu'il évitait toutes les parenthèses : il s'en trouve à peine six dans tous ses ouvrages*. Tant il est vrai qu'on ne peut jamais trop ménager le lecteur ; pourvu que la matière n'y perde rien, nous devons pour ainsi dire le porter sur nos mains avec nos doigts d'écrivains. Ade-

---

* Boswell, *Vie de Johnson*.

lung a horreur des parenthèses; Klopstock, dans sa *République des savants,* enchâsse quelquefois dans une période une autre période de construction semblable et tout à fait indépendante, et avec autant d'aisance que s'il devait en intercaler encore une autre dans cette dernière. Sterne fait preuve à cet égard de beaucoup plus de mesure. Des parenthèses courtes et décousues peuvent prendre la parole comme des périodes nouvelles; mais une longue période parasite doit avoir la même racine grammaticale que la proposition principale ; et le fait de ne pas forcer le lecteur à revenir sur ses pas, est précisément ce qui est le critérium de sa valeur...

On montre plus de respect pour le lecteur par une longue période que par dix phrases courtes ; car il est obligé de faire un ensemble de ces dernières à force de les relire et de les répéter. L'écrivain n'est pas un orateur et le lecteur n'est pas un auditeur; l'écrivain, qui va lentement, est libre d'offrir à son lecteur, qui lui aussi va lentement, des périodes au moins aussi longues que celles qu'offrent un orateur passionné, comme Cicéron, à un peuple passionné; je ne cite qu'une période longue d'une page et cependant bien claire de son discours pour Archias : depuis *sed ne cui vestrum* jusqu'à *genere dicendi ;* période citée également dans la traduction de Batteux par Ramler. L'autiquité, les Anglais, les anciens Allemands laissaient se développer de longues périodes ; ce n'est que dans les temps de décadence du goût, par exemple chez les Romains, ou dans les temps de mesquinerie comme chez les Français, ou dans des écrivains comme Gellert et Rabener, que le tronc sublime se divise en verges de saule. Qu'est-ce qu'un hachis de périodes de Rabener auprès d'un *roast beef* de Liscow ?....

§ 86. — *L'harmonie de la prose.*

Le prosateur lui-même désire et cherche à obtenir, dans les passages d'inspiration, une harmonie supérieure et un rhythme ; il veut véritablement chanter comme on chante au printemps, dans la jeunesse, sous l'influence de l'amour et dans un pays chaud ; dans ces moments il ne veut pas parler ; sous l'influence du froid, le style tousse beaucoup et gémit...

Que de fois il est arrivé à l'auteur de ce livre d'éprouver, dans ses heures d'essor, une envie pressante de se jeter dans les vers pour voler au lieu de nager !...
Il y a un rhythme propre à la prose ; mais il diffère suivant les livres et suivant les auteurs, qui du reste

ne doivent pas le chercher ; car de même que l'inspiration du poëte lui donne la mélodie, l'inspiration de certains grands hommes, depuis un Luther jusqu'à un Lessing et à un Herder, devient spontanément rhythmique. Dès qu'il existe un fleuve de pensée vivant et non gelé, il ne peut manquer de bruire ; et dès qu'il y a dans l'âme de la plénitude et de la tempête, cette tempête ne peut manquer de mugir, lorsqu'elle traverse une forêt, ou de murmurer, lorsqu'elle joue entre les fleurs. Les oiseaux dont le vol est très-élevé, ont, d'après Bechstein, des plumes ou des ailes même aux pattes. C'est un fait remarquable que l'harmonie, quand elle domine, peut troubler le sens, non dans la poésie, mais dans la prose ; et cela avec plus de force que toutes les images : car ces dernières présentent les idées, tandis que la première ne fait que les accompagner. Cependant cela n'est possible que lorsque les idées ne sont pas assez puissantes et assez grandes pour nous élever et nous maintenir au-dessus du toucher et de l'examen de leurs signes, c'est-à-dire des sons. Plus un ouvrage a de force, mieux il supporte la sonorité ; l'écho doit se trouver dans des édifices larges et vastes, non dans de simples chambres. Dans l'histoire de Jean de Müller, l'idée est assez forte pour supporter et même pour exiger un son moitié continu, moitié heurté, le mugissement sourd d'un fleuve vivant sous la glace dure. Dans l'*Épaminondas* de Meissner la musique instrumentale du bruit couvre entièrement la faible musique vocale du sens. Dans la psychologie esthétique ou l'esthétique psychologique d'Engel, de même que dans ses récits, la beauté du rhythme ne résonne pas plus haut que l'esprit et la clarté de ses idées; mais ce défaut se trouve au contraire dans son éloge du roi, qui sent son thème d'écolier, et qui montre une telle pauvreté de pensée qu'il ne fait même pas l'éloge de l'orateur. Le styliste peut louer un styliste; Engel peut louer un grand psychologue; Müller, Tacite; Gœthe, Herder; Reichard, Gluck; Fontenelle, les académiciens; Klopstock peut se louer lui-même; mais puisqu'une affinité d'esprit donne à peine la permission et la faculté de blâmer, pourquoi le discours élogieux aurait-il sur le blâme l'avantage d'être compatible avec l'ignorance et la dissemblance ? Une âme ne doit se refléter couronnée et ornée de guirlandes que dans une âme parente et même supérieure. C'est pourquoi il y a de l'arrogance à louer un grand homme; et c'est précisément à cause de cette parenté et de cette relation intimes et flatteuses de l'objet loué avec l'auteur qui loue, qu'il est plus facile, plus excusable et moins contraire à la modestie, de se louer soi-même.

Revenons à la question. L'oiseau ne chante que

lorsqu'il sent sa force printanière et que l'amour l'anime; la statue de Memnon ne résonne que lorsque les rayons du soleil la touchent et la réveillent; il en doit être de même de la parole vivante qui appelle le son, au lieu d'être appelée par lui; on ne doit jamais, comme ce vide Laharpe et mille autres Français et cent Allemands, poser péniblement une échelle, pour monter une gamme. Il faut cependant, mais en dehors des heures d'inspiration, exercer et examiner l'oreille, même sur des ouvrages purement harmonieux, comme le *Panégyrique* d'Engel, et quelquefois sur Sturz, Zimmermann, Hirschfeld, Meissner, etc.; mais ce n'est pas au beau milieu de la rencontre vigoureuse de toutes les forces, qu'il faut faire de la musique, pour négliger le combat et la victoire. La prose de Lessing a pour nous des sons d'un charme particulier, surtout à la fin de ses périodes. Wieland nous satisfait le plus souvent en restant beau jusqu'à la fin de sa phrase. Le grand Haller, dans ses romans (autant que je puis m'en souvenir depuis ma jeunesse), nous transporte par l'emploi fréquent de ces dactyles que Longin * appelle le rhythme sublime de la prose, et dont Démosthènes a fourni de nombreux exemples. Klinger, Gœthe, Gœrres, peuvent donner lieu à des

---

* *Them.*, 39.

remarques semblables ; tandis que le seul Klopstock, qui dans la poésie est un véritable compositeur et artisan de sons, interdit à sa prose virile de flatter l'oreille d'une manière quelconque.

Il est difficile de déterminer les lois de l'harmonie pour la prose qui erre et se promène sans limites, et l'on ne peut guère établir et suivre à cet égard qu'une loi négative qui interdit les dissonances. C'est tout au plus à la fin des périodes que l'oreille peut, comme en général vers la fin d'un morceau de musique, réclamer un peu de cadence. Chez les anciens on demandait, on donnait et on sentait davantage, et si nos oreilles sont devenues plus exigeantes avec et dans le temps, ce n'est pas du moins à l'égard de la *qualité* et de l'*intensité*. On n'a qu'à se rappeler ce fait, que tout un auditoire romain (d'après *Cic. in Orat.*) éclatait de plaisir devant cette phrase harmonieuse de l'orateur Carbon : « *Patris dictum sapiens temeritas filii comprobavit*, » ou que ce même peuple, encore peu civilisé, se mettait en fureur devant une syllabe d'une mesure trop longue ou trop brève. Quant à notre peuple allemand, il n'y a point de faute contre l'harmonie qui puisse lui donner des névralgies ou des maux d'oreille ; un tintamarre de mots bruit et passe doucement devant des oreilles qui sont déjà accoutumées à porter et à recevoir des choses plus pesantes, par exemple des boucles d'oreilles en or d'un son mat. Mais les Français dont nous devons aimer l'amour pour leur langue plus que leur langue elle-même, écoutent leurs auteurs avec des oreilles de juges si délicates et si sévères que Rousseau, d'après madame Necker*, aurait appelé avec intention le sénat romain : « *cette assemblée de deux cents rois,* » au lieu de « *trois cents rois,* » uniquement pour éviter la ressemblance des sons, de même que Buffon dans son éloge de La Condamine (243), l'académicien, aurait nommé celui-ci un *confrère de trente ans,* au lieu de *vingt-sept,* ce qui aurait moins bien sonné. Mais la vérité et moi ne pouvons être satisfaits de voir retrancher cent par Rousseau, et ajouter trois par Buffon, dans le seul intérêt de l'harmonie ; des paroles valent mieux que des sons. Ce n'est que par accident que le Français tombe quelquefois dans une mauvaise répétition des sons. Ainsi dans la *Vie de Voltaire* par Condorcet : « *Un fonds dont on est surpris.* » Mais l'Anglais, habitué à sa langue roide et hérissée de monosyllabes semblables à des écueils, ne se préoccupe nullement d'une dissonance ou de la monotonie ; il écrit sans façon : « *had had,* » et répète « *but* » trois fois de suite dans des significations différentes.

---

* *Mélanges de mad. Necker,* t. II, p. 259.

Ainsi, dans Sterne : « *Continued I, I know not.....* »

De même que dans la musique il se trouve souvent un instant imperceptible qui sépare et qui par conséquent allie la mélodie et l'harmonie, de même le rhythme de la prose se perd dans le son des mots particuliers. Tandis que les langues russe et polonaise ont un son plus beau et plus libre que ne le promet la forme de leur écriture ; tandis que les langues anglaise et française ont une écriture plus belle que leur son, l'Allemand, dans son ancienne probité, se tient au juste milieu, et ne dépasse la mesure ni dans un sens ni dans l'autre. Si les véritables voyelles du son poétique, Klopstock et Voss, ne se chargeaient et ne s'alourdissaient pas eux-mêmes, et nous en même temps, de consonnes, de manière à changer souvent la plus belle note en dissonance, il pourrait arriver que les étrangers missent enfin le chant de notre langue au-dessus de celui des oiseaux, qui jusqu'à présent était beau à entendre, mais difficile à reproduire. Il est vrai que les maîtres d'harmonie dont nous venons de parler sacrifient souvent la langue à l'oreille, et que leur musique de trompette, de grosse caisse, de bourdon et d'instruments ronflants est souvent trop difficile à reproduire pour le chant ou pour la voix. Cependant notre révolution littéraire, bien qu'elle imite d'autres choses, et par exemple le caractère sauvage des Anglais, ne va pas jusqu'à imiter la révolution française qui affecte en parlant de ne pas prononcer les r *(244)....

* D'après Pigault Le Brun, v. son *Enfant du carnaval*, vol. II.

APPENDICE.

---

§ 87. — *Des différents goûts poétiques.*

Qu'est-ce qu'un styliste, et qui est styliste? Je réponds à cette question sans trop de scrupules. Le styliste, c'est tout le monde! car les rares exceptions qui naissent de siècle en siècle pour faire renaître les siècles à leur tour, peuvent bien être prises en considération, mais leur nombre est trop minime pour qu'on les fasse entrer dans le calcul. Le styliste, c'est le public; lui seul représente la chose publique, qu'il a tout aussi bien en lui que hors de lui; ceux qui se rangent ailleurs ont une vie véritablement privée et forment un public à part dans le public....

C'est en déterminant ce qu'est le styliste dans la

poésie qu'on arrive le mieux à définir ce qu'il est en général. Comme il n'y a que la poésie qui puisse forcer toutes les facultés de l'homme à se mettre en jeu, elle ouvre la carrière la plus libre aux ébats de toute faculté qui domine dans un individu, et elle n'exprime pas l'homme avec plus de force que l'homme s'exprime lui-même par le goût qu'il montre pour elle.

Chacun lui demande de refléter non l'humanité tout entière, mais son humanité à lui, et de la rendre brillante ; de sorte que l'œuvre poétique de Conrad serait un Conrad transfiguré, celle de Jean un Jean transfiguré, et il en est de même de celle de Pierre. Ainsi le goût n'est pas seulement le coq ou le Judas qui trahit tantôt un saint Pierre, tantôt un Christ ; mais il est aussi tantôt le saint Pierre lui-même, tantôt le Christ ; il déchire dans chaque cœur humain le rideau du Saint des Saints, et aussi celui de ce qu'il y a de moins saint. Or, dès qu'on voit dans le goût quelque chose de plus qu'un jugement philologique qui s'exerce sur des parties de l'art arbitrairement choisies, et qu'on le considère comme un jugement sur l'art entier, il doit se séparer en huit catégories, que je désignerai de préférence par les organes qu'elles habitent, c'est-à-dire par des langues ; le goût recherche surtout :

1) Ou de l'esprit et de la finesse, comme le goût français ;

2) Ou de l'imagination qui s'exprime par des figures, comme le goût anglais ;

3) Ou quelque chose à l'adresse du cœur qui est senti, plutôt qu'à l'adresse du cœur qui sent, comme le goût des femmes ;

4) Ou de la morale en action, comme l'ancien goût allemand ;

5) Ou de la réflexion et des idées, comme le goût allemand moderne ;

6) Ou le langage et l'harmonie, comme le goût philologique ;

7) Ou une bonne forme sans matière, comme le goût le plus moderne ;

8) Ou une bonne forme avec une bonne matière, comme le dernier et le meilleur des goûts.

On peut cependant simplifier cette classification en ramenant ces sept espèces, qui s'attachent d'une manière dominante soit à la forme, soit à la matière, à deux grandes catégories : 1) le genre régulier dans la forme, français, des gens du monde, des gens de distinction, raffiné (*aut delectare poetæ*);—2) le genre réaliste, anglais, réfléchi, substantiel, raisonneur, commerçant, économiste (*aut prodesse volunt*). Cette division laisse à part le numéro 8, qui servira à former une troisième catégorie, celle du génie avec des formes nouvelles et une matière nouvelle....

Si l'on voulait répartir topographiquement ces trois genres, le premier aurait son quartier général en Saxe et dans la bibliothèque des belles-lettres ; le second se trouverait plus au Nord, basé surtout sur la *bibliothèque allemande universelle;* le genre poétique enfin n'a d'abord possédé que ce petit Weimar, mais ses conquêtes se sont étendues d'une manière remarquable vers le Nord comme vers le Midi.....

Sous le nom de stylistes, je ne comprends que des hommes qui n'ont aucune faculté poétique. Lorsqu'ils font de la poésie, ils ne réussissent qu'à répandre symétriquement leur encre, que remplace ensuite l'encre de l'imprimeur. Lorsqu'ils vivent, c'est à la façon du plus vulgaire épicier, en habitant le faubourg le plus éloigné de ce que nous appelons la cité de Dieu. Lorsqu'ils produisent des critiques et des esthétiques, ils taillent les arbres de science et de vie suivant les formes sphériques arbitraires prescrites par les règles étroites du jardinage français, et leur donnent, par exemple, des têtes de singe rondes ou pointues. « O mon Dieu ! disent-ils, que l'art imite toujours l'homme, mais, il est vrai, avec quelques restrictions. »

§ 88. — *De la littérature française en France.*

Nous devons examiner tout d'abord la littérature française, cette *bonne* de la littérature allemande. La littérature française n'est pas seulement la compagne et l'amie du grand monde, elle en est aussi, comme il est ordinaire, la fille naturelle. C'est pourquoi ils restent fidèles l'un à l'autre et débiteurs l'un de l'autre. Le grand monde, c'est l'esprit social à son plus haut degré. La cour est son université : elle doit développer et raffiner cette vie sociale qui, pour le grand monde, n'est pas seulement une récréation, mais un but et une vie ordinaire; car elle est chargée de concilier, dans l'équilibre agréable d'une belle apparence sociale, les contrastes les plus tranchés entre le pouvoir et la dépendance, entre l'estime de soi-même et celle d'autrui. Toutes les qualités de la poésie française peuvent être considérées comme autant de satisfactions obtenues par les exigences de la sociabilité supérieure et pour ainsi dire poétique de l'homme du monde. Cette dernière exclut, comme la première, tout ce qui ne sert pas à concilier : le sérieux continu et précis, la plaisanterie élevée (*humour*), toute prédominance d'un ton tragique ou autre ; elle a besoin de l'esprit comme de l'interprète le plus rapide de la pensée, et du persiflage comme d'un milieu entre la satire et l'humour ; elle ne cherche en outre que le charme du moment ; elle n'accepte les systèmes philosophiques qu'à la condition qu'ils peuvent se formuler en graves sentences et qu'ils n'exigent pas de disposition mentale qui leur soit propre ; et encore préfère-t-elle les systèmes empiriques, par exemple celui de Locke, parce qu'ils ne suspendent pas en hauteur et en profondeur une chaîne infinie de pensées ; elle n'aime pas les émotions fortes, mais les sentiments à la Racine, des sentiments sympathiques plutôt qu'autopathétiques (personnels) ; elle veut partout cette légèreté qui saute par-dessus les épines qui lui sont propres ou étrangères, et enfin la latitude polie de la généralité ; car la sociabilité supérieure s'oublie elle-même et son moi ; elle dit comme Pascal : *on*, au lieu de *je*. Le jeu français du corbillon, qui vous oblige à toujours rimer en *on*, est le jeu que jouent véritablement tous les cercles et toute la prose française, dont les têtes et les pointes sont toujours commandées par ce vague monosyllabe *on* ; car plus il y a de politesse et de raffinement, plus la généralité augmente ; cette dernière aime d'un côté à donner à deviner, et elle devient, de l'autre côté, plus poétique et plus agréable en ce qu'elle n'offre que l'essence même de la rose, et en écarte les feuilles et les épines, comme font elles-mêmes les conditions les plus hautes de la société. Il n'y a que ce qui est le plus spirituel et le plus général qui monte jusqu'au trône et jusqu'à la cour du trône; les poêles qui chauffent celui-ci sont cachés, et ils cachent de leur côté le bois et le charbon; il n'y a que les résultats des résultats ayant près d'eux la signature du prince, c'est-à-dire les tablettes générales, qui arrivent jusqu'en haut; la masse lourde et matérielle des cuisiniers, des artisans et des écrivains de la cour reste et rampe en bas.

La poésie française ou parisienne n'est-elle pas la reproduction la plus délicate du tableau que nous venons de tracer, et cela au moyen de son langage régulier et abstrait, par son manque de qualités sensibles, d'amour et de connaissance des conditions inférieures de la société, de liberté, d'ardeur? De plus, les femmes naissent comme les Français, gens du monde; c'est à leur goût que la poésie parisienne plaît et rend hommage. Dès que la vie de société devient le but non des sens, de l'instruction et de l'enseignement, mais de l'homme lui-même, les hommes et les femmes ne doivent pas se comporter les uns à l'égard des autres comme l'huile fait devant l'eau : les femmes, parce qu'elles naissent femmes du monde, rendent poli l'homme qui les recherche. C'est pourquoi le ton social du monde de Paris n'a gagné à rien autant qu'à l'adultère général de cette ville ; grâce à lui, tout ce monde réuni dans un salon, gens mariés, maîtresses, veufs ou veuves, quel que soit leur âge, retrouvent une seconde époque idéale d'amour et de jeunesse, tandis que chez nous autres Allemands, le cœur ne voltige de cette manière idéale qu'au temps de la jeunesse même. C'est ce côté de leurs mœurs qui donne à leur poésie ce trait tout féminin, l'esprit, qui n'est qu'une logique de femme.

Je ne puis par conséquent comprendre comment Bossu, dans son Traité du poëme épique, a pu affirmer que l'hiver n'est pas une saison, ni la nuit une heure, pour la tragédie, lui qui devrait cependant savoir, en qualité de Parisien, que c'est précisément en hiver que la ville est le plus peuplée, et la nuit qu'elle est le plus animée.

Il y a encore deux effets et reflets de la vie du grand monde qui caractérisent la poésie parisienne ainsi que celle de Versailles, de Saint-Cloud, de Fontainebleau. Le premier, c'est sa pneumatophobie matérialiste ou son aversion contre les esprits. Cette aversion est moins la *propaganda* (planteuse) de la vie mondaine pétrifiée que sa *propagata* (plante). La foi, avec son cercle d'esprit, n'habite que la Chartreuse et non le marché ; parmi les hommes les dieux se perdent. L'incrédulité, moins une fille des temps que des lieux, a de tout temps habité les cours, depuis les cours grecque, romaine, byzantine, jusqu'à celles de la papauté et de la France, de même qu'elle habite les grandes villes. Rien n'est plus étranger au monde qu'une pensée qui anéantit le monde, et non-seulement le grand monde, mais le monde entier. Un géant ou un immortel ne sont pas admissibles à table ; rien ne dérangerait l'égalité et la liberté d'une cour autant, par exemple, qu'un dieu ou Dieu lui-même, car son image, le prince, en souffrirait. C'est pour ces raisons qu'on retrouve partout dans la poésie française un bel élément fini, et que son ciel, comme celui des Celtes et des cours, ne se trouve que sur les nuages et non au delà des astres ; et cette aversion pour les esprits est assez forte pour avoir agi même sur des imitateurs allemands des Français, par exemple Wetzel, Anton Wall....

J'ai souvent mis pour moi-même en lumière et même tourné en ridicule l'effet que produirait Shakespeare lu à la table d'une cour, d'abord par le bas-étage de son monde comique, en second lieu par l'élévation de ses personnages tragiques, et troisièmement par la flamme de son génie ; j'ai comparé les trois degrés de cet effet aux trois degrés analogues de la torture, dont le premier consiste également dans le fait de mettre à l'étroit, dans les enlacements et le resserrement du pouce ; le second, dans une extension sur l'échelle, et le troisième, dans le feu….

La seconde fille de la vie mondaine que j'ai promis de présenter, fournit la solution d'un grand nombre d'énigmes de la tragédie française.

L'auteur a déjà dit, dans le quatrième volume de son *Titan*, que les Français et les femmes ont entre eux ce caractère commun de naître gens du monde, et que par conséquent les uns et les autres, comme la révolution l'a montré, sont ou particulièrement tendres et doux, ou particulièrement cruels. Il a dit aussi que la tragédie des Français était non-seulement terriblement froide, mais aussi froidement terrible ou excessivement cruelle. Et d'où cela vient-il ? Cela vient de l'esprit de la vie raffinée du monde, qui forme et aiguise son poignard de Melpomène avec la glace la plus dure et sous l'action du froid le plus vif ; il cause des blessures et fond ensuite pour les glacer d'un froid mortel. Les processions religieuses sont précédées de la croix avec le crucifié ; mais la procession mondaine en est suivie, et, pour une nature simple et honnête, il n'y a rien de plus à craindre que ce mélange tout à la fois étrange et noble, et nullement hypocrite, d'une délicatesse supérieure de mœurs et d'amour, d'un point d'honneur extraordinaire d'un côté, avec une cruauté lentement torturante, à la française, et de nobles intérims de l'honneur de l'autre côté. Le même ministre qui ruine des nations entières par les ravages de la guerre, peut ressentir les coups d'épingles de sa maîtresse ou d'un Racine, de même que du temps de la Terreur on mit sur la scène les sentiments les plus tendres; car le peuple est pour le ministre ce qu'est une forte somme pour le banquier, c'est-à-dire une pure abstraction, une valeur algébrique qu'il déplace dans ses calculs; ce n'est que sur les détails rapprochés que son avarice peut s'exercer, comme celle du banquier ne le peut que sur la petite monnaie. A l'égard de l'honneur, cet autre cercle tropique du monde moral, un grand personnage se montre véritablement homme d'honneur sur les plus petits points; pour eux il est prêt à risquer sa vie, mais lorsqu'il s'agit de points plus élevés, de rupture de traités et de contrats de mariage, de violation du secret de lettres, de grandes banqueroutes, de vils services d'espions et de filles vénales, il se contente de déclarer qu'il ne peut faire autrement (245).

Or, la tragédie française elle-même brille moins par la grandeur que par les grands personnages. Dans Corneille, Crébillon, Voltaire (par exemple dans le *Mahomet* de ce dernier), nous trouvons, comme dans Sénèque le tragique, beaucoup plus de délicatesse, de finesse, de décence, d'empoisonnements, de parricides, d'incestes, que dans aucun des Grecs ou dans Shakespeare. De même que dans le grand monde (246), on n'y vole rien de moins qu'une couronne, souvent avec la tête dedans; et toujours, comme dans ce même monde, les femmes n'ont rien à y craindre pour leur vertu ou pour leurs oreilles, de la part de ceux qui leur sont le plus étrangers, mais seulement un peu d'inceste de la part de ceux qui sont leurs proches parents. Dans ce monde supérieur, quand la volupté est tellement épuisée qu'aucun nouveau degré ne peut plus en relever le goût, on l'assaisonne d'un nouveau péché; car il y a difficilement quelque chose de plus efficace sur l'imagination, cette directrice suprême des mœurs des princes, qu'une très-grande atrocité; de sorte que, par exemple, l'*horror naturalis* (horreur naturelle) est, pour quelques mets, la véritable *Assa fœtida*.

Une anecdote aussi spirituelle que terrible, qui nous présente, détruits et déchirés, les rapports sacrés de père et de fils, doit trouver place ici, comme un exemple dont on trouverait difficilement l'analogue chez des peuples de mœurs germaniques. On demandait à Crébillon le père, le poëte tragique surnommé *le Terrible*, en présence de son fils, le romancier frivole que l'on connaît, quel était celui de ses ouvrages qu'il croyait le meilleur ; il répondit, en désignant son fils, qu'il n'en connaissait que le pire. Une cruauté aussi froide et aussi raffinée ne pouvait être rendue et surpassée que par la réplique du fils : « C'est pourquoi il y en a beaucoup qui pensent que vous n'ayez pas fait vous-même cet ouvrage (247). »

Comme toute poésie, même celle qui est mauvaise, idéalise involontairement, et que, par conséquent, la poésie française doit idéaliser, elle ne peut, au moyen de cette élévation, rien enfanter que des monstres; car chez elle le genre tragique n'idéalise plus des individualités, mais des abstractions. Ce n'est que sur le tronc solide de cette individualité que flotte la fleur de l'idéal; sans terre, il n'y a ni hauteur ni profondeur, il n'y a ni ciel ni enfer, et c'est pourquoi l'idylle des Français, comme celle des jeunes gens, est, tout aussi bien que leur tragédie, une abstraction élevée et rien de plus.

§ 89. — *Les Allemands imitateurs des Français.*

Je n'hésite pas à trouver révoltante l'audace que l'on a d'imposer à l'Allemand, qui n'est pas Allemand, qui est encore moins Français, et qui est seulement homme, une poésie qui réduit tout ce qui est grand, les éruptions volcaniques des passions, les formes sublimes de l'esprit et du cœur, aux proportions de mets d'apparat servis dans des plats de cristal ; une poésie qui n'exprime pas l'homme en général, mais seulement l'homme du monde. Je m'en indigne d'autant plus, que des Français eux-mêmes, par exemple Diderot, Rousseau, Voltaire, ont fini par se sentir trop à l'étroit et comme étouffés sur l'étroite carte de visite de leur poésie, de sorte qu'ils se faisaient l'un après l'autre, pour respirer, un petit trou dans cette coque d'œuf, et que quelques-uns en sortaient même tout entiers, mais en portant encore sur eux quelques restes de la coque. Lessing aurait-il pu dire contre la poésie française quelque chose de plus fort que ce que d'Alembert écrit à Voltaire dans sa quatre-vingt-douzième lettre, tout en le priant de lui garder le secret de cette confidence : « Je ne vois rien (dans Corneille, en particulier) de cette terreur et de cette pitié qui font l'âme de la tragédie; » et, dans la quatre-vingt-quatorzième lettre : « Il n'y a dans la plupart de nos tragédies ni vérité, ni chaleur, ni action, ni dialogue [*]? » Ou bien peut-on médire plus forte-

[*] *OEuvr. de Volt.*, t. LXVII, de l'imprimerie de la Société littéraire typogr., 1785.

ment de la poésie française que cette excellente madame Necker qui, sans lui vouloir précisément du mal, affirme, dans ses *Mémoires*, qu'elle est plus facile à écrire que la prose? Ou encore Klopstock pouvait-il énoncer quelque chose de plus fondamental que Voltaire[*], quand celui-ci exprime l'impuissance française pour la poésie épique par ces mots : « Oserai-je le dire? C'est que de toutes les nations polies, la nôtre est la moins poétique. » Et Voltaire n'en prouve-t-il pas autant lui-même par l'éloge suivant de la musique, qu'il a composé exprès pour Rameau[**]?

« Fille du ciel, ô charmante harmonie,
Descendez et venez (a) briller dans nos concerts (b);
La nature imitée est par vous embellie (c).
Fille du ciel (d), reine de l'Italie (e),
Vous commandez à l'univers (f).
Brillez (g), divine harmonie,
C'est vous (h) qui nous captivez;
Par vos chants vous vous élevez
Dans le sein du Dieu du tonnerre (i);
Vos trompettes et vos tambours (k)
Sont la voix du Dieu de la guerre;
Vous soupirez (l) dans les bras des amours;
Le sommeil caressé des mains de la nature (m)
S'éveille à votre voix (n);
Le badinage avec tendresse
Respire dans vos chants, folâtre sous vos doigts (o). »

---

[*] *Essai sur la poésie épique.*
[**] *Œuvres*, t. XV.

(a) Prosaïquement plat, au lieu de « brillez ».

(b) Ainsi les concerts sont déjà là et ce sont eux qui attendent l'harmonie.

(c) On lui apprend ce qu'elle fait, mais non ce que c'est que cette nature imitée, opposée à la nature embellie.

(d) Répétition plate.

(e) Encore plus plat, car une fille du ciel est plus qu'une reine d'Italie.

(f) On apprend à la reine de l'Italie qu'elle a un royaume plus grand encore, savoir l'univers.

(g) C'est de Ferney qu'on ordonne à cette charmante harmonie d'être charmante; peut-elle être divine sans briller?

(h) Plat, après que nous l'avons vue régner sur l'univers.

(i) On lui explique tout ce qu'elle fait; cependant on ne rend pas bien clair de quelle manière, elle, fille divine du ciel, s'élève au sein du Dieu du tonnerre.

(k) N'a-t-elle donc rien de mieux, et les trompettes sont-elles la voix du Dieu de la guerre, qui ne s'en sert que pour accompagner sa voix?

(l) Que veut dire cela? Comment l'harmonie vient-elle soupirer entre les bras des amours? Les deux bras d'un amour auraient suffi. Ou bien le mot amour doit-il avoir une signification tout à fait générale et néanmoins avoir des bras? Voilà ce qu'un critique pourrait demander.

(m) Le sommeil est opposé à la nature, et cette dernière est douée de mains, à la manière orientale. D'ailleurs tout ce passage est dépourvu de sens.

(n) Le manque d'harmonie est plus propre à éveiller que l'harmonie même; et la fille du ciel, dont on trace le portrait devant elle-même, serait-elle très-flattée d'être un réveille-matin, elle qui cependant vous endort si souvent et si bien?

(o) M. Badinage devient tout à coup un homme; il emprunte son souffle à la voix d'autrui, et ses ailes aux doigts d'un personnage abstrait, qui n'a lui-même qu'une faible existence.

...... Cette froideur égoïste de l'homme du monde est aussi contraire à la froideur magnifique de l'ancien temps philosophique, que, dans le monde physique, le froid débilitant est opposé au froid tonique; et de même, une ardeur passionnée passagère et extérieure est aussi opposée à la chaleur intérieure du cœur que la chaleur énervante est contraire à la chaleur stimulante. Il y a le même éloignement entre ce froid de cour qui fait saisir par la glace les nageoires poétiques, et cette simplicité ou cette froideur des Grecs qui rafraîchissent les ailes de la poésie dans les hauteurs de l'éther. Cette ressemblance avec les Grecs, que les Français trouvent flatteuse pour eux-mêmes et pour les Grecs, n'est nullement prouvée par le fait d'avoir couronné du bonnet rouge la colonne de Pompée en Égypte. Qu'on traduise en français un ouvrage de l'époque de la décadence et des épigrammes, comme Diderot a traduit Sénèque, ils deviennent classiques; qu'on traduise au contraire Rousseau, par exemple, en latin, il perd la moitié de sa simplicité, de même qu'il perd, quoique cela soit moins glorieux pour nous, lorsqu'il est traduit en allemand. Ce n'est pas autant la difficulté de la traduction que la nouvelle forme revêtue par l'original qui exprime le plus fortement la différence entre deux nations. Nous blâmons du reste ici moins la poésie française que le goût allemand, qui veut s'imposer à elle et se l'imposer à lui-même. Dès que nous constatons l'existence du grand monde partout répandu sur les degrés les plus élevés du trône, et que nous accordons à ce monde une poésie à titre d'amusement de cour, la poésie française est celle qui convient le mieux pour remplir ce rôle;

car, depuis Richelieu, c'est dans ce but qu'elle a été enfantée et élevée.

Nous autres Allemands, nous sommes même choqués, comme par de faux accords, par quelques hardiesses allemandes ou anglaises, qui se rencontrent, par exemple, dans Jean-Baptiste Rousseau, Mercier, et d'autres écrivains de la révolution. L'auteur de cet écrit a pu aussi se rendre odieux un grand nombre de passages de ses œuvres en se les figurant écrits en français. Et, de l'autre côté, nous ne sommes nullement froissés par les hardiesses des ouvrages de Français d'une époque plus éloignée, tels que Rabelais, Marot, qui ne figuraient pas encore comme des poëtes et des poëtes du grand monde, et qui, pour la manière de tourner les phrases et les choses, jouissaient presque d'une liberté allemande.

Mais, nous autres, pourquoi courons-nous après eux pour leur dédier nos ouvrages, qui ne ressemblent en rien aux leurs, et pour les leur offrir humblement? C'est pour nous punir qu'ils donnent indistinctement des éloges à nos meilleures et à nos plus misérables productions, souvent autant aux unes qu'aux autres, et qu'ils en ignorent poliment les différences. Qu'on songe seulement à ce vieil humoriste Voltaire! Lorsque M. de Schœnaich lui envoya son poëme d'*Hermann* ou l'*Allemagne délivrée*, œuvre sans âme et sans langage (il va sans dire qu'il l'avait d'abord traduit en français), Voltaire, entre autres éloges, répondit par celui-ci : « Il serait impardonnable d'ignorer une langue que les Gottsched et vous rendez nécessaire à tous les amateurs de la littérature. » Et, pour montrer d'une manière encore plus flatteuse qu'il ne louait qu'une langue qu'il possédait lui-même, il termina sa lettre par les mots suivants, en allemand : « *Ich bin ohne Umstaende sein gehorsam Diener :* Voltaire. » (Je suis, sans cérémonie, votre obéissant serviteur) *.

De même que Leipzig a été, de 1740 à 1760, l'Athènes, ou plutôt le Paris de la Pleisse, pour prouver que l'Allemagne sait produire des ouvrages qui sont plus français qu'allemands, il me semble de même que Vienne peut graduellement, mais sur une plus grande échelle, se former et se développer au point de devenir une Athènes ou un Paris du Danube ou de la Vienne **. Car non-seulement cette espérance est nourrie par la sobriété, la modération, l'élégance et l'empire sur soi-même, et enfin par la mortification de beaucoup d'auteurs, mais cette grande ville elle-même, pleine d'un grand monde et d'un beau

---

* *Suppléments au Dictionnaire de Sulzer,* 8, I.
** D'après la petite rivière de la Vienne.

monde, formé d'après le goût français, en offre la garantie (248).

Klinger qui, dans ses « *Considérations*, etc. », se montre aussi profond dans la connaissance de la politique, du monde et des hommes, qu'il est superficiel dans la philosophie et l'esthétique, est conduit par son goût, déjà troublé et rétréci par le grand monde, à nous adresser deux reproches qui, heureusement, se réfutent l'un l'autre, et qu'il est, par conséquent, facile de détruire par un troisième. Le premier de ces reproches, c'est que nous serions trop Allemands, ce qui nous empêcherait de plaire à l'étranger ; le second, c'est que nous serions trop peu Allemands ou originaux et trop imitateurs, ce qui nous empêcherait de plaire à l'étranger. Car il demande, et cent autres Allemands-Français demandent avec lui, pourquoi notre littérature poétique plaît si peu aux autres nations et surtout aux gens du monde et des cours qui s'y trouvent; ils ne tiennent pas compte de ce fait que ces gens sont également choqués par le caractère particulier des esprits poétiques de l'Angleterre, du Nord, de la Grèce, de l'Inde, qui font entendre le langage de l'humanité, plutôt que celui des cours. Les nations mêmes se déplaisent réciproquement, si toutefois on fait exception à cette règle pour la nation allemande, à laquelle toutes les autres plaisent assez, ou la nation française, qui plaît un peu à toutes les autres. Cependant Klinger trouve, d'un autre côté, qu'il y a des caractères nationaux dans tous les ouvrages, excepté dans ceux des Allemands; mais qu'y a-t-il alors en nous pour éloigner le lecteur étranger? Pourquoi, tandis que nous traduisons tout le monde, sommes-nous si difficiles à traduire, depuis Lessing, Herder, Klopstock, Schiller, jusqu'à Hippel, Musæus, etc.? Il est vrai que ce n'est pas à nous à reconnaître et à sentir notre propre individualité, et que nous ne pouvons considérer ce qui nous est propre comme une chose différente de nous-mêmes; nous ne pouvons saisir que les individualités étrangères; c'est ainsi qu'un insulaire indigène ne peut se paraître original à lui-même. Pourquoi n'y a-t-il que les écrits d'auteurs polis jusqu'à la platitude, par exemple ceux d'Adelung, de Gessner, et de certains romanciers, qui aient été bien et souvent traduits, tandis que nos ouvrages en relief ne sont pas reproduits du tout ou ne le sont qu'en creux? C'est un mauvais signe quand un auteur peut être entièrement traduit, ce qui pourrait être exprimé ainsi par un Français : « Une œuvre d'art susceptible d'être traduite n'est pas digne de l'être. » Certains écrivains, froids pour tout le monde, nous présentent des tableaux en mosaïque ou en bois qu'il est facile de copier en les dédoublant, ou seulement en les coupant dans leur longueur; les auteurs nationaux, au contraire, produisent des fresques qu'il est impossible de transporter dans d'autres pays, si ce n'est avec le mur lui-même.

§ 90. — *Le genre matérialiste et réaliste dans la poésie.*

Nous pouvons traiter le second genre très-rapidement, d'autant plus qu'il alterne et a beaucoup de rapports avec l'école française; il y a seulement cette différence que cette dernière imite l'homme du monde, tandis que le genre matérialiste n'imite que les classes inférieures de la société. Quelles sont, en poésie, les exigences des stylistes de cette catégorie ?

La réponse à cette question se trouve dans Gombauld (livre I, épigramme 68) :

> Si l'on en croit un certain duc
> Qui philosophe à la commune,
> La substance n'est rien qu'un suc,
> Et l'accident qu'une infortune.

D'après eux, le coursier des muses doit être un cheval savant qui sache faire le mort et répondre à des questions comme celles-ci : « Combien y a-t-il de personnes dans la société? Combien y en a-t-il qui sont vierges? etc.» La poésie doit ainsi mettre en vers et faire circuler le sens commun, beaucoup de connaissances savantes, des sciences entières (par exemple l'Agriculture ou *Georgica*), et surtout de la psychologie et de la connaissance de l'homme, et, en général, des lumières avec des notions morales ; elle doit, de plus, nourrir son lecteur, et enfin profiter à la mémoire en l'aidant, par ses charmes, à mieux retenir ce qu'elle lui dit..... Du reste, le lecteur qui saura tirer profit de cette poésie, se conduira avec elle comme le troupeau qui, guidé par un instinct analogue, broute en automne, dans les prairies, l'herbe qui le nourrit, mais ne touche nullement aux colchiques vénéneux qui, semblables aux fleurs de la poésie, ne préparent des fruits que pour un printemps à venir......

Telle est la poésie qu'on demande à Berlin. On y trouve que les poëtes ont tort de ne ressembler, comme Tieck et d'autres romantiques, qu'aux oiseaux qui chantent et répètent toujours la même chose, par la seule raison que le mois de mai les y pousse ; ils devraient, au contraire, parler de façon à être compris, comme le fait l'étourneau qui parle comme tout le monde...

§ 91. — *Du genre purement poétique.*

La tendance de notre époque marche et navigue vers ce nouveau monde poétique dont le ciel est romantique par ses nuages, ses couleurs et ses astres, et dont le sol est plastique par le gazon qui le couvre et par ses formes de toute espèce. On demande que la poésie ne soit une poésie ni de cour, ni du peuple, ni d'église, ni de chaire, ni de femme ou quelque chose d'autre, mais qu'elle soit une poésie d'homme, et, si cela est possible, d'esprits; affranchie de tout but accidentel, limitatif et contraire à l'expansion des esprits, elle doit, comme une loi de la nature ou la liberté morale, gouverner, affranchir, défendre, unir et élever tout le monde. Il est vrai que cette bonne tendance revêt quelquefois chez les jeunes gens des formes laides et fausses; la jeunesse poétique d'aujourd'hui se trouve dans un de ces moments de transition où l'on choque les convenances parce qu'on en méconnaît la valeur, mais elle finira par corriger ces défauts passagers, et le jeune homme peu certain de lui-même deviendra un homme qui se possède. Bon nombre d'ouvrages, sans être ce qu'ils devraient être, sont du moins les présages d'une belle époque poétique...

Il est vrai que la tendance au milieu de laquelle nous nous trouvons est plutôt de détruire que de construire, mais seulement quant à la poésie (249). Quant à la philosophie, elle est dans son second jour ; son premier jour brillait quand la Grèce, dans un espace de quelques olympiades, créa, comme à l'appel d'un magicien, avec les édifices de tous les systèmes de l'âme, une grande cité de Dieu. Son second jour est d'une ardeur consumante, et les grandes lumières des temps antérieurs commencent à s'éteindre, à ne plus brûler que péniblement. Il faut faire abstraction de la matière, et on avouera que la dépense de sagacité et de profondeur exigée du lecteur même par le simple écolier de la philosophie, sert du moins à nous exercer et à nous fortifier par une gymnastique de l'esprit...

Il faudrait être affecté de l'aveuglement du grand âge (qui est pis que celui de la jeunesse, parce que le temps le guérit rarement et le fortifie plutôt) pour croire que cette liberté suprême et cette réflexion des temps modernes vont se suicider ou s'enchaîner à ceux qu'elles ont vaincus. Tout le monde a le droit d'examiner ; ceux même qui sont jeunes peuvent examiner ceux qui sont vieux ; et si l'on voulait ne permettre à la jeunesse que l'approbation de la vieillesse et lui défendre de la contredire, on oublierait que l'approbation d'une grande pensée exige un jugement aussi hardi et un examen aussi attentif que la désapprobation...

Quoique l'auteur de ce livre, qui a publié en 1785 son choix des *Papiers du diable* et cinq ou six ans après sa *Loge invisible*, ait pu avoir certaines pensées avant ceux qui le répètent ou le contredisent, il serait difficile de dire quel est le fondateur de notre genre purement poétique ; car chaque fondateur s'appuie lui-même sur un autre ; on ne peut même désigner comme tel Gœthe, qui a ressenti l'influence de Klopstock, de Herder, de Winckelmann, de Shakespeare ; et ceux-ci de leur côté ont subi une influence ; et ainsi de suite en remontant...

Cette école a plusieurs taches, et notre intention est de contribuer à les effacer en en donnant la description...

Le premier défaut de cette école est une certaine tendance à la folie.

Il serait difficile de déterminer tout le tort que cause aux ouvrages, à l'auteur et à l'homme, une démence complète ; car tout imbécile se met en secret au-dessus du fou ; et dans une maison d'aliénés, le plus grand fou, placé au milieu d'autres fous, ne se fait pas plus honorer que celui qui l'est le moins...

Si nous recherchons les causes de cette démence

poétique, nous trouvons en premier lieu que tant de sources différentes de science et d'art se précipitent depuis quelques dizaines d'années sur les têtes, que celles-ci en sont plus facilement noyées qu'autrefois. L'idéalisme destructeur de la philosophie change en un rêve supérieur, inaltérable, volontaire, les veilles et les rêves involontaires des siècles passés...

En second lieu la folie paraît provenir en grande partie de l'alliance de l'idéalisme poétique avec l'esprit du siècle. Il y eut autrefois un temps où le poëte avait encore foi à Dieu et au monde, et comme il les concevait immédiatement, il les possédait quand il les décrivait, tandis qu'aujourd'hui il les décrit pour les saisir. Dans ce temps-là un homme pouvait perdre tout son bien et plus encore ; il disait seulement : « C'est Dieu qui le veut, » se tournait vers le ciel, pleurait et se calmait. Mais que reste-t-il aux hommes d'aujourd'hui quand, après avoir perdu le ciel, il leur arrive de subir les pertes de la terre ? Ils n'ont plus rien qui les soutienne, et ils tombent dans la folie.

Ce manque de consolation se révèle déjà dans le désir général de lire quelque chose de plaisant plutôt que quelque chose de touchant ; car les œuvres de ce dernier genre choqueraient toujours ceux à qui leur destinée ou leur manque de foi a fait perdre les réalités. Le dernier asile du cœur chassé de son antre solide de la poitrine, c'est le diaphragme; il y a un rire du doute comme un rire du désespoir. Mais, en général, où rit-on plus que dans une maison de fous?

J'en viens à la folie du Parnasse. Nous savons que Sophocle, accusé de folie par ses enfants, ne présenta pas à ses juges d'autre plaidoyer que son Œdipe, et qu'il gagna son procès au moyen de son œuvre, tandis que la plupart des poëtes contemporains perdraient un procès pareil par le même moyen. Il y a dans la poésie tant de choses qui portent à la folie! Même au temps de Klopstock et de Gœthe, quand tant de flammes d'une ardeur extraordinaire savaient se renfermer dans les proportions d'un feu d'artifice; quand, pour quitter le style figuré, des forces si jeunes et si puissantes se manifestaient avec mesure, avec bon sens et sans phrases creuses; dans ce temps-là même, on aurait été étonné devant beaucoup de nos Bedlamistes (250) actuels. Mais aujourd'hui la folie est permise jusqu'à un certain point; un mysticisme condensé, qui a la prétention d'être la puissance suprême du romantisme, dissout le sol de l'humanité dans une agitation d'air et d'éther sans consistance, sans sol, sans caractère et sans forme, dans une vague résonnance de l'univers; les hauteurs romantiques s'enfoncent dans le sol terrestre, et tout se trouve mélangé comme dans un amalgame de couleurs différentes; c'est comme un vertige où des formes diverses se succèdent rapidement. Rien ne reste debout et rien ne vole ; car, dans ce dernier cas, il faudrait du moins quelque chose au-dessus de quoi on pût voler. Mais ce ne sont que des rêves qui rêvent des rêves ; et il n'en faut pas davantage pour une folie solide de quelque durée et de quelque importance.

Le second défaut de notre école est un certain amour du vide que professent même ses têtes les plus distinguées. On l'appelle vulgairement ignorance, mais cette dénomination est trop sévère, puisque ce défaut ne nuit aucunement aux forces poétiques. C'est surtout de l'étude de la langue allemande que ces auteurs cherchent à s'affranchir. De même que Pomponius Lætus s'abstenait d'apprendre le grec pour ne pas gâter son latin, ils n'apprennent pas l'allemand pour ne pas fausser leur propre langage. Aujourd'hui chacun écrit tellement à sa manière que rien n'est plus impossible : il est vrai que nous n'abandonnons pas, comme quelques auteurs français, l'orthographe aux protes ; mais c'est parce que nous n'avons pas, pour l'orthographe, les règles fixes du français. Toute orthographe nous est bonne, comme tout sentier est bon aux promeneurs. Mais on se gêne d'autant moins pour abandonner au lecteur le soin des matières et pour exiger de lui qu'il devienne le cerveau de notre tête. Quelques-uns semblent du reste imiter la prudence de Socrate qui ne se fit pas initier aux mystères d'Éleusis, craignant d'y entendre ses propres pensées, afin qu'on ne pût l'accuser ensuite d'avoir fait à ces mystères des emprunts indiscrets : de même, nos auteurs lisent et étudient peu, parce qu'ils craignent de rencontrer dans les livres d'autrui les meilleures des choses qu'ils vont inventer...

Comme les livres ne sont au fond que de longues lettres à l'adresse du public, nos auteurs s'efforcent d'atteindre cette gracieuse négligence qu'on estime et qu'on goûte si bien dans les correspondances ordinaires, et quelques-uns sont arrivés à leur but par l'absence d'art dans les périodes, par la dureté et le manque d'harmonie, et en général par ce langage que Cicéron recommande avec tant d'éloquence pour le style épistolaire *.

Il résulte encore de cette ignorance un autre fait remarquable, c'est qu'une tête distinguée qui se présente aujourd'hui, ne va plus en s'élevant, mais qu'elle va plutôt en descendant de sa première hauteur, tandis

---

* Cicéron, *in Orat.*, 23. — *Primum igitur eum (stilum epistolarem) e vinculis numerorum eximamus. Verba enim verbis coagmentare negligat. Habet enim ille tanquam hiatus concursu vocalium molle quiddam et quod indicet non ingratam negligentiam de re hominis magis quam de verbis laborantis.*

que nos grands auteurs d'autrefois ne sont devenus des soleils qu'après avoir été des planètes ; par exemple Wieland, Lessing, Gœthe, Schiller, Kant, Fichte, Schelling ; il faut seulement excepter, parmi les poètes, Klopstock, et, parmi les philosophes, Leibnitz et peut-être Jacobi. D'où vient cette différence ? C'est qu'ils forment pour la plupart le trop-plein d'une époque féconde, qui ne produit son effet que par le grand nombre, de même qu'en disposant d'une manière convenable plusieurs miroirs plans, on produit un foyer ardent de miroir concave ; le temps peut élever les têtes comme il peut les supprimer. Une autre raison est la suffisance propre à notre siècle et à la jeunesse actuelle, qui élève chaque débutant au-dessus de tous les grands hommes, et le rend plus grand qu'eux: Il faut enfin reconnaître que ces auteurs ne commencent pas médiocrement, mais qu'ils excellent tout d'abord, et que par conséquent il n'y a rien d'étonnant à ce que nous les voyions, au lieu d'avancer, rester stationnaires, reculer ou s'effacer peu à peu.

Le troisième défaut de nos auteurs purement poétiques, c'est leur esprit de coterie, qui ne reconnaît point d'autres poètes philosophes et savants que ceux qui appartiennent à leur école, et qui, parmi tous les grands hommes morts, n'accorde droit de cité qu'au seul Shakespeare. Un vrai poète de cette école ne reconnaît qu'un seul vrai poëte, c'est-à-dire lui-même ; et, quand il lui arrive d'accorder à un poëte antérieur le mérite de l'emporter sur lui, il se réserve encore la possibilité de surpasser un jour cette excellence, de se mettre sur les épaules de l'autre, et de paraître d'autant plus grand. Le goût est un des plus grands trompeurs que je connaisse : s'il peut y avoir une conscience mauvaise sans manque de conscience, il peut y avoir beaucoup plus facilement encore un goût erroné sans absence de goût ; car le goût, présupposant le général, c'est-à-dire l'âme d'un artiste, peut, malgré tous les obstacles qu'il peut rencontrer, y introduire et y voir facilement et largement le particulier. La meilleure preuve en est fournie par les auteurs eux-mêmes : à force de se voir continuellement et de très-près, chacun d'eux finit par considérer son individualité comme la forme de l'humanité, de sorte qu'un auteur peut juger avec beaucoup de goût les ouvrages d'autrui, sans en montrer dans les siens.

Leur quatrième défaut est de trop se ressembler les uns aux autres, presque autant que les visages des Kalmoucks (d'après Archenholz). Ils offrent surtout pour traits communs un éloge extraordinaire de l'amour sensuel, de la force insolente, de la poésie, de Goethe, de Shakespeare, de Calderon, des Grecs en général, des femmes ; celui de Fichte ou de Schelling (cela dépend de l'âge de l'auteur) ; ensuite un blâme extraordinaire de la charité, de la sensibilité, des affaires, de Kotzebue, d'Euripide ioué par Socrate et par Longin, de Bouterwek et même de la morale. Il résulte de cette communauté d'idées que leurs ouvrages sont toujours les mêmes et, quand ils sont mis en vente, il n'y a pas d'autres moyens de les distinguer que les noms des éditeurs et les dates de leur publication.

D'autres qualités vicieuses de ces auteurs sont encore leur grossièreté (251) pleine d'arrogance à l'égard des autres, leur orgueil, et leur misanthropie. Quant à cette dernière, on oublie trop qu'elle ne nuit pas seulement au cœur en général, mais aussi à la poésie elle-même. Le poëte fait à ses œuvres un tort incalculable en ne sentant pas fortement. Comment celui qui n'a pas pour son véritable enfant des entrailles de père, pourra-t-il peindre cette affection paternelle qu'il n'a pas ressentie pour cette petite créature emmaillotée? Un auteur qui évite et néglige les sensations véritables, ne considère pas assez qu'il les décrira avec d'autant moins de succès ; car la tendance et la forme poétiques, quand elles sont seules et n'empruntent point leur matière à la sensibilité, sont comme la flamme d'une lampe sans mèche. Ce manque d'amour se révèle chez un grand nombre d'auteurs par l'habitude qu'ils ont de composer des poésies et des œuvres d'art (et cela leur est d'un grand secours) sur des personnages qui se trouvent déjà dans une œuvre d'art : par exemple sur une mère, mais peinte par Raphaël ; sur telle actrice, mais dans tel rôle.

Cette absence et ce dédain de la matière font ressembler de plus en plus la poésie actuelle à la musique, qui s'écoule sans avoir de sens ; l'aile poétique ne fait que produire du vent, au lieu d'être portée par le vent, et la poésie finit par négliger les figures et la langue elle-même pour s'attacher davantage aux assonances et aux rimes. C'est le sonnet qui se prête le plus à cet abus ; et je proclamerai la plus heureuse année de ma vie celle pendant les douze mois de laquelle je n'entendrai ni ne verrai aucun sonnet. Le mysticisme est le saint des saints du romantisme, le nadir invisible de son zénith visible. Or, le manque actuel de cœur et de matière ne pouvant produire le romantisme, il se réfugie dans le mysticisme dont la nuit lui convient encore mieux que son propre crépuscule.

Il nous reste à parler du dernier défaut, dont nous avons déjà fait mention : c'est la prédilection de nos auteurs pour l'amour sensuel, prédilection qui va parfois jusqu'au cynisme. La plus forte objection qu'on puisse faire contre leurs peintures exagérées et trop détaillées de cet amour, est plutôt une objection poétique qu'une objection morale : c'est que ces peintures éveillent deux sentiments incompatibles avec une jouissance artistique pure et libre, parce qu'ils passent du tableau dans le spectateur pour transformer sa contemplation en peine : je veux parler du dégoût et de l'amour sensuel. Il est vrai qu'on exige du spectateur qu'il n'éprouve pas ce dernier effet ; mais on ne lui accorde en ce cas qu'une mince poignée de cheveux argentés et l'âge paisible de quatre-vingts ans.

Pourquoi une description qui dérange les âmes poétiques, blesse-t-elle les âmes tendres et n'est-elle goûtée que des âmes viles ? Quel artiste voudrait s'abaisser au rôle d'entremetteur de ces dernières et devenir le spectateur de leur outrageante sympathie ? Mais je crains bien que toutes ces peintures effrontées et tous leurs amateurs, qui voudraient interdire à l'art de nous plaire par des moyens moraux plutôt que par des moyens immoraux, n'aient dans ces derniers temps pour principe moins une intention vicieuse qu'un manque d'art ; on profite d'un côté de la facilité qu'on rencontre d'offrir des rapports nouveaux et rares jusqu'à présent, parce qu'ils avaient toujours été voilés, et de l'autre côté de la facilité avec laquelle nous nous laissons séduire par ces moyens aux dépens de l'art. Les plus grands poëtes ont été toujours les plus chastes ; je ne nommerai parmi les nôtres que Klopstock et Herder,

Schiller et Gœthe. Quelle est la nation qui a produit
de tout temps les poésies les plus effrontées? C'est
précisément celle qui ne réussit guère dans aucun
autre genre, la nation française : témoin Voltaire, plus
poëte dans la *Pucelle* que dans la *Henriade*. Rome,
moins poétique et plus effrontée qu'Athènes, engendra
ce qu'il y a de pis sur le fond du sombre abîme où
la poésie, les mœurs et l'empire romain lui-même
avaient fini par tomber.

Une chose tout à fait différente et qu'on peut se
permettre davantage, c'est le cynisme de l'esprit et de
l'humour. Dans la poésie sérieuse, le cynisme produit
sur la plaine inclinée d'une longue série de formes,
un cours d'eau qui finit par devenir un torrent ; et
jamais cette série de formes voluptueuses ne se rencontre
chez les Grecs. L'esprit et l'humour au contraire
dissolvent la forme en un moyen, et elle échappe
à l'imagination grâce à cette dissolution en de simples
rapports. C'est pourquoi chez les anciens et chez les
Anglais relativement plus chastes, le cynisme comique
est plus grand, et la mélodie des formes voluptueuses
est plus faible. C'est le contraire qui arrive
dans les nations corrompues : un Aristophane, un
Rabelais, un Swift sont aussi chastes qu'un compendium
d'anatomie. Une chose toute différente, mais
pire, c'est ce poëme persifleur des Français, des gens

du monde et quelquefois de Wieland, qui plane sur la limite du sérieux et du rire : il ne rit des âmes que pour les anéantir, tandis qu'il produit des corps par une description sérieuse. Chez Homère et même chez Gœthe (dans son poëme hyperdithyrambique de la *Fiancée de Corinthe*), c'est le sérieux d'une beauté et d'un sentiment sublimes qui voile pour ainsi dire par sa propre splendeur la forme voluptueuse, de sorte que la pesanteur de la matière est transfigurée par la force de la beauté ; dans le genre français, au contraire, nous voyons un centaure renversé, où l'homme se trouve vaincu et l'animal libre (252); tout ce qui est noble est traité en riant, c'est-à-dire anéanti; tout ce qui est sensuel paraît sérieusement et avec ardeur; et l'homme y devient le singe de l'orang-outang ; de sorte que le genre entier reste équivoque pour la poésie autant que pour la morale.

Or jusqu'à présent aucun poëte n'a répudié l'espace et le temps, c'est-à-dire son siècle et sa patrie, par la raison qu'ils le contiennent. Cela explique pourquoi les poëtes grecs, malgré toute leur liberté divine, ont respecté dans leurs poésies les mœurs de leur nation; ils n'ont pas travaillé contre elles, parce qu'ils ne travaillaient que par elles. Comme ils auraient trouvé barbare l'idée de séduire par des mœurs barbares et étrangères au lieu de s'en servir comme repoussoir !

barbare, le fait de fouler aux pieds, avec la grossièreté de l'animal, le respect et le saint amour dus à la patrie! Cette nation d'une sensibilité si délicate aurait, en qualité de juge moral et sans critique artistique, condamné le Grec qui aurait eu cette audace, surtout sur la scène, tandis que l'Allemand en fait aujourd'hui l'essai, témoin Schiller et Schlegel (253). Car chaque nation honore ses mœurs comme le sang de son cœur moral, et il n'y a que nous autres Allemands qui pensions à étendre à un cosmopolitisme de mœurs le cosmopolitisme de notre goût; et cependant cette tendance présente une contradiction, car les mœurs se limitent elles-mêmes. Il est vrai que la poésie peut être libre là où les mœurs l'ont été avant elle, et la muse tragique peut danser nue devant des spectateurs sans vêtements. Mais convient-il à une vierge d'enlever le voile qui couvre une femme mariée? Du moment où l'on n'admet pas la nudité absolue, on doit respecter et non chercher à raccourcir le plus long voile des mœurs. Si la pudeur est quelque chose de sacré qui n'appartient qu'aux hommes, elle doit être respectée et ménagée, quel que soit le costume qu'elle revêtira dans le temps.

Mais c'est sur la scène plus que dans un poëme, un tableau ou un ouvrage sculpté, qu'elle peut être blessée, en présence d'un peuple vivant dont un cinquième se compose de vierges et de jeunes garçons ; elle l'est par la parole et l'action vivantes, et enfin par l'homme vivant qui analyse devant eux sur sa propre personne une foule de secrets érotiques.

Ménageons du moins l'actrice, sinon le père ou le mari. Le poëte n'est-il pas cruel quand il lui impose une publicité qui ferait honte à la prostituée? Plagiaire des Romains qui, sur la scène, faisaient réellement torturer leurs esclaves et les obligeaient à commettre de véritables adultères, il l'est encore à l'égard de l'homme même ; car il doit respecter la limite où le corps de l'acteur quitte l'apparence pour entrer dans la réalité : et de même qu'il ne peut exiger réellement de l'acteur un abus nuisible de la boisson, il ne peut non plus demander à l'actrice un sacrifice qui ne puisse être exigé de la vierge la plus pure parmi les spectateurs. S'il exige davantage, il cesse d'être artiste pour devenir un tyran que je déteste, parce qu'il se sert de l'amour de l'art pour cacher sa haine de l'humanité.

Pour sauver les nudités de leur poésie, les poëtes aiment à les confondre avec celles de la sculpture et de la peinture grecques. Mais quelle différence entre elles ! D'abord celle de la plastique n'en est pas une ; une statue doit être nue ; un vêtement de pierre ne montre qu'un vêtement et non le corps qu'il couvre.

La précision plastique de la réalité est pour l'imagination le grillage en fer d'une prison et même une muraille ; devant elle cette faculté devient une créature au lieu d'être créatrice. Tout ce qui est réel est, comme tel, c'est-à-dire en dehors de l'imagination, saint, et peut se passer, comme l'innocence des enfants, du rouge de la pudeur ; de sorte que la statue, semblable aux vierges de Sparte, n'a besoin pour tout voile que de la pureté de ses convictions et de ses mœurs. En fait, les voluptueux ont tous dans leurs cabinets d'autres œuvres d'art nues plutôt que des œuvres en pierre.

Bref, dans la sculpture c'est la réalité qui crée l'imagination, tandis que dans la poésie c'est le contraire qui arrive. De plus la sculpture, qui ne présente que des individualités (car a-t-on jamais vu une scène historique taillée dans la pierre?), ne nous offre que les rapports les plus généraux de l'humanité, et ces rapports excluent, de même que l'enfant, tout abaissement des mœurs.

Mais la peinture, ce genre moyen et cette médiatrice entre la poésie et l'art plastique, ne porte déjà plus ces vêtements qui usurpent la place du corps et se substituent à lui au lieu de le faire deviner. Elle ouvre au contraire, avec ou sans vêtements, un champ libre à l'imagination ; et chaque libertin de Paris recherche précisément une galerie de tableaux avec des jupons, et possède en même temps sous main toute une bibliothèque sans jupons.

J'appuie sur le bonheur de l'humanité, ou au moins du siècle, mon dernier argument pour que l'on garde de la mesure dans la nudité érotique, et on croira facilement que je ne veux pas le proposer comme le plus fort. Le poëte n'est nullement blâmable pour avoir, dans une certaine mesure, égard au bonheur de l'humanité. S'il est vrai que les plantes parasites des six sens tiennent l'Europe enlacée pour en sucer la moelle, et que la cime de l'arbre desséchée doive bientôt disparaître sous le lierre sexuel, la poésie devrait, puisqu'elle est libre, enlever à ce siècle servile sa tendance érotique, au lieu de la lui donner. Autrefois, quand il y avait encore de la religion et de grands buts, de la force physique et morale, et que par conséquent l'imagination érotique était faible, à cette époque où un Boccace était en correspondance avec Pétrarque, et occupait une chaire spéciale pour expliquer et commenter le Dante, une flamme poétique d'amour ne pouvait guère avoir rien de nuisible ; mais à présent il en est tout autrement. Si l'on fait exception des capitales où le théâtre ne peut guère nuire aux mœurs, parce que l'art y a affaire moins à des caractères moraux qu'à des esprits cultivés, qu'il peut amuser mais non défigurer, il vaudrait autant tirer un feu d'artifice dans une fabrique de poudre que d'écrire certaines choses. Aussi la colère exprimée récemment par quelques-uns de nos auteurs purement poétiques, qui trouvent qu'on conserve à notre langage une dignité excessive, est-elle presque aussi immorale qu'absurde.

§ 92. — *De la poésie poétique.*

DIALOGUE.

— Je ne puis, pour désigner le point le plus élevé de la poésie, ce sommet du Parnasse où tous les partis doivent se rencontrer, quel que soit le côté, le Nord ou le Midi par lequel ils aient fait l'ascension de la montagne, je ne puis, dis-je, me servir des termes larges et conventionnels de la métaphysique. Il y a en nous quelque chose d'irrésistible qui nous présente comme dernier but un sérieux éternel, la jouissance d'une réunion incompréhensible avec une réalité inconnue. Le jeu de la poésie ne peut être, pour elle comme pour nous, qu'un moyen et jamais une fin.

— La liberté n'est-elle pas une fin des plus dignes ?

— La liberté relative à quelque chose n'est une liberté réelle que lorsqu'elle s'exerce sur quelque chose et pour quelque chose; sans cela la non-existence serait la plus grande liberté. Tout jeu est une imitation du sérieux; un rêve ne suppose pas seulement une veille passée, mais aussi une veille future. La cause et le but d'un jeu ne sont pas un jeu; on joue pour quelque chose de sérieux et non pour jouer. Le jeu n'est que ce doux crépuscule qui conduit d'un sérieux vaincu à un sérieux supérieur.

— Mais ce sérieux supérieur est anéanti lui-même par un jeu supérieur.

— Que le jeu alterne avec le sérieux, je le veux bien; mais c'est le sérieux suprême et éternel qui paraît en définitive. On ne peut s'élever au-dessus de l'élévation elle-même. Quoique le poëte puisse, par exemple, rire de tout ce qui est fini, ce serait un nonsens que de railler l'infini et l'existence universelle; car on finirait par trouver la mesure qui nous fait trouver tout petit trop petite elle-même. Rire de l'éternité ne serait pas moins absurde que jouer éternellement le jeu*. Des dieux peuvent jouer; mais Dieu est sérieux.

---

* L'instinct du jeu, emprunté par Schiller à Kant, se résout à son tour dans un instinct supérieur de forme et de matière, et la dernière synthèse fera toujours défaut.

— Je ne comprends rien à un sérieux devant une liberté infinie.

— Mais je ne comprends pas non plus le sérieux devant une nécessité infinie. Je ne comprends pas davantage l'alliance de cette liberté et de cette nécessité, pas plus que je ne comprends Dieu et l'existence ; cependant une liberté et une nécessité éternelles nous sont données comme indestructibles et à la fois. Nous nous pressons éternellement vers quelque chose de réel, tout à la fois principe et fin, que nous ne créons pas, mais que nous trouvons et dont nous jouissons ; qui vient, non de nous, mais vers nous. Nous frissonnons à la pensée de la solitude du moi, quand par exemple nous nous représentons l'esprit infini de l'univers. Nous ne sommes faits ni pour avoir tout fait ni pour être assis sur le sommet dominant et éthéré de l'univers ; notre place n'est que sur les gradins qui s'élèvent au-dessous de Dieu et à côté des dieux.

Si le réel est hors de nous, nous en sommes séparés pour toujours ; s'il est en nous, c'est nous-mêmes. Il en est de même de la vérité ; elle doit être, même d'après le sceptique, car il existe quelque chose, l'existence du moins ; par conséquent, la connaissance a encore un but plus élevé que la connaissance de la connaissance ; mais ce but est en dehors d'elle. Il en est de même de la beauté morale : la loi n'est que l'idéalisme moral ; mais le réalisme moral, où est-il ? Où est donc la matière infinie pour cette forme infinie ? Enfin il en est encore de même de l'objet le plus élevé de l'amour ; en nous-mêmes, il n'est qu'un rien pour nous ; hors de nous, nous le désirons toujours vainement, car l'amour ne veut ni la dualité ni l'unité, mais l'alliance.

— Nous avons enfin trouvé quelque chose qui supprime le nadir et le zénith, c'est-à-dire le centre de gravité. La synthèse de toutes les antithèses, de ce qui est en nous et de ce qui est hors de nous, de la matière et de la forme, du réel et de l'idéal, en un mot, de toutes les différences, c'est l'indifférence.

— Il faut prendre le parti d'interpréter le mutisme de la philosophie comme sa doctrine la plus subtile, le silence comme pianissimo, bref, l'aveu le plus énergique de l'impuissance comme une solution. Voilà le seul moyen, non de trancher le nœud, mais de le brûler.

— Heureusement cette indifférence a déjà été établie sans le secours des philosophes, car l'*Éternel est*. Les objections de l'entendement contre Schelling tombent sur la divinité, non sur le système ; elles attaquent la compréhensibilité de la première, et non celle du système.

— Je partage cette opinion, non à l'égard du philosophe*, mais à l'égard du fait même de philosopher. Je ne crois pas seulement dans l'éternel, mais dans l'*Éternel*. Mais ce que nous cherchons éternellement, ce n'est pas la formule du rapport entre la réalité et notre pensée, mais leur conciliation ; nous cherchons moins l'explication que le perfectionnement de notre être.

—Comment connaissons-nous ce quelque chose autrement que par nous et en nous?

—Il est vrai que nous rencontrons encore ici le vieux cercle platonicien entre l'instinct et l'objet. Mais, ici, on ne peut pas donner des explications hardies, il faut montrer hardiment les choses. La même raison qui empêche la pensée de prouver le réalisme, empêche également ce dernier d'être prouvé par ou dans elle. Adressez-vous au réalisme de nos sentiments. Quel est celui pour qui, devant la présence corporelle d'un grand homme, d'une âme divine, du cœur le plus aimé, l'idéalisme ne serait rien? En quoi la présence purement spirituelle d'un homme diffère-t-elle, pour l'entendement, de son absence? En rien! Une statue de cire

---

* Que Schelling se voue de plus en plus à la philosophie de la nature ; qu'il devienne pour elle, grâce à sa rare alliance d'imagination, de profondeur et d'esprit, ce second Bacon, ordonnateur de l'univers, qui manque encore à l'immense univers atomistique de l'empirisme.

pourrait me présenter la figure d'un homme; un automate, ses mouvements et sa voix; un imprimé ou une lettre, ses paroles; mais tout cela tiendrait-il lieu de sa présence?

— Assurément non! L'explication que la présence d'un objet n'est que la conscience de ma propre présence devant lui, ne servirait qu'à reculer la réponse, car, s'il en était autrement, je pourrais, moi aussi, me faire représenter pour le représentant.

— Et cependant le cœur connaît le ciel de la présence et la douleur qu'on ressent devant un tombeau. Il reste partout une prépondérance du réel. Il y a dans le premier amour, quelquefois dans la musique, dans les grandes résolutions, dans les transports, des éclairs dont la trace fugitive ouvre le ciel entier que nous cherchons. Mais qu'est-ce qui produit ce même effet, seulement avec plus de douceur, de fermeté, de pureté, de durée? Qu'est-ce qui peut, si cette image n'est pas trop hardie, devenir la belle figure de l'esprit universel, type de la beauté, de même qu'une belle figure peut présenter une belle âme? Je pense que c'est la poésie.

C'est elle qui nous donne ce qui manque éternellement de plus sublime à toute notre réalité, même à la plus belle réalité de notre cœur; c'est elle qui peint le spectacle de l'avenir sur le rideau de l'éternité; elle n'est pas un plat miroir du présent, mais le miroir magique du temps qui n'est pas encore. Ce quelque chose de sacré dont l'absence partage et sépare notre pensée et notre connaissance, elle le fait, par sa puissance magique, descendre du ciel et le rapproche de nous. Et de même que la morale est le bras qui fend les nuages pour donner et pour montrer, la poésie est l'œil brillant et doux qui nous regarde à travers ce nuage.

Elle peut jouer, mais seulement avec ce qui est terrestre, et non avec ce qui est céleste. Elle ne doit ni anéantir, ni reproduire, mais déchiffrer la réalité qui doit avoir un sens divin. Un bien céleste ne devient pour nous clair et rafraîchissant que par son alliance avec le réel, de même que la pluie du ciel ne le devient qu'en touchant la terre. Cependant ce n'est pas la vallée, mais la montagne qui doit nous amener l'un et l'autre; mais il faut, pour le poëte comme pour les anges,* que la connaissance des choses divines vienne la première et le matin, et que celle des choses créées vienne la dernière ou le soir, car un monde peut bien sortir d'un dieu, mais un dieu ne peut sortir d'un monde.

---

* D'après saint Augustin et les scolastiques, les anges ont deux connaissances : la *matutina cognitio*, ou celle de la divinité, et la *vespertina*, ou celle des choses créées. — *Gerhard*, *loc. theolog.*, t. II, p. 24.

C'est pourquoi la poésie n'a peut-être jamais eu tant d'importance que dans ces temps où elle paraît en avoir le moins, c'est-à-dire aujourd'hui. Quand nous pensons à l'avenir de notre histoire, nous ne pouvons trouver, devant cet agrandissement continuel des villes et des trônes qui ne laisse plus entrevoir du ciel qu'une raie bleue, devant cet enfoncement constant des nations dans le terrain mou de la sensualité, devant ces sombres progrès de la soif égoïste de l'or, devant ces mille signes d'une époque où la religion, la société civile et les mœurs se flétrissent, nous ne pouvons trouver l'espérance d'une élévation nouvelle que dans le secours de deux bras, qui ne sont pas le bras mondain et le bras spirituel, mais qui sont deux autres semblables, celui de la science et celui de la poésie. Ce dernier est le plus fort des deux. Ce que dans les temps mauvais personne n'ose dire, la poésie peut le chanter. Elle couronne sur un trône suprême des sentiments grands ou timides qui se voilent devant le monde; tandis que ceux-ci se cachent comme les étoiles durant le jour, elle ressemble à l'astre des sages qui, d'après les anciens, luit en plein jour; tandis que les gens du monde et d'affaires sont tous les jours obligés d'accepter de plus en plus la senteur terreuse de l'époque où ils vivent, le génie s'arrache au sol pour s'élever, sur des ailes intactes, jusque dans les cieux, semblable au papillon de nuit qui se dépouille de sa coque sous la terre. Le jour où il n'y aura plus de religion et où chaque temple de la Divinité sera vide et en ruines (puisse le fils d'un bon père ne jamais voir ce temps!), le service divin sera encore célébré dans le temple des muses (254). C'est là, en effet, ce qui fait la grandeur de la poésie; tandis que la philosophie et la science s'usent et se perdent avec le temps, l'œuvre poétique même la plus ancienne reste toujours jeune comme son Apollon; cela tient à ce que le dernier cœur ressemble au premier, mais qu'il n'en est pas de même pour les têtes. C'est pourquoi il n'y a pour le rôle immense du poëte qu'une seule loi, celle-ci : « Ne faites pas tache dans l'éternité par une époque quelconque; n'offrez pas l'éternité de l'enfer à la place de celle du ciel! » Il est permis à la poésie de se séparer du présent en ne cherchant ni à plaire ni à déplaire, et de nous montrer, par des pressentiments, des ruines, des soupirs, des éclairs, un autre monde dans celui-ci. C'est ainsi qu'autrefois la mer du Nord poussait sur les rivages de l'ancien continent des semences étrangères, des noix de coco, etc., comme pour annoncer l'existence d'un monde nouveau. Il s'ensuit que la poésie doit avec d'autant plus de liberté entrer en lutte avec le caractère, aussi ennemi de lui-même qu'égoïste, d'une époque, qui, ayant horreur de la mort parce qu'elle manque d'un ciel, ne voudrait donner à la muse sublime, au banquet fugitif de la vie, que le rôle avilissant d'une danseuse ou d'une joueuse de flûte. Si la muse vient à grandir en se haussant sur des tombeaux et non sur le cothurne, si, au lieu de rester un ange du ciel, elle devient un ange de mort sur la terre, le banquet et la sérénité grecque de la poésie sont, disent-ils, tout à fait troublés. Mais puisque la vraie poésie ne vous enlève votre monde que pour vous en offrir un meilleur, la seule âme qui doive souffrir, c'est l'âme vulgaire, qui vit d'aumônes au jour le jour sans avoir le trésor d'un intérieur; elle ressemble à ces anciennes villes qui, au printemps, portaient la mort, c'est-à-dire son image, hors de leur enceinte, mais toutefois sans y faire entrer la vie. La mort dans la poésie n'est-elle pas une mort pour jouer? Et quand elle change la vie en séve (la vie savante et littéraire peut elle-même être envisagée de cette façon), ne tient-elle pas en réserve la nuit étoilée où le rêve se réveille?

§ 93. — *La simplicité ou le classicisme.*

Il n'y a pas de notions dont l'emploi soit plus ar. traire que celles de la simplicité et du classique. Puisque le mot classique désigne partout ce qu'il y a de mieux dans chaque genre, ou encore toute étoile, quelque basse qu'elle soit, qui passe dans notre méridien devant ou derrière nous, et par conséquent ce qu'il y a de plus élevé dans chaque matière (de même qu'il y a des livres classiques sur l'économie des forêts, sur les abeilles, et des dictionnaires classiques), le point le plus élevé de ces hauteurs, l'astre qui, pour ainsi dire, passe à la fois par le méridien et par le zénith, sera celui où la matière et la forme se confondent dans le tout le plus sublime ; et ceci n'arrive qu'avec le génie poétique. Aucune philosophie n'est appelée classique parce que la route vers la vérité, vers la matière, est infinie. Un critique d'un esprit d'ailleurs assez étendu a fait imprimer une opinion contraire : « Ce qui rend une œuvre classique, ce n'est pas le degré de sa valeur esthétique, mais bien le degré le plus élevé de la culture esthétique, savoir la perfection de la diction poétique, les images les plus naturelles, l'harmonie des pensées, sans préjudice de la force et de la chaleur. » A l'appui de son assertion, il cite Homère, Pindare, Sophocle, Plutarque, l'Arioste, Cervantès, Klopstock, Gœthe. Mais je demande ce que signifie une valeur esthétique dépourvue de toutes les qualités mentionnées, de culture esthétique, de diction poétique, d'images naturelles, de force, de chaleur et de mesure? La valeur esthétique, c'est-à-dire celle du génie, peut-elle, comme âme, se présenter sans ces marques esthétiques que nous venons d'énumérer, et qu'elle s'assimile pour s'en faire un corps? Je ne dis rien de ces charmes d'un naturel indéfini et pur au plus haut degré et de la perfection de la diction, qualités qui présupposent tout ce qui reste à poser. Le même auteur continue ainsi : « La notion du classique est une notion fixe ; une œuvre d'art est classique ou ne l'est pas, mais il n'y a pas du plus ou du moins. » On en peut dire autant du génie, et les qualités d'être classique et d'avoir du génie se confondent, puisque ni l'une ni l'autre n'est susceptible du plus ou du moins. Mais, d'après ce sens, la qualité de classique ressemblerait à ce coup de boston où l'on ne gagne que lorsqu'on ne perd pas une seule levée, et il n'y aurait pas un seul des classiques nommés par le critique qui fût classique ; c'est à peine si l'on peut en excepter Sophocle; car Longin (*them.* 33) et Aristophane (bien que cela ne se fasse que de loin dans les *Grenouilles*) trouvent à reprendre en lui. Quant aux petites éclipses de tous ces astres, nous en tenons en main les tables anciennes et modernes. Si les classiques ne s'élèvent au-dessus des écrivains vulgaires et cependant exempts de blâme que par la majorité de leurs parties brillantes, il reste à examiner si cette majorité se compose de parties qu'on appelle classiques à cause de la diction, ou bien de parties dues au génie. C'est dans ces dernières que la matière et la forme se pénètrent, comme nous l'avons dit, réciproquement et spontanément, que l'âme et le corps se confondent l'une avec l'autre; mais quant aux premières, elles ne donneraient qu'une perfection négative et purement grammaticale, de sorte que, pour parler avec Longin, Ion de Chio serait plus classique que Sophocle; l'*Histoire de l'humanité* d'Adelung, que celle de Herder, et Gœthe aurait à se découvrir devant la petite tête de Merkel. Bref, le classique ne peut consister dans le petit nombre des taches, il doit résulter du grand nombre de rayons. Le même critique prétend encore qu'une œuvre ne peut être classique, quand elle est susceptible d'une plus grande élévation, et ainsi aucune philosophie ne peut être classique parce que la route de la vérité, ou de la matière, est infinie; mais alors aucune langue encore vivante n'est classique, si ce n'est pour le présent, parce que ses fleurs tombent et sont remplacées par d'autres. Aucune des langues anciennes et mortes n'a été classique pendant son développement; c'est la mort seule qui a pu leur donner une transfiguration définitive.

Et pourquoi oublierions-nous qu'en thèse générale le titre de classique a, dans des temps de barbarie et par contraste avec une grossièreté ignorante, obtenu une signification beaucoup plus forte que celle qu'il peut recevoir désormais et aujourd'hui, dans un siècle de civilisation qui ne compare que des œuvres d'élite avec des œuvres encore plus remarquables? Y a-t-il de la témérité à penser qu'un Klopstock, un Herder, un Schiller, reculés jusque chez les Grecs, auraient paru classiques même à ces derniers? Les anciens connaissaient bien des poëtes inspirés, mais non des poëtes modèles; c'est pourquoi le mot goût, qui ailleurs est roi dans le classicisme, n'existait même pas dans leur langue; et c'était seulement dans les arts plastiques, invariables pour tous les yeux, qu'ils reconnaissaient un canon de Polyclète * (255). La plus grande élévation de la forme ou de la présentation, en tant que classique, peut encore être mal comprise de deux manières : on confond la forme soit avec la correction grammaticale, soit avec l'éloquence du style. La foule vulgaire des auteurs et des lecteurs, insensible à la perfection et à la forme poétiques, voudrait,

* Je viens de trouver la confirmation de ce que j'ai avancé sur la beauté des arts plastiques (premier et cinquième chapitres), dans ce fait que Blumenbach a trouvé les proportions d'un homme de l'île de Beauté, Noukahiva, tout à fait pareilles à celles de l'Apollon du Belvédère. — *Langsdorf, Voyages autour du monde*, t. I.

en sautant des ouvrages écrits dans les langues mortes où chaque mot tranche et commande, aux œuvres écrites dans les langues vivantes, faire de la perfection grammaticale l'insigne du classicisme. Mais alors personne ne serait classique, pas même un seul génie, à l'exception de quelques maîtres de langues et d'école. A ce point de vue, la plupart des Français seraient classiques, excepté quelques hommes comme Rousseau et Montaigne, et chacun pourrait apprendre à devenir classique.

On peut dire qu'un génie n'est point par lui-même un modèle grammatical, quand il n'est pas en même temps philologue, comme Klopstock et Lessing ; et, à cet égard, ce n'est pas sa faculté créatrice, mais sa science linguistique qui fait autorité. Cependant un génie introduit définitivement, par lui-même et par ses imitateurs, des mots et des expressions, et, en somme, je ne vois pas pourquoi j'irais chercher une anomalie de langage dans les forêts primitives de la vieille Germanie, plutôt que dans le jardin anglais d'un auteur de génie.

La seconde confusion, celle de la forme poétique avec la perfection du style, éteint les soleils dans l'univers de la littérature, et n'y laisse subsister que des lunes. A ce compte Shakespeare ne serait pas classique, mais Addison le serait ; Xénophon, et non Platon, recevrait ce titre ; Herder serait au-dessous d'Engel ; Gœthe, au-dessous de Manso. Du moment où le classique est autre chose que la qualité du génie, c'est la faiblesse qui devient le support de la force ; car les choses vulgaires sont toujours celles qui sont les plus faciles à exprimer, d'autant plus qu'elles ont déjà été exprimées plusieurs fois*.

Longin, ce penseur aussi tranchant qu'élevé (dont le traité sur le sublime ne nous est, comme tant d'autres monuments, parvenu qu'en ruines), mérite-t-il une réponse sérieuse quand il demande si l'on aimerait mieux être un poëte exempt de fautes comme un Apollonius, un Théocrite, un Bacchylide, ou bien être un Homère ou un Pindare avec des fautes ; si l'on aimerait mieux être un parleur habile et brillant, irréprochable comme Hypéride, ou bien être un orateur impétueux comme Démosthène ?

Il n'y a pas moins d'erreurs à l'égard de ce qu'on appelle la simplicité. La vraie simplicité n'habite pas dans les parties, mais dans l'ensemble ; elle en est

---

* C'est peut-être pour la même raison que la sobriété n'est nulle part plus rigoureusement observée que dans les hôpitaux pour les pauvres, dans les déserts et sur les vaisseaux. La remarque de Rackenitz, que les jardins à la française ne sont pas déplacés dans des contrées stériles et maigres, est également applicable au goût français.

l'âme organique qui réunit dans une seule vie les parties discordantes. C'est dans ce sens que le grand Shakespeare qui asservit sa grande matière par son génie, que le sauvage et l'oriental si riches en figures, sont aussi simples que Sophocle. La simplicité purement apparente ne consiste que dans la ressemblance de parties mortes qu'aucun esprit ne vient organiser. Il est facile, au milieu du froid, de ne pas être trop chaud; et c'est ainsi que le soleil s'est montré sans taches précisément dans les hivers les plus rigoureux. Les gens de goût pensent avoir fait preuve d'une grande réflexion, quand les chevaux qu'ils attellent au char d'Apollon, souvent aux roues de devant et à celles de derrière en même temps, sont tous de la même couleur. Eh! mon Dieu! attelez-y ce que vous voudrez, chevaux, dragons, colombes; seulement attelez les au timon, et que ce soit le dieu des muses qui conduise! Mais donnez donc une unité organique à un volume d'épigrammes! Or la poésie française n'est qu'une épigramme prolongée. Pour un Français, le sens commun, la vraie logique, c'est un bon mot.

§ 94. — *De la critique.*

Le nombre des critiques qui existe aujourd'hui, relativement au nombre des artistes, montre bien qu'il y a plus de diamants de vitrier que de diamants de parure, plus de diamants tranchants que de diamants brillants.

— On a plus de confiance dans son goût que dans son génie : c'est ce dernier, et non le premier, qui a besoin de cautions et de doubles cautions; le goût, cette conscience esthétique, n'a besoin de personne, mais l'action esthétique a besoin de se voir approuvée. La puissance du goût est dans ses jugements; celle du génie, dans ses actes. Si un jugement critique captive si facilement le lecteur, c'est seulement parce qu'il offre peu de preuves et qu'il exige du lecteur qu'il se livre à lui tout entier.

— Ce qui encourage singulièrement la critique, c'est qu'elle n'a pas à craindre de contre-critique; car l'examen de celui qui examine conduirait jusqu'à l'infini.

— D'après Liskow, les revues ne devraient analyser les mauvais ouvrages que sous une forme ironique; ce qui du moins présenterait quelque chose au lecteur, tandis que sans cela il serait condamné à la répétition inévitable et fastidieuse d'un blâme banal et uniforme.

Mais il est des livres que je voudrais voir critiqués avec conscience et charité, et aussi tôt que possible : ce sont les ouvrages anonymes, et ceux des jeunes auteurs qui n'ont pas de nom encore. Les uns et les autres éprouvent tant de difficultés pour monter, sans secours, en chaire devant le public! Bien des vies, bien des âmes ont succombé dès leur premier ouvrage; la couche d'un jeune auteur est faite de boutons de roses, on devrait la rendre plus douce en effeuillant ces boutons.

Il arrive même souvent à des esprits vigoureux d'être paralysés par une misérable critique. Les plus grands auteurs ont pour le jugement du public plus d'estime et de respect qu'ils ne l'avouent. Un écrivassier populaire montrera au contraire à cet égard plus de courage que la tête la plus vaillante. Le génie, qui demande seulement à déposer et à retrouver dans un autre sanctuaire ce qu'il y a de plus saint dans son âme, se retire au moindre refus qu'on lui fait de le laisser entrer; doué ou dépourvu de foi, il ne cherche de retraite qu'en lui-même. Comme l'idéal qu'il porte dans son sein est pour lui le plus sévère des critiques, une critique flatteuse n'aurait guère pu le gâter.

Enfin je désirerais, pour les œuvres du génie, deux journaux tout à fait différents. Le premier aurait seulement à blâmer les défauts, à relever sans ménagement tout ce qui pècherait contre la couleur, le dessin ou l'encadrement. A côté de ce livre noir il devrait y avoir un livre d'or, animé par une âme sainte qui, dans l'œuvre d'art, cette image de Dieu, ne verrait, comme l'amant dans son amante, que la beauté ou le Dieu auquel l'ouvrage ressemble. Déjà le noble Winckelmann nous exhorte à chercher plutôt et ardemment des beautés que des taches. Mais c'est là précisément le plus difficile; car les hommes, quand ils cherchent la beauté, se séparent à de plus grandes distances et par de plus grandes différences que lorsqu'ils cherchent le laid. Ce livre d'or, tel que je le souhaite, offrirait, aussi bien qu'il est possible de le faire sans présentation poétique, non-seulement l'esprit de l'œuvre, mais aussi l'esprit de l'auteur. Ce dernier esprit ne peut être bien trouvé que dans l'ensemble de tous ses ouvrages, de même que Dieu ne peut être trouvé que dans l'histoire universelle : un savant, au contraire, se donne et se livre tout entier dans un seul ouvrage. Si on nous demande à quoi pourrait servir une pareille présentation d'une présentation (car une critique vraie et positive n'est encore que de la poésie nouvelle à l'occasion d'une œuvre d'art), je répondrai que la manière de voir d'autrui apporte à la nôtre une expression plus complète, et par conséquent plus de clarté.

— Plus l'homme est borné, plus il a foi dans les critiques, surtout lorsqu'il est loin des capitales et des académies.

Un jugement oral, quelque tranchant qu'il puisse être, vous provoque à lui opposer le vôtre; mais il est difficile d'entrer en lutte avec ce qui est imprimé. Cette toute-puissance de l'impression ne vient pas de l'absence de celui dont elle nous reproduit le jugement (sans cela les lettres et les manuscrits produiraient le même effet), mais elle tient en partie à ce que nous nous souvenons avec reconnaissance et avec respect d'avoir rencontré de tout temps dans les livres ce qu'il y a de plus sublime et de plus beau, et en partie aussi à ce raisonnement absurde que les jugements imprimés, s'adressant à tout le monde, parlent avec d'autant plus d'impartialité et méritent d'autant plus de confiance. Une des meilleures critiques littéraires serait celle qui paraîtrait toujours vingt-cinq ans après les œuvres. Une pareille critique laisserait se perdre les mauvaises productions déjà submergées dans le Léthé; elle porterait vers la terre, pour les y ranimer, des corps solides et fermes cachés sous des apparences de cadavre, et ceux qui vivraient sur le rivage auraient par ce laps de vingt-cinq ans obtenu assez d'âge pour que la critique ne puisse plus les gâter, comme les enfants sont gâtés soit par la trop grande douceur de leur mère, soit par la sévérité excessive de leur père.

Si c'est vingt-cinq ans après la publication d'un livre que les revues en donneraient le meilleur examen, elles-mêmes devraient quelquefois être examinées vingt-cinq ans après avoir paru. Le meilleur moyen de faire l'histoire d'une époque littéraire serait de rassembler seulement les jugements pointilleux et injustes portés publiquement pendant dix ans sur de grands écrivains.

— Il n'y a que deux espèces d'auteurs, les auteurs étrangers et ceux de l'antiquité, à qui la critique pardonne, même au point de leur en savoir gré, une voie nouvelle, libre et peut-être irrégulière; car elle demande alors si le domaine de la beauté peut être limité par quelques digues arbitraires. Si, au contraire, un auteur de son temps et de son pays veut sortir des vieilles ornières, elle ne le souffre pas, et lui compte, pour le précipiter dans l'enfer, ses vertus hétérodoxes comme autant de brillants péchés. Cependant un peu de blâme ne nuit pas à la hardiesse et à l'originalité naissantes, afin qu'elles ne se fortifient pas par l'éloge, au point de s'élancer ensuite au delà des limites de la beauté.

— Le seul homme qui ne se soucie pas des critiques, c'est le critique. Quand il compose des satires générales contre ses confrères, il sourit sournoisement, et ajoute que ces satires lui partent du fond du cœur, à lui qui, sur la critique, en sait plus long que personne.

— Le grand nombre des journaux divise les forces critiques qui, réunies en un seul faisceau, formeraient une puissance irrésistible. Mais cette centralisation, soit dans un journal, soit dans une capitale, nous ferait contracter l'habitude de croire et de répéter aveuglément, tandis que le grand nombre et les contradictions des critiques obligent le public à revêtir lui-même la dignité de critique universel. Dans une capitale littéraire comme Londres ou Paris, la valeur et la destinée d'un bon ou d'un mauvais auteur sont bientôt fixées par le public, et cela avec d'autant plus de force que l'auteur subit partout dans la société l'exécution des jugements critiques portés contre lui. Mais chez nous cet effet d'une capitale est remplacé, sinon par un journal principal, du moins par un bon nombre de journaux qui fouettent l'un après l'autre le pécheur qui passe par leurs verges.

— Du moment qu'une critique doit être quelque chose de mieux que la réponse qu'on fait à une maîtresse de maison, quand elle nous demande, en nous offrant une tasse de thé, si tel livre nous a plu, il faut qu'elle devienne elle-même une œuvre d'art. Il faut par conséquent : 1° que le critique ait parcouru rapidement le livre pour saisir la force de l'ensemble; 2° qu'il en ait fait un examen lent pour rapprocher de son œil les petites parties dont l'effet est purement passager; 3° qu'il ait rapproché l'ensemble et les détails pour en comprendre les charmes et y répandre la lumière; 4° qu'il ait établi entre son jugement sur l'esprit de l'ouvrage et son jugement sur l'esprit de l'auteur une séparation complète et impartiale; 5° qu'il ait ramené ses jugements critiques à des principes connus ou nouveaux, de telle manière qu'une critique devienne facilement une esthétique en miniature; — 6°, 7°, 8°, etc., il va sans dire que l'auteur doit avoir apporté dans son travail de l'amour pour la science, pour l'auteur, pour la langue, etc. (256). Avec tout cela il est certain que la critique ne doit pas ménager, mais châtier sévèrement tout talent et tout génie qui se respectent assez peu pour mendier au prix de leur abaissement et de leur humiliation le succès et les éloges de la foule. Mais, d'un autre côté, il faudrait traiter avec quelque douceur et avec charité toute médiocrité qui, ne pouvant offrir le talent dans sa totalité, en offrirait du moins une parcelle. En général, dans les tribunaux littéraires, l'indulgence devrait prévaloir sur la sévérité ; on devrait y suivre l'exemple des tribunaux de la Grèce qui, lorsqu'il y avait un nombre égal de boules noires et de boules blanches, ajoutaient au nom de Minerve une boule blanche supplémentaire. Mais, en pareil cas, certains critiques sombres font au contraire prévaloir les boules noires, en en tirant une nouvelle de leur propre sein. Mieux vaudrait indiquer à un auteur dont l'âme est pure, mais qui se trompe sur la nature même du blâme qu'on doit lui infliger, les routes qu'il devrait suivre. Car c'est l'auteur plutôt que ses lecteurs que le critique devrait en général chercher à éclairer, puisqu'il n'y a personne pour lire les critiques aussi fréquemment que le premier, personne pour les lire aussi rarement que les derniers.

Du reste, comme l'expérience peut seulement affirmer, mais non nier, on ne devrait se fonder, pour déterminer la mesure d'un poëte, que sur le beau dans sa perfection absolue; car le meilleur pourrait être pire; mais le pire ne peut être le meilleur. De même que la philosophie, d'après Jacobi, ne doit chercher que le positif, de même le critique ne doit chercher et indiquer que le beau. Et c'est là précisément ce qui rend ses jugements difficiles : car on peut prouver des fautes, on ne peut que montrer des beautés. Ce qui nous blesse fait saillie comme un angle, mais ce qui nous plaît se perd dans la rondeur de l'ensemble. — « Ne jetez pas de pierres dans la source où vous avez bu ! » dit un proverbe arabe. Y a-t-il des fontaines où l'on jette plus de mauvaises pierres de toute espèce, que dans la source de la vérité et dans la fontaine de Castalie? Tel critique sombre et obscur n'a jamais de sa vie procuré une minute agréable à ce poëte qui, de son côté, malgré les fautes qu'il a pu faire, l'a comblé d'heures célestes; et néanmoins cet animal trempe sa patte dans l'encre, et son ingratitude reproche au poëte, avec amertume et d'un ton hargneux, ces quelques lignes qui ne lui ont pas fait autant de plaisir que les autres. Est-ce, grand Dieu! que dans le monde savant on est devenu insensible à la reconnaissance? Ou bien un mérite que l'on a à l'égard de tous n'est-il susceptible d'être récompensé que par tout le monde! Puisque le sentiment du beau est chez vous si facile à enflammer, pourquoi le degré de sa colère à l'égard d'une offense est-il plus élevé que celui de sa reconnaissance pour un bienfait? Pourquoi exprimez-vous votre estime pour l'art en infligeant des blâmes plutôt qu'en distribuant des éloges? A l'exception du cas assez rare de mauvaise volonté, il n'y a que la nature qu'on puisse accuser de n'avoir pas tout donné au génie, et de lui avoir seulement donné trop.

— Que la critique ne se croie pas infaillible, puisque le génie lui-même ne l'est pas; mais qu'elle considère qu'un individu ne peut avoir à lui seul assez de goût pour juger toutes les beautés, de même qu'il ne peut posséder toutes les vérités! Qu'elle songe que des nations et des siècles ont méconnu et méconnaissent un Aristophane, un Shakespeare, un Caldéron, et que Corneille méconnut Racine! qu'elle songe que le grand philologue Schneider croit reconnaître dans les chants 18, 19, 20 et 21 de cette *Iliade* admirée par deux mille ans, l'œuvre d'un imitateur stupide, et qu'il attribue le 14e chant à une tête passable! qu'elle songe à toutes ces erreurs et à toutes ces incertitudes, et à tant d'autres dont on peut accuser les plus grands hommes dans les différents genres, et qu'après tout cela, elle pèche encore, si cela lui est possible, contre la modestie!

— J'adresse aux critiques un dernier conseil : qu'ils jugent une œuvre d'art sans la mettre en lambeaux! qu'ils ne se bornent ni à en faire seulement un extrait, ni à présenter des beautés ou des fautes isolées, ou en général quelque chose d'isolé! Ouvrez un drame au milieu, et lisez un passage détaché, il vous paraîtra bien faible ; mais gardez-en le souvenir, afin de pouvoir y revenir quand vous aurez lu tout ce qui précède, et alors comme c'est tout autre chose ! comme cela est plein de feu ! Citons pour exemple le simple *moi* de Médée. Cela est encore plus vrai du comique dont les détails, transportés de l'ensemble qui les adoucit, dans une critique sérieuse où elles font disparate, s'y montrent avec autant de convenance que si on introduisait Falstaff dans la *Messiade*.

FIN DE LA POÉTIQUE.

INDEX

DES AUTEURS CITÉS DANS LA POÉTIQUE.

(Les chiffres désignent les paragraphes.)

ABRAHAM A SANTA-CLARA, 1642-1709, célèbre prédicateur et écrivain catholique allemand, auteur aussi gai que religieux. Il se rapproche par sa verve et son originalité de son grand confrère Rabelais. Son style souvent macaronique offre une richesse inépuisable d'esprit et de bon sens. Schiller s'est inspiré de lui dans *Wallenstein* pour la scène de la capucinade. 29, 36.

ADDISON, son style, 93.

ADELUNG, 1734-1806, auteur de différents bons ouvrages sur la langue allemande, et notamment du *Woerterbuch der hochdeutschen Mundart*, Leipzig, 1774-86. — Pr. de la pr. éd., 11, 81. — Son style, 82, 85, 89.

ALFIERI, 12.

ARBUTHNOT (John), médecin anglais, humaniste distingué. Il a écrit en collaboration avec Swift et Pope la satire littéraire : *Martinus Scriblerus*. C'est à lui qu'on doit le fameux roman humoriste *John Bull*, dont le titre est devenu la dénomination proverbiale du peuple anglais. Son ironie, 37.

ARIOSTE, 22.

ARISTOTE, sa *Poétique*, préf. de la prem. et sec. éd.— Sa définition du beau, 1. Du risible, 26. De la durée de l'action dramatique, 66.

ARISTOPHANE, 34, 36, 93. Son humour, 35. Sa moralité, 20, 34, 91.

ARNIM, un des coryphées de l'école romantique, époux de la célèbre Bettina. Ses contes, 70. Son humour, 32.

AST (George A. Fréd.), 1778-1841, philologue et philosophe distingué. *Grundriss der Aesthetik*, Landshut, 1807. Sa définition du risible, 26.

AUGUSTIN (saint), 92.

BACON (F.), son style, 81. Son esprit, 42, 45.

BAGGESEN, 1764-1820, né en Danemark, poète et critique allemand. *Gedichte*, Hambourg, 1803 ; 84.

BAHRDT, 1741-1792, surnommé par Kotzebue « l'homme au front de fer, » théologien et pédagogue distingué, mais quelque peu utopiste, caractère violent et inquiet. Son manque de goût, 32.

BALZAC, 38.

BAYLE, préf. de la prem. éd., 10. Son esprit, 42.

BEATTIE (I.), 1735-1803, philosophe écossais. Préf. de la prem. éd.

BERGIUS, son esprit, 53.

BERKELEY, 17.

BERNHARDI (A.-F.), 1769-1820, philologue et écrivain romantique, ami et beau-frère de Tieck. *Bambocciades*, 1797. Son humour, 32.

BLUMAUER, 1755-1798, poète lyrique qui ne manque pas de

verve et de style, mais qui tombe quelquefois comme son modèle, Bürger, dans la trivialité. Son ouvrage le plus célèbre est l'*Énéide travestie*, Vienne, 1784; 36, 41.

BOCCACE, 61, 91.

BODE, 1739-1793, traducteur d'un grand mérite. Ses principales traductions sont celles de Sterne, de Goldsmith, de Fielding et de Montaigne; 36, 41, 63.

BOILEAU, 36.

BOSSU, 88.

BOUTERWEK (Frédéric), 1766-1828, philosophe de l'école de Kant et de Jacobi, auteur d'une esthétique célèbre et d'une histoire des littératures modernes. Préf. de la deuxième éd.; 22, 51.

BRENTANO (Clemens), poète de l'école romantique, frère de Bettina d'Arnim. Son humour, 32.

BRÖCKES (B.-H.), 1680-1747, poète descriptif. *Irdisches Vergnügen in Gott*, Hambourg, 9 vol., 1721-1748. — 3, 80.

BUFFON. Son style, 86; sa définition du style, 76.

BUTLER (S.), 1612-1680, auteur de la célèbre épopée comique *Hudibras*, satire contre les Puritains. 44, 109.

CALDERON, 91.

CAMOENS, 2.

CAMPE (I.-H.), 1746-1818, pédagogue et lexicographe allemand d'un grand mérite, a publié avec Bernd un célèbre dictionnaire de la langue allemande, 5 vol. Brunswick, 1807-11; 30. Son purisme, 84.

CARLIN (A. Bertinazzi, surnommé), non Parisien, comme le dit Jean-Paul, mais né à Turin en 1713, excellent acteur comique, ne débuta à Paris qu'en 1741 et mourut en 1783. On a de lui les *Nouvelles métamorphoses d'Arlequin*, comédie en cinq actes, 1763. On a publié aussi, en 1827, sa *Correspondance avec Clément XIV*. 29.

CATON, sa concision, 45.

CERVANTÈS, 2, 3, 22, 25, 39, 63, 74 ; sa tragédie de *Numance*, 22 ; l'*El Buscaplé*, 34 ; son humour et son ironie, 36.

CHATEAUBRIAND, son *Atala* (1801), 72.

CICÉRON, 91 ; son style, 85 ; ses saillies, 38 ; sur le risible, 26.

CORNEILLE, 88, 94.

CONGRÈVE (William), 1670-1729, auteur dramatique anglais très-estimé de son temps ; ses comédies offrent beaucoup d'analogie avec celles de Scribe ; 39.

COWLEY (Abraham), 1618-1667, poëte lyrique anglais de cette époque de transition qui sépare le siècle de Shakespeare et de Ben Jonson des imitateurs des anciens et de la littérature française. Son style abonde en métaphores assez souvent forcées, 51.

CRAMER (K.-G.), 1758-1817, auteur de plus de quarante romans d'aventures, réaliste d'assez bas étage, quoiqu'il ait joui d'une grande popularité ; 80.

CRÉBILLON le Tragique, 88.

CRÉBILLON fils, romancier ; son humour, 34.

D'ALEMBERT, 89.

DANTE, 2, 69.

DEFOË (Daniel), 74.

DELBRÜCK (J.-F.-F.), 1772-1848, professeur de rhétorique à Bonn. Sa définition du beau, 4.

DELILLE, 75.

DIDEROT, 10, 89 ; ses drames, 72.

DYK (J.-G.), 1750-1813. La *Bibliothèque des belles-lettres et des arts libéraux* ne doit pas être confondue avec la *Biblio-*

thèque allemande universelle, fondée et dirigée d'abord par Nicolaï et Mendelssohn et conduite ensuite par Dyk lui-même; 55.

Eberhard (J.-A.), 1739-1809, professeur de philosophie à Halle. *Manuel d'esthétique*, Halle, 4 vol. 1803-5, etc. Préface de la seconde édition.

Engel (J.-J.), 1741-1802, orateur religieux et philosophe esthéticien d'un grand mérite. *Ideen zu einer Mimik*, Leipsick, 1785. Il est moins heureux dans ses drames et dans ses romans, qui tombent quelquefois dans la platitude. Son œuvre la plus célèbre, *Lorenz Stark*, 1795, n'a de valeur que comme tableau des mœurs de son temps, 63, 71, 72, 74; son panégyrique de Frédéric II, 86; son style, 82, 93.

Érasme. Son *Éloge de la folie*, 34.

Eschenburg (J.-J.), 1743-1820, professeur à Brunswick. *Theorie und Literatur der schœnen Wissenschaften*, Berlin, 1783; traduit en français par Storch, 1789; sa division de la poésie, 75; sa traduction de Shakespeare, 64.

Eschyle, 16, 20; ses chœurs, 65.

Euripide, 91; son *Iphigénie*, 59.

Fichte (J.-G.), 1762-1814, le grand philosophe nihiliste, 91; son style, 45.

Fielding (H.), 1707-1754, célèbre romancier anglais, 38, 58, 71, 72, 74.

Fischart (J.), 1545(?)-1589(?), le Rabelais de l'Allemagne, traducteur de *Gargantua et Pantagruel*, et auteur de beaucoup d'écrits satiriques pleins d'esprit et de verve, 35, 83; sa moralité, 34.

Fischer (Chr.-A.), 1771-1829, grand voyageur. *Bibliothèque générale amusante des voyages*, Berlin, 1806; 8, 80.

FLÖGEL (K.-F.), 1729-88, auteur d'excellents ouvrages sur le comique et ses différentes formes, 26.

FONTENELLE, Préface de la première édition, 73; son style, 51, 82.

FORTUNATUS (*Les Aventures de*), 70.

FOOTE, 1719-1777, auteur de bonnes comédies, surnommé, non sans exagération, l'Aristophane anglais, 28, 33, 39, 59.

FOUQUÉ (F.-H.-K. de la Motte-), 1777-1843, issu d'une famille d'émigrés français, poëte et romancier distingué, quoique trop estimé de son temps. Il a traité de préférence les matières des anciennes traditions germaniques, et notamment dans le drame *Sigurd*, dont le héros est à peu près le même personnage que le Siegfried des *Nibelungen*, 61, 70.

FROHREICH, nom sous lequel Jean-Paul a désigné le poëte anacréontique Hagedorn. (V. ce nom).

GALLIANI, sa traduction d'Horace, 38.

GELLERT (Chr.-F.), 1715-69, professeur de philosophie à Leipsick, moraliste, auteur de comédies et de romans. Ses cours sur la poétique et la rhétorique ont été très-suivis, 3, 39, 85.

GESSNER (S.), 1730-87; sa *Mort d'Abel*, 73; son style, 78, 89.

GIBBON, 45. V. l'errata.

GLEIM (1719-1803); son *Halladat* ou *Livre rouge* parut à Halberstadt en 1774, 80.

GOERRES (J.-J. Von), 1776-1848, publiciste allemand très-distingué, d'abord libéral, ensuite romantique et ultramontain; Préface de la première édition; son humour, 32; son style, 82, 86.

GOETHE, Préface de la seconde édition, 2, 10, 14, 74, 91. *Werther*, 69, 72, 74, 79, 81. *Wilhelm Meister*, 5, 25, 60, 70, 72, 80. *Hermann et Dorothée*, 73, 79. *Reinecke Fuchs*, 38. *La Foire de Plundersweiler*, petite comédie satirique dirigée surtout contre les faux poètes et les imitateurs de la tragédie française, 32. *La Fiancée de Corinthe*, 91. *Iéry et Baetely*, 73. *Egmont*, 58. *Tasso*, 61. *Stella*, 58. Ses théories critiques, préface de la seconde édition; son style, 78, 81, 83, 93; son ironie, 37; ses caractères, 56, 57, 58, 60; ses descriptions, 2.

GOLDONI (C.), 1707-1793, un des meilleurs auteurs comiques de l'Italie, 25.

GOLDSMITH, son *Vicaire de Wakefield*, 72, 73.

GOMBAULD, 1576-1666, 90.

GOTTER (F.-W.), 1746-1797, poète et critique d'un goût très-pur, 33. (Jean-Paul semble confondre deux noms; c'est l'acteur et poète dramatique Brandes (J.-C.), 1735-99, qui est l'auteur d'un mélodrame d'*Ariane à Naxos*, 1777, imité par Gotter dans sa *Médée*.)

GOZZI (Carlo, conte di), 1722-1806, auteur comique qui, dans ses farces et ses féeries, réagit contre la platitude de Goldoni et des imitateurs des Français. Esprit vif et satirique, mais fantasque et superficiel, 25; son humour, 32.

GRUBER (J.-G.), 1774-1851, professeur de philosophie à Wittenberg et à Halle. *Revision der Aesthetik* dans la *Ienaer allgemeine Literaturzeitung*, 1805-7, etc. Préface de la seconde édition.

HAGEDORN (F. de), 1708-1754, désigné par Jean-Paul sous le nom de Frohreich, 73.

HALLER (A. de), 1708-1777, un des esprits les plus universels et les plus célèbres du siècle dernier, écrivain distingué dans tous les genres, surtout naturaliste, 1; son poème descriptif des *Alpes*, 75. Ses romans : *Usong, Alfred, Fabius et Caton*, 87.

HAMANN (J.-G.), 1750-88, auteur mystique et humoriste fécond en pensées originales et profondes, mais aussi bizarre et aussi obscur que Jean-Paul. Il aimait à s'appeler lui-même « le mage du Nord », par allusion non-seulement à l'extrême nord de l'Allemagne qui le vit naître, mais encore aux ténèbres de son style, 45, 53, 54.

HAMILTON (Antoine, comte de), 1646-1720; 29.

HEBEL (J.-P.), 1760-1826; ses poésies alémannes, écrites dans cet idiome du midi de l'Allemagne qui a été au moyen âge la langue des Minnesinger, 25. (Il ne faut pas le confondre avec le poète tragique Hebbel.)

HEINSE (J.-J.-W.), 1746-1803, célèbre romancier allemand, grand admirateur de l'Italie et de la Grèce antique, 80; son *Ardinghello* ou *Les Iles fortunées*, 72, 79.

HEMSTERHUIS (Fr.), 1720-90, grand philosophe et critique hollandais de l'école de Locke. *Lettres sur la sculpture*, 1769; 10, 14; sa définition du beau, 4.

HERDER (J.-G.), 1744-1803, le seul grand génie, avec Wieland, qui ait été uni à Jean-Paul par une amitié intime. Préface de la deuxième édition, 10, 12, 22, 25, 29, 37, 39, 51, 62, 63, 70, 73, 78, 79, 80, 81, 82, 91, 93.

HERMÈS (J.-T.), 1738-1821. (Il ne faut pas le confondre avec ses contemporains J.-A. Hermès, le théologien protestant, et George Hermès, fondateur d'un système de philosophie catholique.) Ses romans didactiques, 3, 57, 72, 74.

HÉRODOTE, 20.

HIPPEL (Th.-G. Von), 1741-1796, caractère bizarre, imagination hardie, auteur satirique et humoriste très-estimé, dans le genre de Sterne, 35, 72; son esprit, 50, 53.

HIRSCHFELD (Ch.-C.-L.), 1742-92, auteur d'ouvrages sur l'horticulture, 80, 86.

HOBBES, sur le risible, 30.

HOLBERG (Ludwig Von), 1684-1754, le régénérateur de la littérature danoise, auteur comique de beaucoup de verve, 33, 39.

Home (Henry), lord Kaimes, 1698-1782, philosophe écossais. Ses *Éléments de critique*, 1762 ; Préface de la première édition, 34.

Homère, 2, 3, 9, 14, 16, 20, 22, 50, 55, 56, 58, 59, 60, 64, 66, 67, 81.

Horace, 37 ; son *Art poétique*, 75.

Horn (F. Chr.), 1781-1837, polygraphe romantique ; *Esquisse d'une histoire et d'une critique de la poésie et de la littérature allemandes*, 1819. Préface de la deuxième édition ; ses romans : *Le solitaire, Les poètes, Guisard le poète*, 32.

Jacobi (Fr. H.), 1742-1819, le philosophe et romancier célèbre, 12, 13, 14, 64, 71, 79, 80, 91.

Johnson (Samuel), 1709-84, l'auteur du *Dictionnaire de la langue anglaise* et de la *Vie des poètes anglais*, 85.

Juvénal, 29.

Kalidasa, célèbre poète indien du premier siècle de notre ère. *La Sacountala*, 33.

Kanne (J. A.), 1773-1824, polygraphe, surtout philologue et romancier. Il était lié avec Jean-Paul, qui vint généreusement à son secours dans plusieurs circonstances difficiles de sa vie. Son humour, 32.

Kant, 2, 11, 91, 92 ; ses théories esthétiques, préface de la deuxième édition ; du beau, 4 ; du sublime, 27 ; du risible, 26 ; son obscurité, 45.

Kerner, écrivain romantique de la fin du siècle dernier, 32.

Kleist (E. Chr. von), 1715-1759, auteur du poëme descriptif *Le printemps*, 1749, et d'élégies ; 73, 75, 78, 80.

Klingemann (E.-A.-F.), 1777-1831, auteur dramatique et directeur du théâtre de Brunswick. Différents écrits sur l'art dramatique. Préface de la deuxième édit.

Klinger (F.-M. von), 1753-1831, compatriote et ami de jeunesse de Gœthe, mort en Russie, où il était parvenu à de grandes dignités. Génie mâle et vigoureux, misanthrope sur la fin de sa carrière, un des chefs de cette Sturm-und Drangperiode (période de tempête et de turbulence) qui précéda immédiatement la grande époque littéraire de la fin du siècle dernier. *Le coq d'or*, 1785, conte allégorique hostile au christianisme et qui ne fait que développer les attaques de Rousseau contre la civilisation; *Orphée changé en Bambino*, 1778; 25. *Histoire de Giafar le Barmécide*, 1782. *Vie de Faust*, 1791; 60. *Considérations et pensées sur différents objets de la vie et de la littérature*, 1802; 89; son style, 72, 86.

KLOPSTOCK. Préface de la deuxième éd., 2, 21, 25, 38, 91, 93. *La Messiade*, 63, 67, 80. *La république des savants*, 1774, ouvrage de beaucoup de mérite, mais d'une forme assez bizarre, respirant un patriotisme outré et, pour cette raison même, trop peu estimé par les contemporains. Gœthe en parle longuement dans ses mémoires, troisième partie, livre XII; 29, 51, 85. *Hermann*, drame, 61. Ses poésies lyriques, 3, 79. Son style, 45, 50, 81, 86.

KLOTZ (Chr.-A.), 1738-71, professeur à Gœttingue et à Halle, philologue de beaucoup de mérite et d'érudition, mais d'une humeur tellement hautaine et arrogante qu'il finit par s'engager à ses dépens dans une polémique savante avec Lessing, aussi érudit, mais plus spirituel que lui. Il a écrit surtout en latin : *Genius sæculi*, 1760; *Somnium*, 1761; *Ridiculia litteraria*, 1762; *De libris, auctoribus suis fatalibus*, 1761; 37.

KOEPPEN (Fr.), professeur de philosophie à Erlangen, d'abord partisan de Kant et de Fichte, ensuite de Jacobi. Préf. de la deuxième éd.

KOTZEBUE (A.-F.-F. von), 1761-1819, auteur de comédes trop célèbres; 91; ses *Espiègleries de pages*, une de ses pièces les moins mauvaises, 39; son *Ariane travestie*, 33.

KRÜDENER (Juliane, baronne de), 1766-1824, naquit et mourut en Russie, après avoir vécu en Allemagne et en France. *Valérie*, 57.

KRÜGER (J.-Chr.), 1722-50, acteur et auteur comique fort médiocre, satirique, mais plat comme tous ces auteurs antérieurs à Klopstock et à Lessing qui se contentent d'imiter les Français; 3; 39.

KRUG (W.-T.), 1770-1842, professeur de philosophie à Francfort S/O, à Kœnigsberg et à Leipzig. *Essai d'une Encyclopédie des beaux-arts*, Leipzig, 1802; préf. de la deuxième éd.

LA BRUYÈRE, ses caractères, 62.

LACOMBE, voyez : Sacombe.

LAFONTAINE (Auguste H.-J.), 1758-1831, romancier allemand aussi fécond que plat, très en vogue dans son temps, écrivain prosaïque et sans vues. Le *Pouvoir de l'amour*, 1791-94, recueil de nouvelles composées en grande partie d'après des modèles français; 72.

LAHARPE, 86.

LAMOTTE FOUQUÉ, voyez : Fouqué.

LAVATER, 1741-1801; 74, 83.

LEIBNITZ, 10, 79, 81, 91.

LESAGE, *Gil Blas*, 34.

LESSING, 1729-91 : préf. de la deuxième éd., 10, 14, 42, 73, 74, 82, 83, 91, 93; son esprit, 37, 45, 55; son style, 78, 79, 81, 86.

LICHTENBERG (G. Chr.), 1742-99, professeur de mathématiques et de physique à Gœttingue, auteur satirique fort estimé, 10, 36, 53, 55, 57; son *Explication des dessins d'Ho-*

garth, 53. La satire sur *L'escamoteur Philadelphia*, 37. Son humour, 32.

Liscow (Chr.-L.), 1701-60 ; le meilleur satirique de l'Allemagne ; on le place aujourd'hui au-dessus de Rabener qui fut autrefois plus estimé que lui, 37, 85 ; 94.

Longin, 93.

Lope de Vega, 2.

Lucien, son persiflage, 33, 38.

Lucrèce, *de Rerum natura*, 75.

Luther, harmonie de sa prose, 86.

Machiavel, son ironie, 38.

Marot, 89.

Mahlmann (S.-A.), *Hérode de Bethléem*, excellente parodie du drame de Kotzebue : *Les Hussites*, pièce à grand spectacle, 41.

Manso (J.-K.-F.), 1759-1826, philologue et historien très-estimé, 93.

Meissner (Auguste-G.), 1753-1807 (pas à confondre avec le poète dramatique contemporain Alfred Meissner), auteur dramatique lui-même, critique et romancier très-estimé dans le temps, spirituel, mais un peu vide. Ses romans : *Alcibiade*, 1781 ; *Épaminondas*, 1798 ; etc., 86.

Mendelssohn (M.), 1729-1786 ; ses *Lettres sur les sentiments*, 81.

Merkel (Garlieb), 1776-1850, critique, ami de Kotzebue et, comme celui-ci, ennemi acharné de l'école romantique. On reproche à sa critique trop d'arrogance et de vanité. Dans ses *Lettres à une femme*, publiées sur la fin du siècle dernier, il porte sur Jean-Paul et notamment sur le *Titan* un jugement d'une sévérité excessive, 32.

Mercier, son *Tableau de Paris*, 89.

Mille et une Nuits, 25.

MILTON, 2 ; *Le paradis perdu*, 20, 67.

MNIOCH (J.-J.), 1765-1804, poëte, célèbre comme improvisateur ; ses *Analectes*, Gœlitz, 1804, 2 vol., 25.

MOESER (Justus), 1720-94, homme d'État et historien ; dans son écrit spirituel et humoriste : *Arlequin ou défense du grotesque*, 1761, il entreprend la défense du Hanswurst condamné par Gottsched : 33.

MOLIÈRE, 36.

MONBODDO (Lord), 1714-99, philosophe écossais ; son style, 81.

MONTAIGNE, 93.

MORHOF (D.-G.), 1639-1691 ; un des plus illustres philologues du dix-septième siècle. Sa *Polyhistorie* (1688), 81.

MORITZ (K.-Ph.), 1757-93, poëte enthousiaste d'une vie inquiète et vagabonde. C'est lui qui, en 1792, procura à Jean-Paul, dans des conditions très-favorables, un éditeur pour la *Loge invisible*. Ses romans *Anton Reiser* (1785), et *Andreas Hartknopf* (1786), 10.

MÜLLER (Adam-H.), 1779-1829, écrivain politique et critique romantique. Ses *Leçons sur la science et la littérature allemandes*, 1806 ; préf. de la deuxième édition.

MÜLLER (J.-G.), 1744-1828, d'Itzehoe (duché de Holstein), collaborateur de la *Bibliothèque universelle allemande*, auteur du roman humoriste *Siegfried de Lindenberg*, 1779 ; 32, 36.

MÜLLER (Jean de), 1752-1809, son *Histoire de la Suisse*, 86.

MUSAEUS (J.-K.-A.), 1735-87, professeur à Weimar pendant la grande époque littéraire ; satirique sans force. Son meilleur ouvrage est le recueil des *Contes populaires de l'Allemagne*, 1782. Dans son roman *Grandison II*, 1760, il tourne en ridicule la sensiblerie mise en vogue par Richardson ; dans ses *Voya-*

ges physionomiques, 1778, il se moque du système de Lavater; 34, 50, 51, 53, 55, 72, 74.

MYLIUS (W.-Ch.-S.), 1754-1827; traducteur de Smollet, de Voltaire, de Cervantes, de Marivaux, etc.; 41.

NECKER (Madame), 89.

NOVALIS (von Hardenberg), 1772-1801, un des chefs de l'école romantique allemande, grand admirateur du moyen âge et mystique, célèbre surtout par son roman *Heinrich von Ofterdingen*, publié après sa mort, en 1802; 2, 10, 72.

OSSIAN, 22.

PASCAL, 88; ses *Provinciales*, 38.

PERSE, 29.

PETER PINDAR, pseudonyme de Wolcot; voyez ce nom.

PÉTRARQUE, 22.

PICHLER (Caroline), 1769-1843; auteur très-estimé de son temps, mais d'une trop grande verbosité. Elle a composé des romans historiques dans un sens optimiste; ses *Gleichnisse* (Paraboles), (1800), 50.

PIGAULT-LEBRUN, 34, 86.

PINDARE, 16, 50, 75.

PLATNER (Ernest), 1744-1818; professeur de physiologie et de philosophie à Leipzig. Ses cours sur l'esthétique ont été très-suivis. *Anthropologie*, 1771; préface de la première édition; 26, 33.

PLATON. 9, 10, 12, 13, 22, 38, 59, 81, 93.

POELITZ (K.-H.-L.), 1772-1838, professeur d'histoire à Wittenberg et Leipzig. Préf. de la deuxième édition.

POPE, 10, 36, 75; la *Dunciade*, 29; la *Boucle enlevée*, 30, 38.

QUINTILIEN, du risible, 26.

RABELAIS, 33, 34, 36, 55, 89, 91.

RABENER (G.-W.), 1714-1771, bon écrivain, mais d'un caractère trop doux et trop faible pour mériter le titre de grand satirique qu'on lui a donné pendant quelque temps; 32, 37, 85.

RACINE, 88.

RAMLER (K.-W.), 1725-1798, poëte lyrique, professeur de belles-lettres, directeur du théâtre de Berlin, traducteur de Batteux et critique distingué, mais plus remarquable pour la forme que pour le fond; 9.

REGNIER, ses satires, 29.

REINHOLD (K.-L.), 1758-1823, professeur chez les Jésuites de Vienne, puis à Iéna et à Kiel, adhérent de Kant et de Jacobi. *Mélanges philosophiques; Essai d'une nouvelle théorie de l'imagination*, etc. Préf. de la première éd.; 42.

RICHARDSON, 58, 67, 69, 71, 74.

RICHTER (Jean-Paul) (cité par lui-même), 4, 7, 11, 13, 21, 26, 27, 28, 30, 32, 33, 42, 49, 54, 55, 57, 65, 67, 69, 72, 73, 74, 78, 79, 84, 88, 91.

RIEDEL (Fr.-J.), 1742-1785, professeur de philosophie à Erfurt et à Vienne. *Théorie des Beaux-Arts*, 1767, compilation faite sur Aristote, Longin, Horace, Du Bos, Batteux, Baumgarten, Adolf Schlegel, Mendelssohn, Burke, Gérard, Home, Winckelmann et surtout Lessing. Préf. de la prem. éd.

ROUSSEAU (J.-B.), 89.

ROUSSEAU (J.-J.), 10, 45, 60, 72, 73.

SACOMBE, 1750-1822, médecin, professeur de belles-lettres à Toulouse et d'accouchement à Paris, connu aussi sous le nom de *Lacombe*. Auteur de plusieurs poëmes didactiques : la *Vénusalgie ou la Maladie de Vénus*, 1814; la *Luciniade ou l'Art des accouchements*, 1792; 3.

SACOUNTALA, voyez KALIDASA.

SCALIGER (Jules César), 3.

SCARRON, 36.

SCHELLING, 1775-1854. Sa définition du comique, 26, 91, 92.

SCHILLER, 10, 11, 14, 25, 37, 39, 58, 61, 64, 68, 91, 92, 93. *Don Carlos*, 29, 58; *Marie Stuart*, 79; *Jeanne d'Arc*, 3, 65; *Fiancée de Messine*, 7; *Macbeth*, 24; *Wallenstein*, 3, 7, 60, 65; *Guillaume Tell*, 22; le *Visionnaire*, 69, 71, 72. Son style, 78, 81, 82, 83. Ses théories esthétiques, préfaces; sa division de la poésie en poésie naïve et poésie sentimentale, 21, 22; Définition du Comique, 26; du sublime, 27.

SCHLEGEL (A.-G.), 1767-1845; préf. de la deuxième éd.; 26, 32, 63, 73, 83, 91.

SCHLEGEL (Fréd.), 1772-1829; préf. de la deuxième éd.; 25, 91.

SCHLEGEL (Dorothée), née Mendelssohn, 1770-1839; son *Florentin*, publié sans nom d'auteur par son mari, Frédéric Schlegel, en 1801; 5.

SCHLICHTEGROLL (A.-H.-F.), 1765-1822, célèbre numismate allemand, fondateur du *Nekrolog der Deutschen*, 28 vol. 1791-1806; 29.

SCHNEIDER (J.-G.), 1750-1822, philologue et naturaliste, professeur de philologie à Francfort S/O et à Breslau; 94.

SCHOENAICH (Chr.-Otto von), 1725-1805, poète allemand de l'école de Gottsched. Son épopée d'*Hermann* (1751) œuvre de jeunesse, fut fort admirée de son parti, ce qui ne l'empêcha pas d'être oubliée dès la renaissance inaugurée par Klopstock; 89.

SCHUBART (Chr.-Fr.-D.), 1739-91, excellent poète lyrique et musicien, emprisonné sur le Hohenasperg pour ses opinions libérales. Pendant sa captivité, il tomba dans le mysticisme; 34.

SCHUTZE (J.-St.), 1771-1839, qu'il ne faut pas confondre avec le célèbre philologue *Chr. G.-Schütz*, fondateur de la *Gazette littéraire d'Iéna*. Il s'est essayé dans tous les genres: *Essai d'une théorie du comique*, 26; son *Humour*, 32.

SÉNÈQUE, 42, 45, 88.

SÉVIGNÉ, 35.

SIMONIDE, 80.

SHAKESPEARE, 2, 3, 11, 12, 13, 14, 20, 22, 24, 26, 32, 34, 35, 36, 37, 79, 40, 64, 65, 67, 88, 91, 93.

SMOLLET, 1721-1771, le Scarron anglais, 30, 38, 72.

SOCRATE, 20.

SOPHOCLE, 2, 16, 17, 20, 59, 61, 65, 66, 91, 93.

STAEL (Madame de), 57, 60. Notons en passant que Jean-Paul a composé des examens critiques de la *Corinne*, de madame de Staël, et de son livre sur l'Allemagne. Voyez *Kleine Bücherschau*, 1824.

STEELE (Sir Richard), 1671-1729, auteur fécond dans tous les genres, peu heureux sur la scène, 39.

STEIGENTESCH (Auguste von), 1774-1826, auteur de comédies, écrivain très-pur et très-correct. OEuvres, Darmstadt, 1819-20, 6 vol.; 55.

STERNE, 3, 26, 29, 32, 33, 34, 35, 36, 72, 78, 85; son *Voyage sentimental*, 67; son *Tristram Shandy*, 34, 35; son *Koran*, œuvre posthume, 1775, traduit en français par M. Alfred Hédouin, 34.

STURZ (P.-H.), 1736-79, homme d'État et diplomate, prosateur très-distingué, 82, 86.

SULZER (J.-G.), 1720-89, philosophe suisse, professeur de philosophie à Berlin, disciple de Wolf. Sa *Théorie universelle des beaux-arts*, 1771, Préface de la deuxième édition.

SWIFT, 3, 29, 32, 33, 34, 36, 37, 38, 50, 81, 84, 91.

TACITE, 29, 45.

TASSE, 2.

THÉOCRITE, 73.

THOMSON (James), 1700-48, poète descriptif. *Les Saisons*, 1728-30, 75, 80.

THORILD (Thomas), 1759-1819, écrivain suédois, bon critique et poëte médiocre. *Maximum sive Archimetria*, 1799; 52.

THÜMMEL (Moritz-August Von), 1738-1817, auteur comique à la fois moral, frivole et sentimental, 3, 58, 71; son style, 78. *Inoculation de l'amour*, récit en vers, 1771, 37; *Voyages dans les provinces du midi de la France*, roman très-estimé, 1791, 33, 37, 38, 68, 74.

TIECK (Ludwig), 1773-1853, poëte très-fécond dans tous les genres, un des chefs principaux de l'école romantique, 10, 25, 70, 80, 82, 90. Sa laune, 32; *François Sternbald*, roman, 1798, 25; *Le prince Zerbino*, petite comédie satirique qui tourne en ridicule la prose de l'école réaliste, 1800, 33.

TREVIRANUS (G.-R.), 1776-1837, naturaliste distingué. *Biologie ou philosophie de la nature vivante*, 1802, 85.

VIRGILE, 67, 73, 75.

VOITURE, 38.

VOLTAIRE, 2, 89; ses théories critiques, Préface de la première édition; son humour, 32; son persiflage, 38; ses tragédies 88; ses comédies, 39; *La pucelle*, 91.

Voss (J.-H.), 1751-1826, poëte et philologue allemand célèbre par son excellente traduction d'Homère, 83, 86; ses *Idylles*, 25, 73; sa *Louise*, petite épopée réaliste, 1795, 67

WAGNER (G.-H.-Adolf), 1774 1835, traducteur et critique. *Les deux époques de la poésie moderne*, 1806; Préface de la deuxième édition.

WAGNER (Ernest), 1769-1812, romancier protégé par Jean-Paul auprès du duc de Saxe-Meiningen, 32, 70.

WALL (Anton) (pseudonyme de Chr.-L. Heyne), 1751-1821, traducteur de Marmontel, de Florian, etc., auteur de comédies médiocres, 39, 88.

WERNER (Zacharias), 1768-1823, poëte romantique surtout

célèbre par ses drames. *Les Fils de la vallée*, 1800, drame mystique rempli d'idées de franc-maçonnerie, 5.

WEZEL (J.-K.), 1774-1819, romancier et auteur dramatique, mort fou. *Histoire de Tobias Knaut, le Sage*, 1774, roman imité de Sterne, 32, 36, 39, 88.

WIEGLEB; *Magie*, livre de prédilection du romancier fantastique T.-A. Hoffmann, 5.

WIELAND, 1733-1813, 10, 36, 37, 41, 74, 91; ses théories critiques, Préface de la deuxième édition; son style, 78, 79, 82, 86; ses romans en vers et en prose, 30, 32, 58, 60, 71.

WINCKELMANN, 1717-1768. Son *Histoire de l'art dans l'antiquité*, 1764; 80, 94.

WOLCOT (connu sous le nom de *Peter Pindar*), 1738-1819, médecin anglais, auteur de satires politiques et notamment de l'épopée comique *La Lousiade (Pouciade)*, 1786. Ce poème a un fondement historique. Le roi George III ayant un jour trouvé un pou dans un plat qu'on lui avait servi, fit, pour découvrir le coupable, couper les cheveux à tous ses cuisiniers et domestiques d'office; 34, 36.

WOLF (Christian von), le célèbre philosophe, 1679-1754, 9.

WOLF (Friedrich-August), 1759-1824, célèbre philologue. Il s'était brouillé dès l'université avec son professeur, le philologue Heyne. Plus tard on l'accusa d'avoir emprunté à d'autres savants, et notamment à Heyne, ses opinions nouvelles sur Homère; c'est alorsqu'il publia ses fameuses lettres : *Supplément aux nouvelles recherches sur Homère*, 1797, ouvrage considéré comme un modèle de polémique et de fine ironie, 88.

WOLZOGEN (Caroline von), née de Lengefeld, 1763-1847, belle-sœur de Schiller, auteur d'*Agnès von Lilien*, 1789, roman dont la publication anonyme fut accueillie avec tant de faveur que des connaisseurs allèrent jusqu'à l'attribuer à Gœthe, 72.

Xénophon, 20, 93.

Young (Édouard), 1684-1765; ses *Nuits,* 1741; 50, 75; ses satires, 29.

Zachariæ (J.-F.-W.), 1726-97, auteur comique et satirique, imitateur de Pope, surtout dans le *Fanfaron,* 1742, poëme qui tourne en dérision les mœurs assez rudes des étudiants d'alors, 38.

Zimmermann (Johann-Georg von), 1728-95, penseur et prosateur distingué, connu surtout par ses traités sur la *Solitude,* 1755, et sur la *Fierté nationale,* 1758; 86.

NOTES
ET
COMMENTAIRES DES TRADUCTEURS.

TOME PREMIER.

(1) Page 95.

Qu'aurait dit Jean-Paul s'il avait vécu soixante ans plus tard?

Le terme d'*esthétique*, à ne considérer que son étymologie, ne peut désigner que la théorie de la sensibilité en général, ou la théorie de la perception. Nous pouvons d'abord faire observer qu'il n'a jamais été employé dans ce dernier sens, tandis que le premier lui a été attaché par un des plus grands philosophes modernes (*V. William Hamilton, Lectures on metaphysics*, t. I). Quant à l'emploi qu'en ont fait Baumgarten et un grand nombre d'auteurs après lui, il est purement abusif, et il serait bon, avant que le terme eût pénétré définitivement dans le langage ordinaire, d'y renoncer complétement; nous voulons parler de l'usage qu'on fait de ce mot pour désigner la théorie générale des arts, en tant qu'ils ont pour fin d'éveiller le sentiment du beau. Une autre erreur, plus grave que cet abus de terminologie, consiste à faire de cette théorie des beaux-arts une des grandes branches de la philosophie; cette théorie ne pourrait être au fond que la science, arbitrairement limitée, de *quelques-unes* seulement des causes (les causes artistiques) du sentiment du beau; or, la philosophie, quand elle analyse ce sentiment, doit présenter une science une et complète de toutes ses causes. Pour qu'il en pût être autrement, il faudrait que le sentiment du beau naturel et celui du beau dans les arts fussent des sentiments différents. Mais il n'en est pas ainsi; il n'y a là qu'une seule et même modification de la sensibilité, éveillée seulement dans des circonstances différentes: ceux qui ont essayé de prouver le contraire ont confondu, comme Hégel, par exemple, le beau naturel avec le pittoresque. Faisons observer que le sentiment du beau n'étant qu'une modification de la sensibilité, la science de ce sentiment particulier ne serait qu'une partie de cette branche de la psychologie qui a la sensibilité pour objet, c'est-à-dire un simple chapitre plutôt qu'une science distincte et complète.

Si l'on veut entendre par *esthétique* ce que l'on pourrait appeler proprement *théorie de l'art*, ou *Science des causes et des lois de l'art*, ce que l'on conçoit alors n'est même plus une partie de la philosophie. Les arts sont, en dernière analyse, des choses purement pratiques, des moyens particuliers pour atteindre certaines fins, des actes, en un mot ; leurs causes ne sont, en grande partie, que des circonstances accidentelles ; leurs principes peuvent être les plus divers ; on peut se servir des arts pour atteindre cent buts différents, soit un but utile, soit pour produire le plaisir du beau ou un autre plaisir. La théorie des arts n'est que l'application à certaines matières de différentes lois de la philosophie ; et c'est ce qui est vrai en particulier de la théorie de la poésie, c'est-à-dire de la poétique.

(2) Page 96.

Cela rappelle un distique de Schiller sur la jeunesse littéraire de son temps : « Ce qu'ils ont appris hier, ils veulent déjà l'enseigner aujourd'hui. Que ces messieurs ont la digestion prompte ! »

(3) Page 98.

C'est là le langage de l'école de Schelling. Dans sa philosophie, l'expression de *pôles* désigne les deux termes de l'antithèse du sujet et de l'objet, de l'idéal et du réel, du moi et du non-moi. De là les mots : *polarité, polarisation, polariser*.

(4) Page 102.

Les porte-drapeau, ce sont les critiques de l'école

romantique ; le reptile long et flasque, c'est la vieille critique banale, toujours prête à louer tout le monde.

(5) Page 101.

« Uno et viginti diebus Homerum, reliquos intra quartum mensem poetas, cæteros intra biennium scriptores perdisceret... » (*Heinsius, In Josephi Scaligeri obitum funebris oratio* (1609), p. 15). — Gaspard Barthius, un des philologues les plus érudits de l'Allemagne (1587-1658); ses *Adversaria*, en 60 livres (*Francfort*, 1624), sont encore consultés aujourd'hui. Il en avait laissé 120 autres livres manuscrits; on en a publié un extrait : *Wesel*, 1827.

(6) Page 108.

Voyez notre Préface, p. 4.

(7) Page 111.

Jean-Paul se trompe. On sait qu'Aristote avait cultivé la poésie et composé notamment des hymnes et des élégies. On a conservé de lui un *Hymne à la Vertu*, qui nous donne la plus haute idée de son talent poétique. Voyez sa biographie par Diogène Laërce.

(8) Page 119.

Jean-Paul a eu probablement en vue les passages suivants de Macrobe (*Saturnales*, l. I, chap. XII). « Vox nascenti homini terræ contactu datur... Hanc eamdem (terram) bonam Deam, Faunamque et Opem et Fatuam pontificum libris indigitari : .... Fatuam a fando, quod, ut supra diximus, infantes partu editi non prius vocem edunt, quam attigerint terram. »

(9) Page 120 (note).

Voici le passage de Scaliger : « Illud quoque ad perfectionem cognitionis perstringendum est, tanto facilius angelum posse sibi corpus assumere materiale, quam a materia queat suscipi forma æquivoca, quæ sibi murem fabricat in fimeto, quanto minus operosum est corpus assumptum quam corpus muris... In corpore assumpto multa, quæ in illo necessaria sunt ad functiones naturales, nulla sunt ; itaque ad assumendum corpus sibi, illo temporis tractu non eget. »

(10) Page 120.

« Le véritable poëte, dit Novalis, est un univers en miniature. » Le héros de son roman, *Henri d'Ofterdingen*, est un poëte lyrique estimé du moyen âge allemand. Tieck, dans les *Voyages de François Sternbald*, nous présente un peintre imaginaire, dont il fait un élève d'Albert Durer. Un autre romantique, Brentano, met en scène, dans une comédie, le poëte lyrique espagnol Ponce de Léon ; Hoffmann prend pour héros Salvator Rosa, etc.

(11) Page 121.

« J'ai donné aux jeunes gens et aux poëtes le conseil d'apprendre quelque chose ; de même que, d'après les lois, le grand sultan, et, d'après Rousseau, le savant, doivent savoir un métier indépendamment de l'art de régner et de la science ; de même un jeune artiste, écrivain ou poëte, doit s'occuper, en dehors de la poésie, de sciences, et par exemple d'anatomie, de botanique, de géographie, etc. Après les anciens classiques, qui s'instruisaient par la vie et par ses expériences autant que nous par les livres, et qui traçaient leurs tableaux poétiques sur une riche base de savoir, je cite encore Gœthe, qui s'est occupé de sciences autant que s'il n'avait jamais fait de vers. Le même principe s'applique à la satire et à l'humour ; l'une et l'autre n'aboutissent à rien sans science, témoin Rabelais, Butler, Swift, Sterne, qui tous ont été beaucoup plus savants que Rabener et d'autres Allemands, qui veulent être plaisants à tout prix. » (*Supplément à l'Introduction à l'Esthétique.* Voy. notre Préface, p. 93.)

« On trouve, dans l'*Introduction à l'Esthétique*, une large impartialité. C'est là ce qui distingue Richter comme critique. Il s'élève contre ce qu'il appelle le *Nihilisme poétique*, c'est-à-dire contre ce système de poésie qui semble méconnaître la réalité pour aller se perdre dans les abstractions les plus vaporeuses. Il combat avec force le *matérialisme poétique*, qui ne cherche que dans l'image, ou plutôt dans la copie sensible, les mystères de cet art divin. Il reconnaît la matière, mais il veut que l'esprit la domine : il admet que nous imitions la nature, mais il exige que le spiritualisme soit l'âme de notre imitation. » (A. Théry, *Histoire des opinions littéraires*, t. II, p. 60.)

(12) PAGE 123.

. . . . Ego Telephon hasta
Pugnantem domui, victum orantemque refeci.
(OVIDE.)

(13) PAGE 124 (*note*).

Carrier, l'inventeur des mariages républicains, et l'un des héros les plus sanguinaires de la révolution. Klopstock, qui avait, comme un grand nombre de littérateurs allemands, accueilli avec enthousiasme et chanté les débuts de la révolution, changea de sentiment devant les excès des années de la Convention, et éleva la voix avec non moins de chaleur contre les tyrans qui opprimaient la France au nom de la liberté.

(14) PAGE 138.

Stahl, un des plus grands médecins du XVIIe siècle et fondateur de la théorie de l'animisme. Rejetant les esprits animaux de Galien et de Descartes, ainsi que toutes les explications chimiques et mécaniques des fonctions vitales, il attribua à une seule et même âme l'ensemble de tous les phénomènes de la vie, depuis l'exercice le plus pur de l'intelligence jusqu'aux mouvements inférieurs de l'organisme animal. Cette âme prédispose et organise toutes les parties d'un embryon, pour un but unique, la vie de l'individu et l'exercice de ses organes avec toutes leurs fonctions, selon l'espèce, le genre d'existence auquel il est destiné, et de manière à résister aux obstacles et aux maladies qui peuvent entraver son développement.

(15) Page 139.

Comme dans les romans d'Anne Radcliffe et leurs nombreuses imitations en France et en Allemagne, où des événements surnaturels, qui se passent dans de vieux châteaux, finissent par être reconnus comme l'œuvre d'un intrigant, d'un faux mort, etc.

(16) Page 140.

Dans *Wilhelm Meister*.

(17) Page 141.

Sans être encore ce qu'il est devenu depuis, le rationalisme des théologiens protestants portait déjà en germe Strauss et Feuerbach. Kant avait transporté dans l'exégèse la critique philosophique, et essayé de renverser l'un après l'autre tous les retranchements de la foi. Il ne s'agissait plus seulement des erreurs de la Bible au point de vue des sciences physiques; mais l'authenticité historique des récits de la sainte Écriture et de l'Écriture elle-même était mise en question.

Schleiermacher était déjà de ceux qui ne s'attachent plus à la vérité historique des traditions chrétiennes, et qui en font consister toute l'importance dans la valeur intrinsèque de la doctrine et surtout de la morale, le reste étant considéré comme de la mythologie pure.

(18) Page 141.

Wilhelm Meister, années d'apprentissage, liv. VIII, chap. VIII et IX.

(19) Page 147.

Ainsi, par exemple, nous ne voyons pas périr Wallenstein, mais nous entendons la prédiction de la catastrophe par l'astrologue, nous assistons à tout l'appareil des préparatifs; et enfin le cadavre, enveloppé d'un linceul rouge, est porté à travers la scène.

(20) Page 148.

Allusion à l'étymologie italienne de ce mot : « D'où l'on voit ce qui est beau. »

(21) Page 149.

« Pendant un certain temps tout homme a de la poésie. Au fond, chaque émotion forte est déjà un abrégé de la poésie; et c'est surtout l'amour, du moins le premier amour, qui est, comme la peinture, une poésie muette... Un fait contraire, mais qui n'est pas sans beauté, c'est que des facultés puissantes, m ai multiples qui, pendant leur jeunesse, ont eu à trava iller et à lutter contre l'Égypte de la réalité, n'ont projeté l'éclat de la poésie qu'après avoir atteint à la hauteur de législateurs. C'est ainsi que les traits déjà âgés de Lessing brillent poétiquement dans son *Nathan* et dans son *Pugilat* contre l'orthodoxie protestante; mais, dans ses essais de jeune homme, c'était plutôt la prose qui faisait de la poésie. Il y a des hommes qui n e rencontrent leur jeunesse que dans leur vieillesse. » (*Supplément à l'Introduction.*)

(22) PAGE 149.

Dans les fables des rabbins, dans les contes héroïques ou érotiques des Persans ou des Arabes, Salomon est célébré comme un roi fabuleux; sa sagesse y devient de la magie, et sa puissance y prend des proportions merveilleuses. (Voy. *les Mille et une Nuits* et le recueil des *Légendes orientales* du docteur G. Weill.) D'après ces traditions poétiques, Salomon aurait possédé plusieurs talismans, un anneau célèbre, une clef (*Clavicula Salomonis*) au moyen desquels il pouvait commander au monde des esprits, aux animaux et aux éléments. On retrouve les mêmes traditions en Europe au moyen âge et plus tard dans les Mystères des francs-maçons et des rose-croix. Quand Faust se prépare à exorciser le chien mystérieux qui s'est introduit chez lui, Gœthe lui fait dire (I, 3) : « Contre ce monstre à demi infernal, c'est de la clef de Salomon qu'il est bon de se servir. »

(23) Page 152.

Plusieurs penseurs modernes, dans le but de faire ressortir davantage l'ordre général qui règne dans l'univers, se sont efforcés de découvrir des rapports entre les différentes parties de la plante. D'après eux les sépales, les pétales, les étamines, le pistil, en un mot toutes les parties des fleurs, pourraient être considérées comme des feuilles transformées, ou plutôt comme étant soumises, dans leur développement, à la même loi générale que les feuilles proprement dites. — Voy. *Gœthe, Essai sur la métamorphose des plantes.* — *Schleiden, La plante.* — James M'Cosh, *the method of the divine government,* Édimbourg, 1855.

(24) Page 153.

Les génies passifs sont une invention du romantisme allemand. Frédéric Gentz, le célèbre publiciste autrichien, dans sa correspondance avec Rahel Levin (de Varnhagen) se proclame un être réceptif au suprême degré, la plus femme de toutes les femmes. Franz Horn attribue à A. W. Schlegel ce même génie passif et féminin.

(25) Page 157.

Lessing disait, en parlant de lui-même : « Celui qui m'appellera un génie recevra de moi un soufflet qui en vaudra deux. » Cependant il a écrit quelque part : « Je me flatte d'approcher beaucoup du génie dans la critique, quoiqu'elle passe pour étouffer le génie. »

(26) Page 159.

On sait que les anciens, sous le nom d'airain, désignaient tantôt le cuivre pur, tantôt son alliage avec d'autres métaux, tels que le plomb, l'étain, l'or, l'argent. Mais on n'a aucun renseignement certain sur le procédé qu'ils employaient pour former cet alliage. Eux-mêmes attribuaient l'airain de Corinthe à la fusion et au mélange de plusieurs métaux lors de l'embrasement de cette ville, en 146 avant J.-C. Mais ce fait ne peut être admis par la science. Pline le rejetait déjà, et il se fondait avec raison sur ce que les statues des grands maîtres, en métal de Corinthe, avaient été faites plus d'un siècle avant l'incendie de cette ville. Les opinions varient sur la valeur de cet alliage : les uns le regardent comme le plus précieux métal de l'antiquité; Plutarque, au contraire (*De Pith. Oracul.*), lui reproche d'être pâle et de donner aux statues une teinte maladive.

(27) Page 160.

Les Papous, race hybride ou mulâtre, provenant du mélange des Malais avec les Papous, habitant le littoral des îles Vuguiou, Saloéati, Gamen et Battanta, ainsi que la côte septentrionale de la Papouasie, en Océanie. — Les Grecs Zinzares, ou Macédono-Valaques, race de métis, sortie du mélange continu des Slaves et des Grecs, et habitant en Turquie, sur la rive droite du Danube.

(28) Page 163 (*note*).

Nous donnons ici le résumé de ce passage : D'après Kant, tout ce que Newton énonce dans son célèbre ouvrage sur les *Principes de la philosophie naturelle*, peut être appris, tandis qu'on ne peut apprendre à être un poëte spirituel, quelques préceptes qu'on nous donne, et quels que soient les modèles qu'on nous propose; aussi Newton a-t-il pu décrire pas à pas le procédé qu'il a suivi, et montrer à chacun ce qu'il fallait faire pour arriver aux mêmes résultats, tandis qu'aucun Homère, aucun Wieland ne peut dire comment ses idées, les brillants produits de sa pensée et de son imagination, ont pu se rencontrer et s'élaborer en lui; le plus grand inventeur dans les sciences ne diffère que par le degré de son imitateur, ou de son disciple le plus lourd; il y a au contraire une différence spécifique entre lui et celui qui est doué par la nature pour comprendre la beauté de la nature.

Jean-Paul soutient au contraire, et avec raison, qu'on peut apprendre à la vérité les principes de Newton, mais seulement comme on peut apprendre les poëmes d'autrui; mais on ne peut pas plus apprendre à inventer ces principes, qu'apprendre à devenir poëte. Si une nouvelle idée philosophique paraît se trouver plus clairement préparée dans ses prémices et ses « molécules organiques, » qu'une idée poétique, pourquoi voyons-nous cependant que Newton a eu le premier telle idée scientifique? Ni lui ni Kant ne peuvent découvrir comment l'éclair d'une pensée neuve jaillit tout à coup du nuage des pensées antérieures; ils peuvent démontrer la connexion, mais non expliquer la production; et cela est également vrai des pensées poétiques. Que Kant nous apprenne à inventer des systèmes ou des vérités, et nous lui apprendrons à inventer des épopées. Kant peut bien former des disciples, mais non un autre Kant. Les systèmes nouveaux ne se découvrent pas à l'aide des syllogismes, qui cependant leur servent de preuve et d'appui. La monadologie, l'harmonie préétablie de Leibnitz, sont des émanations du génie aussi pures et aussi brillantes que les caractères les mieux tracés d'Homère ou de Shakespeare.

L'incompatibilité de l'imagination créatrice avec le talent philosophique n'a pas été seulement soutenue par Kant; Hume, Reid et un grand nombre de penseurs ont professé la même doctrine. La théorie de Jean-Paul n'en est pas moins la plus juste, et nous sommes heureux de pouvoir compléter sa réfutation de Kant par quelques lignes d'un des plus grands philosophes de notre siècle: « Le métaphysicien, dit W. Hamilton, n'a pas moins besoin d'imagination que le poëte, quoique l'imagination de chacun soit d'une espèce particulière. En fait, on peut douter qui, d'Aristote ou d'Homère, a possédé cette faculté à un plus haut degré. Les représentations philosophiques, n'étant pas évidentes et palpables comme celles de la poésie, supposent même une opération plus difficile, et, par conséquent, une faculté plus vigoureuse. Mais, dans l'un et l'autre cas, l'imagination exige, en proportion de sa propre puissance, une grande puissance d'intelligence; car l'imagination n'est ni la poésie ni la philosophie, mais seulement la condition de l'une et de l'autre. »

(29) Page 167.

V. Diogène Laërce, III, 37.

(30) Page 174.

Dans le passage cité, Jean-Paul prétend que c'est plutôt une surabondance d'imagination qu'un manque de courage qui crée la peur des esprits.

(31) Page 174.

Ces paroles ont passé presque textuellement dans ces vers si souvent cités de Tieck, qui sont devenus un des mots d'ordre de l'école romantique :

> Mondbeglænzte Zaubernacht,
> Die den Sinn gefangen hælt,
> Wundervolle Mæhrchenwelt,
> Steig' auf in der alten Pracht!

« Nuit magique, éclairée par la lune et qui captives l'âme, monde plein de contes merveilleux, renaissez dans votre ancienne splendeur! »

(32) Page 176.

C'est par ces mots que la loi morale est désignée dans la philosophie de Kant.

(33) Page 178.

….« Ce n'est pas à une élévation et à une richesse plus considérables de sa cime et de ses branches qu'on reconnaît le mieux le génie, mais au caractère exotique de l'arbre tout entier. Le talent possède souvent, dans une mesure pareille, des facultés isolées, par exemple l'imagination, l'esprit, etc.; mais d'autres talents se sont présentés avec ces mêmes facultés et dans la même mesure. Le génie, au contraire, se tient comme un Stylite sur sa colonne. Or, comme l'imitateur (et c'est là ce qui le caractérise) peut très-bien approcher de certaines facultés du génie et même les dépasser, mais qu'il reste toujours loin de son originalité et de sa nouveauté (car une nouveauté répétée n'en serait plus une), il en résulte qu'il croit paraître original en exagérant les éléments étrangers et originaux du génie et en élevant ses superlatifs à des super-superlatifs. Il veut dissimuler son écho en le rendant, devant la nature qui l'écoute, plus fort que le son primitif qu'il répète. » (*Supplément à l'Introduction.*)

(34) Page 181.

« C'est au moment de leur naissance que des écrivains comme Engel, Moses Mendelssohn, Weisse, Gellert brillent et saisissent le plus ; quant aux génies, c'est au contraire au moment de leur mort, et l'extrême-onction est leur baptême. La gloire des premiers devait se faner et se flétrir avec le temps, parce qu'ils n'étaient précisément que la fleur d'une époque passée et formée avant eux, et que, dans leur culture, ils suivaient au lieu de la devancer. Mais une époque nouvelle a vite caché ces anciennes fleurs sous les fleurs nouvelles qu'elle fait éclore. Le génie, au contraire, qui est plutôt la racine que la fleur de son époque, va jusqu'à repousser le présent pour attirer l'avenir; car il ne représente que lui-même et non les esprits distingués de son temps. Il survit même aux talents futurs qu'il a formés; car il offre des caractères particuliers qui ne passent pas dans la civilisation générale, et par conséquent le conservent neuf pour tous les temps. Des génies comme Hamann, Herder, etc., ressemblent à la civette et au musc, dont la senteur trop forte ne devient agréable que lorsqu'elle a été adoucie par le temps. Mais les auteurs purement élégants restituent, après leur mort, leurs ornements au siècle qui les leur avait prêtés. » (*Supplément à l'Introduction.*)

(35) PAGE 181.

L'harmonie préétablie de Leibnitz, l'influence physique des scolastiques, les causes occasionnelles de Descartes, sont autant d'hypothèses inventées par ces philosophes pour expliquer les rapports de l'âme et du corps.

(36) PAGE 184.

« La plus petite cabane est assez grande pour un couple que l'amour rend heureux. » (*Schiller*, *le Jeune homme sur la rivière.*)

(37) Page 186.

Sur ce mot, voyez plus loin, note 90.

(38) Page 187.

Otahiti jouissait alors d'une réputation d'Arcadie et d'âge d'or. Voyez Byron, *The island*.

(39) Page 190.

Jean-Paul ne confond-il pas ici les Furies avec le type de Méduse qui, de hideux qu'il était, devint, à l'époque la plus florissante de la sculpture, d'une beauté régulière portée jusqu'à une immobilité effrayante? Cette transformation est un des événements les plus curieux de l'histoire de l'art dans l'antiquité. Primitivement, c'était une tête monstrueuse avec une chevelure de serpents, un visage laid et écrasé, montrant la langue ; aucun homme ne pouvait la voir sans mourir ; les Athéniens la plaçaient sur leurs boucliers dans le but d'effrayer l'ennemi. Praxitèle passe pour l'avoir, le premier, représentée d'une façon toute différente, avec des yeux mourants, des lèvres immobiles, une chevelure rayonnant autour d'elle comme celle d'Apollon. (Voy. Olfried Müller, *Manuel d'archéologie*, § 403. — Beulé, *l'Acropole d'Athènes*, t. II, p. 183.) Un exemple à juste titre célèbre de ce nouveau type est conservé à la glyptothèque de Munich. On ne sait pas au juste si la tête de Gorgone, placée par Phidias sur l'égide de sa Minerve, était conforme à l'ancien type ou à celui qu'on attribue à Praxitèle, et que, dans ce dernier cas, il aurait inauguré; c'est un point qui divise les archéologues (Voy. *L. de Ronchaud, Phidias*, p. 109).

(40) PAGE 192.

Cette éloquente et brillante peinture de la Grèce rappelle les excellents travaux de Herder; comparez également les ouvrages de K. O. Müller, de Boeckh, des deux Hermann, de Schoell, etc.

(41) PAGE 197.

Ceci est, au point de vue de Jean-Paul, un résumé de l'histoire des arts dans les temps modernes; il passe par le moyen âge, la renaissance et le siècle de Louis XIV, pour s'arrêter à Gœthe et à Schiller.

(42) PAGE 198.

Comme dans la *Jeanne d'Arc* de Schiller, où le poëte semble avoir certaines croyances naïves qui, en réalité, lui font entièrement défaut.

(43) PAGE 201.

La question de la polychromie des statues et des monuments antiques a été fortement débattue dans ces derniers temps, sans qu'on soit cependant encore arrivé à une solution définitive. On peut consulter les travaux de Quatremère de Quincy, Letronne, Raoul-Rochette, Hittorf (*De l'architecture polychrome chez les anciens*). Un des écrits les plus remarquables sur cette matière est le Mémoire de Christian Walz, professeur de philologie et d'archéologie à Tubingue : *Ueber die Polychromie der antiken Skulptur*, Tubingue, 1853. L'auteur adopte à peu près l'opinion de Kugler, d'après laquelle les statues antiques auraient été mises au moins partiellement en couleur.

(44) Page 206.

Les îles Canaries. Les Carthaginois, qui les connaissaient, avaient vanté leur climat délicieux et leur inépuisable fertilité ; la réputation qu'ils leur avaient faite leur valut ce nom d'îles Fortunées. On les appelait aussi îles des Hespérides, à cause de leur position géographique.

(45) Page 206 (*note*).

C'était une conséquence des doctrines mystiques du romantisme, qu'une indolence, un quiétisme philosophiques, étaient le but le plus élevé que l'homme pût se proposer. Cela conduisit Schlegel, avec d'autres critiques de la même école, à admirer par-dessus tout la vie calme et apathique des Indiens. Voy. son célèbre ouvrage : *Ueber die Sprache and Weisheit der Inder*, *Heidelberg*, 1808. Il ne restait plus qu'un pas à faire pour arriver à proclamer la plante, qui ne fait que végéter, plus heureuse que l'homme.

(46) Page 209.

Ernest Ier ou le Pieux (1601-1675), duc de Saxe-Gotha et d'Altenbourg, bon prince et fervent protestant, fit tous ses efforts pour répandre parmi ses sujets la connaissance de la Bible.

(47) Page 210.

Ils ont même trop de grandeur : l'intérêt, et nous dirions presque la sympathie, que le poëte éveille pour ses démons, dépasse de beaucoup l'intérêt que nous inspirent ses anges, instruments aveugles du Dieu tout-puissant. V. note 195.

(48) Page 210.

La Pléiade de Sophocle. Il ne nous reste que sept de ses tragédies.

(49) Page 211.

L'admiration excessive qui était alors répandue en Allemagne pour Shakespeare, rendait injuste à l'égard de plusieurs de ses contemporains, et notamment à l'égard de Ben Jonson, qui est cependant, dans la comédie, le plus grand rival de Molière. Ben Jonson et Shakespeare, quoique plus d'une fois séparés par leurs opinions littéraires, se voyaient souvent et sur le pied de l'amitié. Le vieux Ben était grand admirateur du plus beau génie de son siècle, et lui seul comprenait alors toute la portée ; il fut le premier à le célébrer après sa mort. Il n'était donc, en aucune façon, indigne de l'estime que Shakespeare lui portait.

(50) Page 215 (*note*).

Dans le passage cité, Jean-Paul développe cette pensée que les anciens étaient trop simples pour avoir conscience de leur propre simplicité. « Notre sentiment pour la nature, dit aussi Schiller, ressemble au sentiment que le malade éprouve pour la santé. »

(51) Page 217.

Ancora ! (Encore) est le cri par lequel on demande, dans les théâtres d'Italie, la répétition d'un air favori d'opéra.

(52) Page 217.

Quel est le nom qui manque ici ? Mais aujourd'hui à combien d'écrivains conviendrait ce signalement !

(53) Page 218.

Si Jean-Paul avait mieux connu la poésie allemande du moyen âge, n'aurait-il pas nommé ici les *Minnesinger*, et surtout les auteurs inconnus des *Nibelungen* et de *Gudrun ?*

(54) Page 219.

Thor, un des principaux dieux de la mythologie

scandinave, fils aîné d'Odin, et divinité de la guerre. La foudre est la principale de ses attributions.

(55) Page 219.

Klopstock a été, en Allemagne, le régénérateur de la poésie, et, en général, de la conscience et de la fierté nationales.

(56) Page 221.

« *De la poésie naïve* (antique) *et de la poésie sentimentale* (moderne). » 1795. Ouvrage d'une importance capitale pour la critique moderne, et qui expose la différence entre les anciens et les modernes avec autant de bonheur que le fait Jean-Paul dans ce chapitre et dans celui qui précède.

(57) Page 223.

Pour ce paragraphe et les suivants, cf. Julian Schmidt, *Geschichte der Romantik, Leipzig*, 1846, 2 vol. — Il est bon de rappeler ici que c'est à Schiller et à Gœthe que l'on doit la distinction précise des deux genres de poésie. « La détermination de la poésie classique et de la poésie romantique, dit Gœthe, qui fait à présent le tour du monde, et qui cause tant de discussions et de dissensions, est partie au fond de moi et de Schiller. J'avais adopté pour la poésie le procédé objectif, le seul qui me parût bon. Schiller qui, au contraire, procédait d'une manière tout à fait subjective, crut sa méthode meilleure, et ce fut pour se défendre contre moi qu'il écrivit son traité de la poésie sentimentale et de la poésie naïve. Les Schlegel se sont emparés de cette distinction pour la pousser plus avant, de sorte qu'à présent elle s'est étendue sur le monde entier. » (*Gespræche mit Eckermann*, 203.)

« L'opinion de Jean-Paul sur le classique et le romantique est assez remarquable. Après avoir dit que l'essence du classique est la simplicité, la noblesse, la sérénité, et l'essence du romantique la pensée chrétienne, il ajoute que le mode classique peut être transporté dans le romantique, mais que la réciproque n'est pas vraie. » (A. Théry, *Histoire des opinions littéraires*, tome II, p. 61.)

(58) Page 224.

Cette opinion, qui fait consister le romantique dans un mélange du sublime et du comique, a été depuis très-répandue en France et en Allemagne. Elle est fondée sur l'autorité de Shakespeare, qui cependant se borne à faire alterner des scènes sérieuses avec des scènes comiques, ce qui est encore loin d'une confusion matérielle de ces deux éléments.

(59) Page 226.

« Jupiter a guidé jusqu'aux vaisseaux Hector et ses Troyens. Il les laisse sur cette sanglante arène soutenir seuls tout le poids des combats, et reporte ses immortels regards sur les contrées où le Thrace dompte ses farouches coursiers, où le belliqueux Mysien grandit pour la guerre et les alarmes, où les plus justes des mortels, les Hippomolgues, se nourrissent du lait de leurs cavales, et, jusqu'aux bornes les plus reculées de la vie, coulent des jours purs et sereins. Ses yeux ne se tournent plus sur les rives d'Ilion ; il ne craint pas qu'aucun des dieux aille, au mépris de ses lois, donner à l'un des deux partis un secours qu'il réprouve. » (*Iliade*, ch. XIII.)

(60) PAGE 226.

« *Tell*. — Vois-tu là-bas ces hautes montagnes dont la pointe blanche s'élève jusqu'au ciel?

Walther. — Ce sont les glaciers qui résonnent la nuit comme le tonnerre et d'où tombent les avalanches.

Tell. — Oui, mon enfant, et les avalanches auraient depuis longtemps englouti le bourg d'Altdorf, si la forêt qui est là au-dessus de nous ne lui servait de sauvegarde.

Walther (après un moment de réflexion). — Mon père, y a-t-il des contrées où l'on ne voit point de montagnes?

Tell. — Quand on descend de nos montagnes et que l'on va toujours plus bas en suivant le cours du fleuve, on arrive dans une vaste contrée ouverte où les torrents n'écument plus, où les rivières coulent lentes et paisibles. Là, de tous les côtés, le blé grandit librement dans de belles plaines, et le pays est comme un jardin.

Walther. — Eh bien ! mon père, pourquoi ne descendons-nous pas à la hâte dans ce beau pays, au lieu de vivre ici dans le tourment et l'anxiété ?

Tell. — Ce pays est bon et beau comme le ciel, mais ceux qui le cultivent ne jouissent pas de la moisson qu'ils ont semée.

Walther. — Est-ce qu'ils ne sont pas libres comme toi dans leur patrimoine ?

Tell. — Les champs appartiennent à l'évêque et au roi.

Walther. — Mais ils peuvent chasser librement dans les forêts ?

Tell. — Le gibier et les oiseaux appartiennent au seigneur.

Walther. — Ils peuvent alors pêcher dans les rivières ?

Tell. — Les rivières, la mer, le sel, appartiennent au roi.

Walther. — Quel est donc ce roi qu'ils craignent tous ?

Tell. — C'est un homme qui les protège et les nourrit.

Walther. — Ne peuvent-ils pas se protéger eux-mêmes ?

Tell. — Là le voisin n'ose se fier à son voisin.

Walther. — Mon père, je serais mal à mon aise dans ce pays, j'aime mieux rester sous les avalanches. (*Guillaume Tell*, acte III, sc. III.)

(61) PAGE 226.

« Mes regards ne rencontrent personne, un voile

épais me dérobe et nos soldats et nos chars. Grand Dieu ! chasse la nuit qui nous couvre les yeux ; et si tu veux nous perdre, perds-nous du moins à la clarté des cieux. » (*Iliade*, XVII.)

(62) Page 227.

République, livre VII.

(63) Page 227.

La question de l'origine du romantisme au moyen âge a été fortement débattue depuis la fin du siècle dernier. Dunlop (*History of fiction*, Edinburgh, 1814) expose avec une grande clarté les trois opinions alors répandues, d'après lesquelles cette origine serait à chercher : 1° chez les Arabes par l'intermédiaire des Maures d'Espagne ; 2° dans le christianisme et la basse latinité ; 3° dans le Nord païen scandinave. — Cf. aussi Warton (*History of english poetry*, Londres, 1775-81), et Bouterwek.

(64) Page 228.

Poésie née en Norwège et en Islande, et recueillie dans cette île au moyen âge.

(65) Page 228.

L'authenticité des poésies d'Ossian, qui avait déjà été révoquée en doute peu de temps après leur publication par Macpherson (1761-65), fut affirmée de nouveau après la mort de ce dernier (1796). Macpherson avait légué une somme considérable destinée à couvrir les frais d'impression de l'original en langue gaélique qu'il soutenait posséder, et qu'il n'avait pu produire lors de la discussion. Cet original parut en effet en 1807, à Édimbourg, accompagné d'une traduction latine. Comme son authenticité ne fut réfutée que beaucoup plus tard, Jean-Paul pouvait très-bien croire à l'existence réelle d'Ossian et de ses poésies. Ces chants vagues et nébuleux, inspirés à la vérité par de vieilles traditions celtiques, ne présentent cependant que très-peu d'analogie avec les traits fermes et vigoureux de la mythologie scandinave.

(66) PAGE 230.

Geschichte der Poesie und Beredtsamkeit, I, pp. 20, 21.

(67) PAGE 233.

Ezéchiel, I, 5, 6, 11, 23. La forme décrite dans ce prophète n'a que quatre ailes, et non six.

(68) PAGE 237.

« Chaque genre de poésie a, parmi les corps, des images qui nous parlent au cœur. Ainsi, par exemple, la musique est une poésie romantique qui s'adresse à l'oreille. Cette poésie, qui est le beau sans limite, se présente moins à l'œil, dont les limites ne se perdent pas aussi indistinctement qu'un son mourant. Aucune couleur n'est aussi romantique qu'un son, ne fût-ce que pour cette raison qu'on peut assister à la mort de ce dernier, et non à celle de la première, et qu'un son n'est jamais un son unique, mais qu'il confond pour ainsi dire avec le présent l'élément romantique du passé et de l'avenir. C'est pourquoi, parmi les instruments à marteau, ce sont les cloches qui attirent le plus les esprits romantiques, parce que leurs sons mettent plus de temps à vivre et à mourir ; vient ensuite, parmi les instruments à archet, l'harmonica ; et enfin, parmi les instruments à vent, le cor et l'orgue. Quant à cette dernière, les notes de pédale nous entraînent, plus profondément que celles du dessus, dans l'empire du soir romantique.

La forme sous laquelle le beau sans limites se présente le plus souvent et le mieux à l'œil, c'est le clair de lune, avec cette lumière des esprits surnaturels, qui n'a d'affinité ni avec le sublime ni avec le beau, qui nous pénètre d'un désir pénible, qui est, pour ainsi dire, l'aurore d'une éternité pour toujours refusée à la terre. Le ciel rouge du soir est romantique pour la même raison, tandis que l'aurore est sublime ou belle ; ils sont l'un et l'autre des enseignes de l'avenir ; mais le premier annonce l'avenir le plus éloigné ; la seconde, l'avenir le plus rapproché. De même une plaine verte sans limites, une rangée de montagnes à l'horizon, sont romantiques ; mais des montagnes rapprochées et le désert sont sublimes.

L'empire du romantique se divise au fond en empire

oriental de l'œil et empire occidental de l'oreille, et en cela il ressemble à son parent, le rêve. Chacun des sens se mêle de notre bonheur d'une façon tout à fait différente. Les deux sens supérieurs, l'œil et l'oreille, ne peuvent nous causer que de faibles peines, tandis qu'ils peuvent nous procurer de grandes joies ; qu'est-ce, en effet, que toute la peine qui résulte d'un manque d'harmonie ou d'une caricature, à côté de cet empire de joies que nous éprouvons dans une galerie de tableaux? Qu'est-ce qu'une dissonance musicale au prix de cette échelle céleste de la gamme, avec laquelle nous escaladons un nouveau ciel et une terre nouvelle? Cette supériorité de la quantité et de l'intensité des dons de ces deux sens, sur la quantité et l'intensité de leurs peines, est due en partie à l'imagination, dont les créations se mêlent aussitôt à celles du sens physique, et qui les continue. L'odorat, intermédiaire entre les sens supérieurs et les sens inférieurs, peut blesser aussi fort et aussi souvent qu'il peut causer du plaisir. Le goût, qui ne s'attache qu'au corps, et auquel l'estomac vient en aide, au lieu de l'esprit, pour y ajouter le dégoût, peut, avec le seul secours de ce dernier, et sans parler de ses *Assa fœtida*, enlever à la jouissance plus qu'il ne pourrait lui donner avec toutes ses pâtisseries. Mais de tous les sens, le plus bas et en même temps le plus étendu, c'est le toucher, véritable chemise de force, véritable vêtement de torture du corps et de l'esprit, qui ne met qu'une faible dose de miel de joie sur la série de blessures qu'il a causée.

C'est à ce sens animal que le corps refuse le plus le secours de l'imagination ou de l'âme ; et il n'y a par conséquent que les sens supérieurs, l'œil et l'oreille, qui puissent envoyer dans le rêve, dans cette chambre d'enfants, cet *infantum limbus* de l'imagination, leurs élèves transfigurés. Et encore ces derniers y sont-ils méconnaissables, tandis que les sens inférieurs n'y envoient que rarement leurs créatures plus grossières.

Ce sont par conséquent l'œil et l'oreille qui peuplent la poésie romantique. Le bleu de son ciel sera cependant plus pâle que le jaune de son enfer; celui-là est plein de désirs, parce qu'il ne peint son bonheur que sur un fond éloigné; celui-ci contient au contraire ces froids frissons des esprits qui soufflent derrière les joies les plus pures et sortent d'un fond nuageux placé à l'horizon et s'étendant sous lui sans limites. » (*Supplément à l'Introduction.*)

(69) PAGE 240.

Schiller a fait une traduction libre du *Macbeth* de Shakespeare. Il a changé avec intention le caractère des trois sorcières dont les paroles inspirent au héros de la pièce ses premières pensées d'ambition. Dans Shakespeare, elles ne sont que l'expression des mauvais instincts de l'homme, mais Schiller en fait des Parques, ou plutôt les représentants d'une mauvaise destinée extérieure au héros, qui l'entraîne malgré lui.

(70) PAGE 241.

Bakow, près de la mer Caspienne, lieu célèbre par ses nombreuses sources de naphte, et les colonnes enflammées qui s'élèvent de terre. Les Guèbres et les Hindous regardent Bakow comme un lieu saint; ils l'appellent le *Paradis des roses*, et y font des pèlerinages.

(71) Page 245.

Schiller a su tirer un grand parti de la confiance aveugle que Wallenstein avait dans l'astrologie. L'astrologue Seni, dont il se faisait accompagner partout, devient un des principaux personnages des *Piccolomini* et de *la Mort de Wallenstein*.

(72) Page 248.

L'*Athenæum*, revue littéraire fondée par les deux Schlegel, et spécialement consacrée à servir les doctrines de leur école romantique. Elle n'a eu que trois années d'existence, de 1798 à 1800.

(73) Page 248.

Des critiques plus récentes, et surtout celles de Gervinus et de Hillebrand, sont beaucoup moins favorables à l'ouvrage de Schlegel.

(74) Page 248.

Klopstock a cependant imité avec bonheur la prosodie des odes de Pindare, d'Alcée, de Sapho, etc.

(75) Page 250.

L'esprit romantique était alors étouffé par le classicisme du siècle de Louis XIV, qui avait pénétré en Allemagne. Quant à Lessing, c'était avant tout, il est vrai, un homme d'un sens juste et net ; cependant le romantisme allemand est assis sur les bases qu'il a fondées.

(76) Page 250.

Tieck a été attaqué à outrance par les restes de l'école prosaïque de Nicolaï, mais il a été défendu mieux encore par ses propres satires dramatiques et par les autres romantiques, qui finirent par prendre le dessus, précisément dans l'espace compris entre la première et la seconde édition de la Poétique de Jean-Paul.

(77) Page 250.

Les auteurs dramatiques de cette école sont surtout Z. Werner, Kleist, Müllner, Grillparzer.

(78) Page 251.

Cicéron et Quintilien ont cependant proposé une définition du risible, ou plutôt ils n'ont fait que reproduire celle qu'Aristote donne dans le chapitre V de sa Poétique : que le risible est une difformité ou une imperfection qui ne cause ni souffrance ni péril.

(79) Page 252.

L'objet risible, loin d'être un rien, présente une dualité de rapports, dont l'un est généralement vrai ; l'esprit, loin d'éprouver une déception, se trouve surexcité à une double activité. Voyez, pour tout ce chapitre et les deux suivants, l'*Essai sur les causes du rire de M. Léon Dumont* (Paris, 1862), où la théorie de Jean-Paul lui-même est soumise à un examen particulier. L'auteur de ce traité s'est rendu coupable d'une omission assez grave, et il saisit ici avec empressement l'occasion de la réparer. Quoiqu'il n'ait eu en aucune manière la prétention d'avoir examiné tous les penseurs qui se sont occupés plus ou moins explicitement du rire, et qu'il ait dû en négliger un grand nombre, cette négligence devient répréhensible, quand c'est de Platon qu'il s'agit. Le passage du *Philèbe* où cet auteur expose sa théorie, assez brièvement et assez vaguement d'ailleurs, lui avait complétement échappé ; c'est de là que tire son origine la théorie qu'il a présentée comme appartenant à Aristote.

Ce dernier définit le risible une imperfection qui n'est ni douloureuse ni destructive. La définition de Platon était plus stricte. Selon lui, le rire est le plaisir causé par la vue de l'ignorance de soi-même (ce qui est bien une imperfection, mais une imperfection déterminée) accompagnée de l'impuissance de nuire (V. le *Philèbe*, 29). On est ridicule, dit-il, 1° quand on se croit plus riche qu'on ne l'est en effet ; 2° quand on se croit grand, beau, doué de toutes les qualités du corps et qu'on n'est réellement rien de tout cela ; 3° quand on se trompe à l'égard des qualités de son âme, s'imaginant, en fait de vertu, être meilleur qu'on ne l'est ; par exemple, si l'on croit penser juste, et que l'on n'est plein que de fausses lumières et d'erreurs. Ces mêmes défauts deviennent odieux chez les personnes puissantes, parce que nous avons alors lieu de craindre qu'ils ne deviennent les causes d'actions nuisibles.

L'homme aime la supériorité, il désire rencontrer des imperfections dans ses semblables ; le rire est, suivant Platon, le sentiment de plaisir qui accompagne la satisfaction de cette passion (φθόνος). Il en résulte deux conséquences : la première c'est que le rire est indigne du sage, car son âme doit rester fermée à toutes les passions haineuses : « Il faut condamner le penchant au rire, car on ne se livre pas à une grande gaieté sans que l'âme éprouve une grande agitation (*République*, l. II). » — La seconde conséquence, c'est que le rire est une marque de désapprobation, et que l'on ne doit rire ou faire rire que de ce qui est véritablement blâmable : « Il n'y a qu'un homme superficiel qui trouve du ridicule autre part que dans ce qui est mauvais en soi ; qui cherche à faire rire, en prenant pour objet de ses railleries autre chose que ce qui est déraisonnable et vicieux, et qui poursuit sérieusement un autre but que le bien » (*République*, livre v).

La définition de Platon ne convient qu'à une des espèces du risible, celle qui a la sottise pour cause ; et on peut lui appliquer les mêmes objections qu'à celles d'Aristote, de Cicéron, de Quintilien, de Hobbes, de

Leibnitz, etc., qui, à peu de chose près, n'en sont que la reproduction.

Ajoutons que Platon a très-bien défini l'ironie, qu'il a d'ailleurs maniée avec tant d'habileté dans la bouche de Socrate. « Il y a, dit-il dans le *Sophiste* (52), des imitateurs qui laissent assez voir, par la versatilité de leurs discours, qu'ils soupçonnent et appréhendent fort eux-mêmes de ne rien savoir de ce qu'ils font semblant de savoir auprès des autres. Nous les appellerons imitateurs ironiques. Je vois dans ce genre deux espèces distinctes : les uns exercent leur ironie en public dans de longs discours adressés à la multitude ; les autres l'exercent dans le particulier par discours entrecoupés, en forçant leur interlocuteur de se contredire lui-même. » Toutefois rien ne fait supposer que Platon ait, en aucune manière, rapporté l'ironie au rire.

A propos d'ironie, remarquons en passant qu'il n'y a point de collégien qui ne sache que ce mot vient du grec (εἰρωνεία). Cela n'empêche pas le plus populaire de nos écrivains de proposer sérieusement une étymologie toute nouvelle : « *Iron* est un mot anglais qui veut dire fer. Serait-ce de là que viendrait *Ironie?* » (Victor Hugo, les *Misérables.*)

(80) PAGE 253 (*note*).

Jean-Paul paraît avoir fait de nombreux emprunts à cet excellent ouvrage, sans avoir toujours le soin de le citer. C'est ce qui arrive pour l'exemple des Kamtschadales (habitants du Kamtschatka). V. *Floegel*, t. I, pp. 99 et 322. Il nous semble, quoi qu'en dise Jean-

Paul, qu'un pareil trait est assez risible, surtout pour ceux qui en peuvent être témoins.

(81) PAGE 253.

« Le prince de Pallagonie possède à Bagaria, petit village à douze milles de Palerme, un palais dont Brydone a déjà fait la description. Dans la tête du prince une dévotion exagérée se mêle à tous les caprices d'une individualité romantique. Dans ce palais, on voit par exemple une danse de paysans placée près d'un bas-relief qui représente la passion du Christ, etc. Le goût du prince pour tout ce qui est extraordinaire est porté à ce point, que sa femme ayant un jour accouché d'un monstre, il fut transporté de la joie la plus vive. » (V. les *Lettres du comte de Borch sur la Sicile et sur Malte*; Floegel, *Hist. de la litt. comique*, t. I, pp. 66, 68). — Breughel d'Enfer, au génie duquel Jean-Paul compare celui du prince de Pallagonie, est un peintre flamand du dix-septième siècle, qui aimait à représenter des scènes infernales : par exemple, la descente d'Énée aux enfers, Orphée jouant de la lyre devant Pluton et Proserpine, la tentation de saint Antoine, et autres sujets où les contrastes ne faisaient pas défaut. On peut voir un tableau de lui, représentant l'enfer, au musée Campana.

(81 bis.) PAGE 254.

Ienaer allgemeine Literaturzeitung; ce journal, fondé en 1785 par Christ.-Gottfr. Schütz (qu'il ne faut pas confondre avec Stephan Schütz, l'esthéticien cité par Jean-Paul quelques lignes plus bas), Bertuch et Wieland, fut d'abord un organe important de la philosophie de Kant. Plus tard, sous l'influence de deux illustres collaborateurs, Schiller et A. W. Schlegel, il contribua à répandre les théories de l'école romantique. En 1804, Schütz étant allé se fixer à Halle, sa gazette l'y suivit. Un second *Ienaer allgemeine Literarzeitung* fut alors fondé par le professeur Eichstaedt. Goethe lui a fourni de nombreux articles.

(82) Page 254.

Schiller donne ici une très-bonne définition du comique, et non une définition du risible. Le risible et le comique sont deux choses qui devraient être soigneusement distinguées : le risible est la cause du rire ; le comique est ce qui appartient ou convient à la comédie. L'étude du premier rentre dans l'esthétique ; celle du second dans la poétique. Un personnage comique peut ne pas faire rire du tout, ou ne faire rire qu'à certains moments. Il reste toujours comique, il devient quelquefois risible. Le rire n'est pas la fin de la comédie, mais seulement un des moyens qu'elle emploie. — V., sur cette distinction, l'*Essai sur les causes du rire*, cité plus haut.

(83) Page 254 (*note*).

« *Zeitung für die elegante Welt*, » peut-être le plus ancien des journaux allemands purement consacrés aux belles-lettres, fondé à Leipzig, en 1801 par K. Spazier, qu'il ne faut pas confondre avec le neveu et biographe de Jean-Paul, R. Spazier.

(84) Page 258.

« Il dit, et fronça ses noirs sourcils : sa chevelure parfumée d'ambroisie flotta sur sa tête immortelle, et le vaste Olympe fut ébranlé. » (*Iliade*, ch. I, v. 528, 29 et 30.)

« Annuit, et totum nutu tremefecit Olympum. »
(*Énéide*, X, 115.)

« Lorsque Phidias exécutait la statue de Jupiter Olympien, interrogé où il prendrait le modèle de l'effigie du Dieu, il répondit qu'il avait trouvé l'archétype de Jupiter dans les trois vers d'Homère cités plus haut, et qu'il avait tiré de ces sourcils et de cette chevelure le visage entier de sa statue. » *Macrobe, Saturnales*, l. V, ch. XIII.

(84 *bis*.) Page 259.

Ceci est probablement une allusion aux rochers lancés par Polyphème sur le vaisseau d'Ulysse. V. *Odyssée*, ch. IX, v. 481, sq., 537, sq.

(85) Page 260.

« Il serait préférable de diviser le sublime, d'après les trois quantités, en sublime d'extension, sublime de protension et sublime d'intensité, ou, ce qui revient au même, en sublime d'espace, sublime de temps et sublime de force. Dans les deux premiers, ce sont nos facultés de connaissance qui entrent en jeu ; dans le dernier, ce sont nos facultés morales. Un objet est *extensivement* ou *protensivement* sublime, quand il comprend un si grand nombre de parties, que l'imagination et l'entendement échouent, la première dans son essai de le représenter par une image, et le second dans son essai de le mesurer comparativement à d'autres quantités. Trompé dans l'effort intellectuel qu'il a fait pour faire rentrer l'objet dans les limites des facultés qui devraient le saisir, l'esprit renonce à sa tentative, et conçoit l'objet, non positivement, mais par une notion négative ; il le conçoit comme inconcevable, et se laisse tomber dans un repos qui lui est agréable par opposition avec la continuité d'une activité tout à la fois forcée et entravée... Un objet est *intensivement* sublime, quand il renferme un tel degré de force ou de pouvoir, que l'imagination ne peut représenter, et que l'entendement ne peut mesurer le *quantum* de cette force ; et quand, la nature de l'objet faisant paraître l'impuissance de l'esprit à son égard, celui-ci ne prolonge pas un effort inutile, et arrête, dans leur tentative, l'exercice de ses facultés. » *William Hamilton, Leçons de métaphysique*, Édimbourg, 1859, t. I, p. 513 sq.

(86) PAGE 264.

Le langage de Jean-Paul manque ici de clarté. — Il

sera difficile de retrouver l'infiniment petit dans l'analyse que lui-même va donner du risible. Au fond, l'infiniment petit n'est pas moins sublime que l'infiniment grand; car c'est à l'infinité même, et non à la grandeur ou à la petitesse, qu'appartient la sublimité. — Le sentiment du risible n'est pas réellement le contraire du sentiment du sublime; le contraire du rire est le sérieux, et le sérieux comprend toutes les modifications de la sensibilité autres que le sentiment du risible : depuis ceux du beau et du sublime jusqu'aux plaisirs des sens.

(87) Page 272.

« Il n'y a ni amour égoïste, ni amour-propre; il n'existe que des actions égoïstes. » (*Quintus Fixlein, loc. cit.*)

(88) Page 275.

La théorie de Jean-Paul peut se résumer ainsi : Le risible c'est l'absurdité, c'est-à-dire la négation de l'entendement, ou l'entendement, en tant qu'il viole ses propres lois. Cette absurdité doit être exprimée de manière à devenir saisissable par les sens. Il n'est pas nécessaire que cette absurdité soit réelle : il suffit qu'elle soit apparente. Elle ne résulte pas précisément d'une contradiction entre les pensées d'un individu et l'acte de son entendement, mais d'une contradiction entre cet acte et les pensées que nous attribuons à cet individu. — Il y a par conséquent trois éléments dans le risible : 1° les pensées que nous attribuons à autrui; 2° l'acte de son entendement en contradiction avec ces pensées; 3° l'action extérieure qui lui correspond. — On y trouve également une triple contradiction ou plutôt, c'est la même contradiction qui peut être considérée à trois points de vue différents : 1° dans l'action extérieure elle-même, en tant qu'elle est absurde (contraste sensible) ; 2° entre les pensées attribuées et l'acte de l'entendement (contraste subjectif); 3° entre ces mêmes pensées et l'action extérieure (contraste objectif). — Jean-Paul paraît avoir surtout senti le défaut des théories qui font consister le risible dans une simple absurdité, et avoir voulu échapper au reproche qu'on leur fait, de ne pas s'appliquer aux situations risibles qui naissent des circonstances. D'après lui nous rions, non d'une absurdité réelle, mais de l'absurdité hypothétique que nous prêtons à un individu, en lui supposant notre manière de voir. Mais cette attribution de nos pensées à autrui est un fait purement imaginaire, créé par Jean-Paul uniquement pour les besoins de sa cause. Notre esprit ne procède pas ainsi, et le phénomène du rire peut très-bien être expliqué sans cette supposition. *Entia non sunt creanda præter necessitatem.* Cette théorie a encore l'inconvénient de déplacer le risible : de l'attribuer à l'entendement lui-même, en tant qu'il est le sujet d'une absurdité; tandis qu'il se trouve réellement dans le fait extérieur, en tant qu'il éveille à la fois dans l'esprit la conception de deux rapports contraires. Ce fait peut être le résultat d'une absurdité, mais il peut avoir aussi d'autres causes. La cause reste distincte de son effet, et c'est cet effet seul qui est véritablement risible. Nous renvoyons encore à cet égard à l'*Es-*

sai sur les causes du rire dont nous avons déjà parlé.

Cette théorie de Jean-Paul a été exposée d'une manière assez obscure par M. Chaignet, dans ses *Principes de la science du beau* (Paris, 1860). Cet auteur, tout en faisant grand cas de cette théorie du rire, ajoute : « Il n'y a pas là un principe suffisant pour expliquer tous les arts, et la beauté partout où elle se présente. » Qui a jamais dit le contraire? Où M. Chaignet a-t-il pris que Jean-Paul considère le rire comme le principe de l'art, et confond le ridicule avec la beauté ?

(89) Page 270.

Jean-Paul prête à l'ironie une très-grande importance dans la poésie comique. Mais d'autres auteurs de l'école romantique sont allés bien plus loin que lui : Solger, Tieck, et Fr. Schlegel ont fait de l'ironie un des éléments les plus élevés de l'inspiration artistique, le moment où l'artiste plane sur sa matière et s'en est rendu maître au point de jouer librement avec elle ; en un mot, le dernier perfectionnement du chef-d'œuvre. L'ironie des romantiques est devenue fameuse en Allemagne; elle a été combattue par Hegel.

Ramenée à sa véritable valeur, et considérée en elle-même, en dehors de ses applications à la poésie, l'ironie est simplement un des modes de la plaisanterie; elle consiste dans l'affirmation volontaire du contraire de la vérité. Pour qu'elle soit réellement l'ironie, il faut que nous sachions nous-mêmes que nous disons le contraire de ce qui est ; car sans cela ce serait une absurdité, non une plaisanterie. D'un autre côté, l'ironie ne fait rire que ceux qui connaissent la vérité relativement à l'objet auquel elle s'applique; car c'est seulement dans l'esprit de ceux-là qu'elle peut éveiller le double rapport qui occasionne le rire; il en résulte que tantôt l'ironie produit son effet sur tout le monde, sur celui qui la fait, sur celui qui en est l'objet et sur ceux qui en sont témoins (spectateurs, auditeurs ou lecteurs); tantôt, au contraire, elle n'est plaisante que pour son propre auteur : on se donne alors à soi-même et à soi seul le plaisir de placer son prochain dans une situation ridicule. Souvent on éclate de rire en exprimant son ironie; mais les gens qui se possèdent et qui sont maîtres de leurs mouvements, gardent leur sérieux et ne rient qu'intérieurement; cela est vrai, d'ailleurs, de toute plaisanterie; et nous pouvons aussi rappeler cette loi générale d'esthétique, qu'une proposition que nous ne découvrons qu'à l'aide de la réflexion ne produit pas nécessairement sur notre propre sensibilité le même effet que sur celle des personnes auxquelles nous la présentons toute faite. On a dit que l'ironie était le contraire de l'humour, que la première était le risible sous l'apparence du sérieux; le second, le sérieux sous l'apparence du risible (Schopenhauer); mais c'est une erreur : l'ironie est une espèce de plaisanterie, l'humour est une cause de plaisanterie, et peut très-bien s'exprimer avec ironie. L'ironie peut avoir en particulier chacune des causes que la plaisanterie a en général (laune, joie, humour, mépris, haine, mélancolie, amertume, etc.). Elle peut être louangeuse, moqueuse ou indifférente.

Elle peut être continue ou momentanée et ne consister qu'en une seule épithète ; elle s'applique aux choses sublimes comme aux objets les plus bas; on la trouve également dans la tragédie et dans la comédie. Elle a généralement pour effet d'attirer l'attention sur son objet, quel qu'il soit, d'empêcher qu'il ne passe inaperçu et d'ajouter le rire à l'impression qu'il produit.

Nous avons cru que ces observations sommaires pourraient rendre plus faciles à lire les théories de Jean-Paul. Pour des développements plus considérables, des exemples, et la distinction des différentes espèces d'ironie, V. l'*Essai sur les causes du rire*.

(90) PAGE 276.

Humour et laune. — Nous avons respecté partout, dans notre traduction, ces deux mots étrangers ; le premier est depuis longtemps accepté par la critique ; le second a, chez les esthéticiens allemands et en particulier dans la langue de Jean-Paul, la valeur d'un terme technique, et aucun mot de la langue française ne pourrait éveiller précisément l'idée dont il est le signe. Des théories de l'*humour* et de la *laune* sont des choses presque nouvelles et un peu obscures pour des lecteurs français; nous continuons à emprunter à l'*Essai sur les causes du rire* quelques éclaircissements.

Humour a signifié primitivement *liquide*, et en particulier les éléments liquides du corps des animaux. L'hypothèse, longtemps acceptée, que l'état des différentes humeurs de l'organisme était la cause des différents tempéraments et caractères, a fait étendre le nom d'*humours* aux différentes dispositions de l'âme.

> As when some one peculiar quality
> Doth so possess a man that it doth draw
> All his affects, his spirits and his powers
> In their constructions all to run one way,
> This may be truly said to be a humour.
> (Ben Jonson, *The man out of his humour.*)

(On peut appeler humour ce fait qu'une seule qualité particulière possède si bien un homme, qu'elle entraîne dans une seule direction tous ses sentiments, son esprit et ses facultés.)

Indépendamment de cette acception générale, le mot a été, dans la suite, spécialement employé (*sensu stricto*) pour désigner deux choses différentes :

1º L'état d'une âme qui a l'habitude de s'abandonner entièrement à son *humour*, ou plutôt aux différents *humours* ou dispositions naturelles qui se succèdent en elle; l'humour cède à tous les mouvements de la spontanéité. On appelle humoriste, dans ce sens, un écrivain qui laisse son imagination se porter sur les objets les plus différents, aller du bas au sublime, du triste au gai, et qui rapproche par conséquent les choses les plus éloignées. Les humoristes produisent des œuvres pittoresques et pleines de variété; mais la beauté n'est pas le but qu'ils se proposent.

2º L'*humour* par excellence, c'est-à-dire l'*humour* exceptionnel et par lequel on se distingue des autres. — L'*humour* gai étant le plus ordinaire, passe inaperçu et n'attire pas l'attention ; l'humour triste est le seul qui se fasse remarquer, et par conséquent quand on observe qu'un homme a de l'humour, c'est ordinairement de l'humour triste qu'on veut parler; dans les autres cas on ajoute au nom une épithète quelconque. (Un fait correspondant s'est produit dans la langue française où « avoir de l'humeur » signifie « être de mauvaise humeur. ») — C'est dans ce sens que le mot *humour* joue un si grand rôle dans les théories romantiques. Toutefois, dans ces théories mêmes, le terme n'est employé avec cette acception que pour désigner l'humour triste ou la mélancolie, en tant qu'elle se réalise dans sa forme la plus frappante et la plus élevée; c'est-à-dire 1° quand elle existe d'une manière continue dans un individu et forme le fond de son caractère; 2° qu'elle a pour cause la connaissance des limites des facultés humaines, des imperfections des sociétés et des misères de la vie (c'est un caractère de l'*humour* sur lequel Jean-Paul a insisté longuement et à plusieurs reprises); 3° et qu'elle s'exprime dans la forme qui commande le plus l'attention, c'est-à-dire avec la plaisanterie. — En somme, l'humour, dans son sens le plus strict, est une cause de plaisanterie : c'est la mélancolie d'une âme supérieure à qui il arrive de plaisanter.

Toutefois le terme n'est pas d'une application aussi restreinte chez tous les auteurs. Quelques-uns l'emploient dans des cas où il n'y a aucune plaisanterie, aucun élément risible, et où cette mélancolie, dont nous avons parlé, s'exprime seulement avec esprit; ainsi cette pensée de Byron :

Man, thou, pendulum between a smile and a tear,

est citée comme un trait d'humour ; il n'y a là rien de risible ; il en est de même de la plupart des pensées d'Hamlet. Schlegel paraît même n'avoir considéré que cette forme de l'humour, quand il le définit : « L'esprit dans le sentiment. » — Il serait peut-être plus convenable d'appeler en général *humour* la mélancolie qu'inspirent le spectacle du monde et l'étude de l'homme, quelle que soit la forme sous laquelle elle se présente à nous. On pourrait distinguer un *humour* sérieux et un *humour* plaisant ; l'un et l'autre pourraient devenir spirituels. Les meilleurs exemples d'humour purement sérieux seraient empruntés aux penseurs qui ont le mieux senti combien les limites de l'esprit humain sont étroites, et qui ont reconnu que la consommation de la sagesse humaine n'est qu'une ignorance savante. (V. *Pascal* et *William Hamilton*.)

L'alliance de la mélancolie avec la plaisanterie n'est étonnante que pour ceux qui considèrent le rire comme étant exclusivement le signe de la joie. Mais le rire est un plaisir purement intellectuel, qui peut très-bien coexister avec une peine morale. La mélancolie vient d'un désir de grandeur ou de perfectionnement que nous ne pouvons satisfaire ; le rire naît d'une surexcitation de l'activité de l'entendement.

Certains théoriciens se sont fortement trompés en faisant consister le risible de l'*humour* dans un contraste entre la mélancolie et la plaisanterie. (*Floegel, Geschichte der komischen Literatur. — Schopenhauer, Die Welt als Wille und Vorstellung.*) Le risible est dans la plaisanterie elle-même, dont l'*humour* est une cause et non un élément. Le rire de l'*humour* n'est pas un rire spécial, et l'humour peut disposer de toutes les espèces de plaisanteries (ironie, moquerie, jeux de mots, etc.).

L'*humour* est tellement rare dans l'antiquité qu'on a eu raison de le considérer comme propre à la poésie et à la philosophie modernes. Les anciens ne connaissaient pas cette mélancolie qui lui donne naissance ; ils aimaient la vie et s'aimaient eux-mêmes plus que nous, parce qu'ils vivaient dans des conditions plus faciles, qu'ils avaient une morale plus riante, des institutions politiques plus pures et plus naturelles, et peut-être parce que leur science n'avait pas encore mesuré aussi exactement les bornes de l'esprit humain.

La mélancolie de l'*humour* peut inspirer de longues œuvres poétiques tout entières, et devenir même, comme la flamme jaillit du sombre charbon, l'âme qui vivifie toutes les productions d'un poëte. Elle peut inspirer, dans un drame ou un roman, la création de personnages qui n'ont rien de mélancolique ; et cependant leurs plaisanteries sont encore indirectement de l'*humour* ; car au fond, ce sont les plaisanteries du poëte, et c'est l'*humour* qui en est la première cause. Telles sont celles de Mercutio dans *Roméo et Juliette*, et celles de Sancho Pança dans *Don Quichotte*.

L'humour véritable et sincère ne peut être le partage que d'une âme élevée, capable de promener sur le double univers, physique et spirituel, le coup d'œil du génie. Mais la foule a singé l'*humour*, a répété ses pensées et ses plaisanteries, et les poëtes les plus médiocres ont usurpé la dénomination d'humoristes. Jean-Paul lui-même ne va-t-il pas trop loin quand il dit que tout ce qui est comique dans la poésie romantique est de l'humour. « Le mot *humoristique* est aujourd'hui, dans la littérature allemande, employé communément dans le sens de comique en général. Cela vient de la tendance déplorable qui nous porte à donner aux choses un nom supérieur à celui qui leur convient, comme par exemple celui d'une classe qui est au-dessus d'elles. De même que chaque auberge s'intitule hôtel; chaque changeur, banquier; chaque manége ambulant, cirque; le moindre concert, académie de musique; toute boutique de marchand, bureau; tout potier, sculpteur; de même le dernier farceur se fait appeler humoriste... « Grands mots et petites choses, » telle est la devise du noble siècle où nous vivons. » —(Schopenhauer, *Die Welt als Wille und Vorstellung*, 1859, t. II, p. 111.)

Quant à la *laune*, certains auteurs la regardent comme la même chose que l'*humour* (*Floegel*); quelques-uns en font une espèce d'*humour* (*Jean-Paul*), d'autres font de l'*humour* une espèce de *laune* (*Schopenhauer*). Étymologiquement, le mot n'a rien à faire avec la lune (*luna*), comme on le répète ordinairement. Dans l'ancien allemand, *liuni* signifie quelque chose d'accidentel, de fortuit, qui arrive par hasard (Voyez Schwenck, *Woerterbuch der deutschen Sprache*). *Laune* offre un sens général et deux sens particuliers :

I. (*Sensu lato.*) Cette qualité de l'âme qui change suivant toutes les circonstances et les accidents de la vie. Disposition, humeur (bonne ou mauvaise).

II. Un caractère particulièrement changeant, qui s'abandonne à tous les mouvements de l'humeur, qui obéit à toutes les dispositions différentes qui se succèdent dans l'âme. Caractère capricieux et fantasque. Dans ce sens, *laune* est réellement synonyme d'*humour*, en tant que ce dernier mot signifie disposition changeante et goût de la variété.

III. Dans le sens le plus strict, *laune* signifie une disposition à rire et à faire rire, l'habitude et le goût de la plaisanterie, s'exerçant sur les objets les plus différents, aussi bien sur ceux qui inspirent de la gaieté que sur ceux dont la vue ou la connaissance sont de nature à attrister. A force de faire et d'entendre des plaisanteries, on finit par acquérir une sagacité merveilleuse pour trouver, à l'égard de tout objet, ce qu'il faut dire ou faire pour le rendre risible. Faute de but extérieur, on va jusqu'à exercer sa *laune* sur soi-même ; c'est ainsi que la bouffonnerie devient en même temps le sujet et l'objet du rire. Aussi Jean-Paul a-t-il raison de dire que dans la poésie lyrique, le comique est le plus souvent de la *laune;* la verve de Rabelais et celle de Heine peuvent être citées parmi les meilleurs exemples de *laune*. — La *laune* est en somme l'habitude de la plaisanterie, et, dans ce sens, elle peut se combiner avec l'*humour*. On peut être mélancolique et plaisanter sur tout.

(91) PAGE 277.

Le persiflage est la satire plaisante. — La satire est un discours qui a pour but de rendre un ou plusieurs individus haïssables ou méprisables. On peut l'introduire partout, et elle ne forme pas, à proprement parler, un genre littéraire particulier. L'historien, l'orateur, le critique, le poëte peuvent être également satiriques. On la retrouve dans la simple conversation aussi bien que dans les œuvres d'art. Elle joue un grand rôle dans la vie, car la médisance et la calomnie elles-mêmes sont de véritables satires. Tantôt elle remplit une œuvre tout entière (satire proprement dite), tantôt on l'y jette comme en passant, et elle n'en forme alors qu'un détail isolé. Le plus souvent la satire est sérieuse; elle l'est surtout quand elle inflige un blâme sévère et qu'elle veut rendre sa victime odieuse. Mais quelquefois, quand elle ne s'attaque qu'à de légers travers, qu'elle ne veut inspirer que du mépris pour la sottise, le ridicule devient dans ses mains une arme redoutable. Le risible n'est pas méprisable par lui-même ; il n'est nécessairement le signe d'aucun vice, d'aucun travers. Mais quand il se rencontre avec un vice ou un défaut, il le fait ressortir davantage, le rend plus frappant, attire sur lui l'attention et le grave dans la mémoire.

(92) PAGE 281.

Jean-Paul était fils d'un ministre protestant.

(93) PAGE 282.

Hanswurst. Ce mot, qu'on peut traduire par ceux de *Jean Boudin,* est un personnage grotesque du vieux théâtre allemand. Pendant la période de léthargie où se trouva plongée la poésie allemande, entre la guerre de Trente ans et la renaissance du siècle dernier, la scène comique se nourrissait presque exclusivement d'imitations du bas comique français ou italien. *Jean Boudin* y prenait une importance de plus en plus considérable. La réforme moitié classique, moitié nationale, essayée par Gottshed, s'efforça de renverser la puissance de cet usurpateur le plus souvent ignoble. Un prologue composé exprès fit, sur la scène de Leipsick, le procès à cette espèce d'Arlequin, et le héros favori de la populace fut brûlé en effigie. Toutefois ce procédé n'eut pas un succès général, et Lessing, qui disposait, pour corriger la scène, de moyens plus efficaces, le qualifie de « la plus grande des arlequinades. »

(94) PAGE 283.

The rape of the lock, poëme héroï-comique de Pope, imitation très-bien réussie du *Lutrin*, et fondée comme lui sur un fait réel. Un lord était venu à bout de couper une mèche de cheveux sur la tête d'une beauté alors fêtée à la cour d'Angleterre. Ce larcin allait donner lieu à des querelles sérieuses, quand le poëme vint à propos faire rire et réconcilier tout le monde.

(95) PAGE 285.

Philémon, contemporain et rival de Ménandre, auteur de 97 comédies, dont il ne nous reste que des fragments.

(96) PAGE 291.

On rit quand on est chatouillé, dit Sulzer dans sa

théorie des beaux-arts, parce qu'on ne sait si on sent de la douleur ou du plaisir. » (?)

(97) Page 291.

Cette citation est une plaisanterie. Les *Années d'école buissonnière* forment un ouvrage inachevé et dont l'auteur n'a écrit que les quatre premiers volumes. Il est difficile de penser que, dans le cas où l'auteur l'aurait achevé, il serait arrivé au nombre de 29.

(98) Page 295.

Swift devint, sur la fin de sa vie, d'un caractère singulier et insociable. Les uns attribuent ce changement au remords d'avoir également trompé sa femme et sa maîtresse Vanessa, qui mourut de chagrin après avoir appris qu'il était marié. Peut-être aussi était-il fatigué par ses travaux excessifs ou abattu par les déceptions de sa vie politique. Il finit par tomber dans une sorte d'imbécillité, et, dans les trois dernières années de sa vie, on l'entendit à peine prononcer quelques paroles. Ses derniers ouvrages se ressentent de cet affaiblissement mental.

(99) Page 296.

L'oncle Toby, un des personnages principaux du *Tristram Shandy*, est un vieux loup de mer, qui croit devoir parler à tout propos de ses exploits militaires.

(100) Page 297.

Leibgeber et Siebenkaes sont deux héros du roman de Jean-Paul intitulé : *Blumen-Frucht-und Dornenstücke, oder Ehestand, Tod und Hochzeit des Armenadvokaten F. St. Siebenkaes.*

(100 bis.) Page 298.

Livres à l'usage des écoles et des gymnases. On connaît les *Elementa artis docimasticæ* de Cramer, le célèbre minéralogiste allemand du XVIIIe siècle, traduits en allemand, en anglais et en français.

(101) Page 298.

L'*Allgemeine deutsche Bibliothek*, grande entreprise de l'école de Lessing, fondée en 1765 et rédigée, jusqu'en 1792, par le célèbre éditeur Nicolaï, de Berlin. De 1792 à 1801, des raisons politiques l'obligèrent à paraître à Hambourg ; elle revint ensuite à Nicolaï qui la termina en 1806, après lui avoir fait atteindre le nombre de plus de 250 volumes. Presque tous les esprits distingués du temps y prirent part, et le nombre de ses collaborateurs s'éleva jusqu'à 400. Libérale et rationaliste, elle se fourvoya cependant en littérature dans des notions tellement prosaïques et utilitaires, qu'elle resta longtemps en dehors du grand mouvement imprimé à l'Allemagne par les génies de Gœthe et de Schiller. Le romantisme lui fit une guerre acharnée, qui finit par briser l'influence presque toute-puissante que cette publication avait obtenue à la fin du siècle dernier.

(102) Page 303.

Whimsical, capricieux, fantasque, plein de fantaisies.

(103) Page 303.

On appelle moresque ou arabesque, en architecture, des ornements de peinture imitant les formes et les couleurs des fleurs et des fruits, qui furent primitivement usités chez les Arabes et chez les Maures. L'Islam défendait à ses adhérents les représentations d'hommes et d'animaux, parce qu'elles auraient pu conduire à l'idolâtrie.

(104) Page 303.

La Sacountala, célèbre drame hindou, par Kalidasa, le premier des poëtes non brahmaniques, et composé dans le premier siècle de notre ère. M. Chézy l'a traduit en français (Paris, 1830). — Plus récemment il l'a été de nouveau par M. H. Fauche (*Œuvres de Kalidasa*, 1860, 2 vol.)

(105) Page 303.

« Socrate força ses deux interlocuteurs (Aristophane et Agathon) à reconnaître qu'il appartient au même homme de savoir traiter la comédie et la tragédie, et que le vrai poëte tragique qui l'est avec art, est en même temps poëte comique. » (*Le Banquet*, 223.)

(106) Page 304.

Il y a ici de l'exagération. Le « *monstre Wallensteinien*, » comme Schiller et Gœthe appellent cette grande trilogie dans leur correspondance, se compose de trois pièces assez indépendantes les unes des autres pour qu'elles puissent être jouées séparément. La première, le *Camp de Wallenstein*, n'est pas une comédie, bien qu'elle renferme quelques traits risibles ; c'est un drame sérieux qui met sur la scène la vie militaire de la guerre de Trente ans, et fait allusion aux projets particuliers de Wallenstein. D'ailleurs il est le plus souvent joué seul.

(107) Page 306.

Fenk, personnage du roman de Jean-Paul intitulé : « *La Loge invisible*. » Il est fait dans ce roman (I, 318) allusion à un discours sur l'estomac d'un prince ; cependant cette œuvre, humoriste par excellence, ne se trouve que dans un ouvrage publié postérieurement : *Katzenberger* (III, 574). C'est là une de ces bizarreries dont notre auteur offre souvent l'exemple.

(107 *bis*.) Page 310.

Le *Teutscher Mercur*, fondé en 1773 par Wieland,

et dirigé par lui jusqu'en 1789, fut continué de 1790 à 1810, sous le titre de *Neuer deutsche Mercur*. Bien que l'on trouve de grands noms parmi ses collaborateurs (Jacobi, Reinhold, Schiller, etc.), on lui reproche d'être plus d'une fois tombé dans la platitude, les abus de l'industrialisme et l'esprit de coterie.

(108) Page 315.

Cette mauvaise habitude d'une modestie exagérée dans le style épistolaire s'est corrigée, comme tant d'autres ridicules, sous l'influence de la littérature du siècle dernier.

(109) Page 320.

Pistol, espèce de *Miles gloriosus*, personnage que Shakespeare fait paraître à côté de Fallstaff dans ses drames de *Henri IV* et de *Henri V*.

(110) Page 325.

Bedlam, hôpital des fous à Londres. — Grubstreet, rue de Londres, où habitaient un grand nombre d'auteurs de petites histoires, de dictionnaires et de poëmes d'actualité. On appelait les mauvais ouvrages des publications de Grubstreet.

(111) Page 325.

C'est probablement l'estaminet où Gœthe place la scène tumultueuse et magique de son *Faust* (I, 5).

(112) Page 325.

« Sous les tilleuls » (ou plutôt aujourd'hui « sous les marronniers »), rue principale de Berlin ornée d'une double allée.

(113) Page 325.

Wilhelmshoehe, parc public et lieu de divertissement très-fréquenté, près de Cassel (Hesse électorale). On a cherché à y imiter les eaux de Versailles.

(114) Page 325.

Le Prater, promenade de Vienne où s'épanouit, mieux que partout ailleurs, la gaieté du midi de l'Allemagne.

(115) Page 329.

« *L'humour* est la véritable poésie de Comus; la *laune*, la satire et la comédie en partie, en sont plutôt la prose. L'*humour* est un esprit qui passe à travers l'ensemble pour l'animer invisiblement; par conséquent, il n'en écarte pas telle ou telle partie, et l'on ne peut mettre sur lui le doigt à tel ou tel endroit. Véritable poésie, il affranchit l'homme; il fait paraître et fuir légèrement devant nous les taches d'été, de printemps, d'automne et d'hiver de nos saisons intérieures, de même que la poésie tragique en fait paraître et fuir les blessures. En quittant un livre humoriste, on ne hait ni le monde ni soi-même. Les enfants saisissent le ridicule sans être portés à haïr ou à mépriser, et même sans en aimer moins l'objet; l'humour nous fait devenir comme les enfants. Aussi peut-on relire, on me l'a fait Wieland, dans la bibliothèque duquel j'ai vu le livre, le *Tristram Shandy*, au point de l'user comme un alphabet, ce qui serait impossible pour un recueil d'épigrammes ou de satires. Le trait d'esprit ou la saillie comique s'épuisent ou se déchargent comme la foudre anguleuse, dès le premier coup; mais l'humour ne nous offre que le jeu tranquille et innocent d'éclairs éloignés, qui brillent, non au-dessus de notre tête, mais à l'horizon lointain pour annoncer de belles journées.

« Après Shakespeare, Sterne est, de tous les Anglais, celui qui a volé avec le plus de facilité à travers les brouillards et les nuages de fumée de son pays, et les a le mieux dissipés par son souffle. Sterne est encore, de tous les Anglais, celui qui s'est le plus rapproché de notre Goethe par son âme véritablement poétique et libre, par son hilarité et sa facilité qui vont jusqu'à la négligence, et par le don qu'il a de nous toucher et d'être naturel avec art; il marche cependant dans une toute autre voie que le poëte allemand. C'est précisément à ses compatriotes qu'il ressemble le moins; car il faisait rire et jouer sa gaie philosophie non-seulement sur le papier à impression, par exemple dans son *Voyage sentimental*, mais aussi sur le sol anglais et comme homme : contraste vivant de l'anglicisme, il recherchait continuellement la société et la conversation. » (*Supplément à l'Introduction.*)

(116) Page 330.

Wetzlar (Prusse rhénane) fut, de 1693 à 1806, le siége de la chambre impériale allemande. Gœthe y fit ses études de droit. La scène de son *Werther* se trouve placée aux environs de cette petite ville, pittoresquement assise sur les rives de la Lahn.

(116 bis.) Page 330.

Comme la procédure criminelle et civile était alors, en Allemagne, tout à fait secrète et entièrement fondée sur l'écriture, le dossier des actes jouait le plus grand rôle dans les procès, et surtout dans ceux qui étaient portés devant les tribunaux supérieurs. *Quod non in actis non in mundo.* — Ces actes écrits devaient être examinés par chacun des conseillers successivement et à son aise, et on avait l'usage, pour garantir ces précieux dépôts des accidents matériels et des indiscrétions subalternes, de les faire circuler dans de petites boîtes ou étuis de fer-blanc fermés à clef. Il y a des endroits où cette ingénieuse institution est encore en pleine vigueur.

(117) Page 332.

Bell' umori, La plus ancienne des académies italiennes, fondée par Pomponio Leto, à Rome, et dissoute lors du désastre de 1527. — Voy. *Tiraboschi, Storia della litt. ital.*, VII, t. 112; — et *Quadrio, Storia et ragione d'ogni poesia.*

(118) Page 336.

Le célèbre critique A.-W. Schlegel a véritablement mérité ce reproche; entraîné par ses préventions romantiques, il jugeait avec intolérance tout ce qui ne sentait pas le moyen âge et le mysticisme.

(119) Page 341 (*note*).

Lichtenberg, un des écrivains les plus spirituels de l'Allemagne, n'est pas connu en France autant qu'il mériterait de l'être. Nous croyons être agréables à nos lecteurs en insérant ici une traduction inédite de la satire citée par Jean-Paul :

« Affiche au nom de Philadelphia.

« Les amateurs de physique surnaturelle sont informés que le sorcier Philadelphus-Philadelphia, célèbre dans l'univers entier, déjà cité, dans le livre *de la nature naturelle*, par Cardan, qui le proclame un objet de jalousie pour le ciel et pour l'enfer, vient d'arriver ici par la poste ordinaire, bien qu'il lui eût été facile de voyager en l'air. Il faut qu'on sache que c'est le même personnage qui, en 1482, sur la place publique de Venise, lança dans les nuages une pelote de ficelle, à l'aide de laquelle il grimpa dans l'air, jusqu'à ce qu'il fût impossible de l'apercevoir. Ce sera le 9 janvier de l'année courante qu'il commencera, en public et en secret, dans notre maison de commerce, à offrir pour un écu ses tours aux yeux des spectateurs; ensuite il procédera, de semaine en semaine, à des tours meilleurs, jusqu'à ce qu'il arrive à ceux de cinq cents louis d'or, qui, soit dit sans vanité, surpassent le merveilleux même, et sont positivement à peu près impossibles. Il a daigné produire son habileté, avec le plus grand succès, devant les grands et petits princes des quatre parties du monde, et, même, la semaine dernière, dans la cinquième, devant sa majesté Oberea à Otahiti. Il sera visible ici tous les jours et à toute heure, excepté : 1°, les lundis et les jeudis, jours où il doit aller chasser les pensées noires du congrès de ses compatriotes à Philadelphia ; 2°, de onze heures à midi, heure pour laquelle il a un engagement à Constantinople ; 3°, d'une heure à deux, heure de son dîner. — Nous allons décrire quelques-uns de ses tours ordinaires pour un écu, moins les plus forts que ceux dont on peut donner une idée en quelques mots :

« I. — Sans sortir de sa chambre, il enlève le coq de l'église Saint-Jacques, et le pose sur l'église Saint-Jean ; et il met sur Saint-Jacques la girouette de Saint-Jean. Après quelques minutes, il remet les choses à leur place. *N. B.* Tout cela sans aimant, et sans autre secours que la rapidité.

« II. — Il prend cent grammes du meilleur arsenic, les met en poudre, les fait bouillir dans quatre pintes de lait et en régale ces dames. Dès qu'elles se sentent malades, il leur fait avaler deux ou trois cuillerées de plomb fondu, et la société se sépare en riant.

« III. — Il se fait apporter une hache, avec laquelle il frappe un homme à la tête. Celui-ci tombe à terre comme mort. Il lui donne alors un second coup, et l'homme se relève, en prononçant ordinairement cette question : « Quelle était cette musique ? »

« IV. — Il arrache doucement les dents à trois ou quatre dames, et les fait secouer avec soin dans une bourse par une personne de la société. Il en charge ensuite un un petit canon, dont il fait feu sur la tête des dames susdites ; chacune se trouve ravoir dans sa bouche ses dents, blanches et propres.

« V. — Un tour de métaphysique par lequel il démontre qu'une chose peut en même temps être et n'être pas. Ce tour exige de grands frais et de grands préparatifs. Aussi, n'est-il exécuté qu'en l'honneur de l'université!!!

« VI. — Il prend toutes les montres, les bagues, les bijoux et même l'argent des spectateurs, et en donne à chacun un reçu. Le tout est jeté dans une malle avec laquelle il part pour Cassel. Huit jours après, chacun déchire son reçu, et, dès que la déchirure est faite, les bagues et les bijoux se retrouvent chez leurs propriétaires. C'est avec ce tour qu'il s'est fait beaucoup d'argent.

« N. B. Pendant la première semaine, les séances auront lieu au premier étage de la maison de commerce ; mais ensuite ce sera en plein air, au-dessus de la fontaine du marché. Car ne verra rien qui n'aura pas payé.

« Gœttingue, le 7 janvier 1777. »

(120) PAGE 343.

Meistersaenger. — On appelait ainsi les poëtes qui,

sur la fin du moyen âge et à la renaissance, cultivaient leur art d'après les règles et dans les formes fixées par les Minnesaenger, mais qui le firent peu à peu descendre à l'état d'un métier purement mécanique. Hans Sachs, le cordonnier de Nuremberg, est leur représentant le plus célèbre. — Conf. *Wagenseil, Commentatio de civitate Noribergensi,* 1697.

(121) PAGE 343 *(note)*.

Bragur, magasin littéraire des antiquités de l'Allemagne et du Nord, publié par F.-D. Graeter. 7 vol. Leipsick, 1791-1802. — Bragur est le nom de l'Apollon de la mythologie scandinave.

(121 *bis.*) PAGE 354 *(note)*.

Fleck, grand acteur tragique, une des gloires de la scène allemande, excellent surtout dans le répertoire de Shakespeare. (1757-1801.) — Iffland, acteur et auteur dramatique; excellent acteur comique, poëte assez plat. (1759-1814.)

(122) PAGE 361.

Voyez ci-dessus, note 93. — La Pleisse est une rivière qui arrose Leipsick.

(123) PAGE 365.

L'Allemagne, placée au centre de l'Europe, ouverte

par conséquent à toutes les influences morales, politiques ou littéraires de ses différents voisins, théâtre de longues guerres qui ont introduit sur son territoire de nombreuses armées étrangères, et douée d'ailleurs d'un certain goût cosmopolite, a vu se glisser dans sa langue un grand nombre d'éléments exotiques. Purifiée plusieurs fois par les efforts de quelques savants illustres, tels qu'Opitz au dix-septième siècle, Gottshed au dix-huitième, et tout une école au dix-neuvième, elle s'est toujours néanmoins ressentie de ces influences. Les causes de l'introduction spéciale d'un grand nombre de termes français, sont la prépondérance en Europe de Louis XIV, que tous les princes allemands se sont efforcés de singer, et l'admiration pour son siècle littéraire, que tous les poëtes de l'Europe ont imité jusqu'au milieu du siècle dernier.

(124) Page 370.

Les philosophes de l'école de l'identité sont ceux qui rejettent le témoignage de la conscience relativement à la dualité du sujet et de l'objet dans la perception, et qui prétendent que l'esprit et la matière ne sont que des modifications phénoménales d'une seule et même substance. Les plus illustres représentants de cette doctrine dans les temps modernes sont Schelling et Hegel. On sait que le système de Schelling a été appelé la philosophie du romantisme.

(125) Page 370 (*note*).

« La philosophie moderne, dit Jean-Paul dans le

passage cité, ressemble à cet aubergiste qui n'avait fait peindre sur son enseigne qu'une autre enseigne, et sur cette dernière une autre, et ainsi de suite. »

(126) Page 371.

C'est un des caractères de la poésie des psaumes, et en général de la poésie hébraïque, toujours religieuse et toujours en prose, de répéter plusieurs fois et sous des formes diverses, la même chose.

(127) Page 375.

La profondeur est le fait ou le pouvoir de trouver ce qui est difficile au moyen d'une attention forte et soutenue. Elle est une des premières conditions du génie, et c'est dans ce sens que ce dernier a été défini une longue patience.

(128) Page 375.

La sagacité est un des modes de la profondeur : elle distingue ce qui est confus.

(129) Page 376.

> The sun had long since, in the lap
> Of Thetis, taken out his nap,
> And, like a lobster boil'd, the morn
> From black to red began to turn.
> (*Hudibras*, ch. V.)

> Phébus ayant fait sa visite
> A Thétis, et refait au mieux,
> Dans son char remontait aux cieux;
> Déjà la fraîche matinée,
> Du noir au rouge était changée,
> Comme un homard, par la cuisson,
> De noir devient rouge au chaudron.
>
> (*Traduction de Towneley.*)

(130) PAGE 378.

Il existe un sentiment du spirituel tout aussi bien qu'un sentiment du risible. Le premier est le plaisir qu'éprouve l'entendement à découvrir un rapport entre deux choses éloignées; le plaisir du risible est, comme nous l'avons déjà dit, celui que nous ressentons quand l'entendement saisit à la fois deux rapports opposés.

(131) PAGE 384 (*note*).

Herder s'est beaucoup occupé des questions relatives aux premiers siècles du genre humain et à la formation des sociétés. V. ses *Stimmen der Voelker*, qui contiennent des modèles de ce que devait être la poésie primitive de tous les peuples, et son célèbre ouvrage : « Idées sur la philosophie de l'histoire de l'humanité. » Ses hypothèses sont souvent plus ingénieuses que d'une véritable utilité pour l'histoire. Jean-Paul a surtout en vue son traité : *De l'origine du langage* (*Ueber den Ursprung der Sprache*), Berlin, 1772.

(132) Page 384.

Voyez notre préface, *sub fine*.

(133) Page 386.

Cette critique s'applique seulement aux odes, et non à la Messiade, où les longueurs de toute espèce ne font nullement défaut. Pour ses odes, Klopstock s'inspirait tout à la fois d'Ossian et des anciens; il imitait les mètres de ces derniers. Il lui arrivait souvent d'exagérer encore la marche saccadée du poëte du Nord et la concision classique, qui convient seulement aux langues plus synthétiques de l'antiquité.

(134) Page 389.

Il y a dans le théâtre espagnol plus d'une Éléonore dont les Grecs auraient peut-être médit; mais de laquelle s'agit-il ?

(135) Page 393.

Ces observations forment un singulier contraste avec l'opinion si répandue que le style français est généralement clair, que le style allemand est généralement obscur. Mais si l'on y regardait de plus près, on verrait que la clarté de notre littérature et l'obscurité de la littérature allemande tiennent plus au fond qu'au style; la première affecte de bannir de sa considération ungrand nombre de matières qui ne peuvent être comprises qu'avec des efforts d'attention, et que l'esprit patient et studieux de l'Allemagne recherche au contraire avec prédilection.

(136) Page 390.

Si les peuples du Nord font moins de cas du nez que ceux du Midi, c'est peut-être que chez eux les parfums sont plus rares et les rhumes de cerveau plus communs.

(137) Page 398 (note).

Ce sont les Phéniciens, le peuple le plus commerçant de l'antiquité, qui passent pour avoir les premiers fait usage d'une écriture alphabétique. Cependant cette opinion vient d'être récemment attaquée par M. Renan : « Les Phéniciens ayant été les seuls intermédiaires entre les races sémitiques et le reste du monde, ont dû passer bien souvent pour les inventeurs de ce qu'ils n'ont fait que transmettre. Les Phéniciens ne sont, en général, que les courtiers d'une civilisation qui a son centre à Babylone. Tout porte à croire que Babylone, qui a donné au monde le système des poids et mesures, a créé également l'alphabet de vingt-deux lettres. A Babylone, s'en retrouvent les plus anciens spécimens ; l'antiquité associe souvent l'Assyrie à la Phénicie dans le suprême honneur de cette invention. » (*Histoire générale des langues sémitiques.*) Le déchiffrement des inscriptions cunéiformes, tant de fois annoncé et promis encore récemment par l'illustre philologue Oppert, dans le dernier congrès des philologues allemands, à Francfort (1861), pourrait jeter la plus vive lumière sur cette question.

(138) PAGE 402.

Jean-Paul nous fournirait plus d'un exemple de ces comparaisons : « Il vous jette des allusions sans nombre à ce que vous ne savez pas, à ce que vous ne saurez jamais, à une ligne égarée d'un auteur hébreu inconnu, à une expérience physique tentée par un savant d'Odessa. » (*Philarète Chasles, Dict. de la conversation.*) Nous pourrions citer un de nos auteurs populaires, qui compare une beauté à un tableau du musée le plus reculé de l'Espagne.

TOME SECOND.

(138 *bis.*) PAGE 3.

Lessing a toujours passé cependant pour un excellent écrivain. Du reste, la pensée que Jean-Paul cite ici est très-juste en elle-même, et nous fait connaître exactement la méthode critique de Lessing.

(139) Page 7.

Quoique Jean-Paul cherche à excuser Shakespeare en faisant observer que ses mauvais jeux de mots sont, dans la bouche de ses personnages, des traits de caractère, il n'en est pas moins vrai que ce défaut a été celui de toute son époque, et qu'il est même, à cet égard, d'un goût encore meilleur que ses contemporains. — Lancelot et Lorenzo, personnages du *Marchand de Venise*.

(140) Page 12.

Bœh est le cri du mouton, son bêlement ; or Voss aimait la campagne. V. son poëme champêtre, *Louise*.

(141) Page 12.

« Schelling a reconnu impossible de déduire le fini de l'infini, sans employer des suppositions gratuites et contradictoires. Il n'a pu, par aucun *Salto mortale*, franchir le cercle magique dans lequel il s'était enfermé lui-même. Ne pouvant joindre l'absolu et le conditionnel par aucune relation naturelle, il a diversement essayé d'expliquer l'univers phénoménal, tantôt en imposant à l'absolu la nécessité de sa propre manifestation, c'est-à-dire en conditionnant l'inconditionnel, tantôt en faisant tomber le fini de l'infini, c'est-à-dire en supposant le phénomène même que son hypothèse prétend exclusivement pouvoir expliquer. » (*William Hamilton, Revue d'Édimbourg*, octobre 1829.)

(142) Page 13 (note).

On appelle Philistins, en Allemagne, dans l'argot des universités, tout ce qui n'est ni étudiant ni professeur.

(143) Page 14 (note).

Aleph et *Kuf*, deux caractères de l'alphabet sémitique.

(144) Page 15.

« Sans avoir la valeur d'une lumière, l'esprit a du moins celle d'une étincelle ; s'il n'éclaire et n'échauffe pas une vie tout entière, il embellit du moins pour un instant ; il n'a pas, comme les images et les systèmes, besoin d'emprunter sa force à la vérité, à ses rapports ou à son voisinage. Est-ce qu'il ne doit y avoir que des feux de travail pour aider notre main, ou des feux pour nous réchauffer ? et ne faut-il pas qu'il y ait aussi des feux d'artifice ? Non, dira l'Allemand, car ce n'est pas avec les feux d'artifice de l'esprit que je puis forger, rôtir, durcir, fondre quelque chose. Mais qu'il songe seulement pendant trois minutes que l'esprit peut devenir, à l'égard de toutes choses, un abrégé et un épitome de l'entendement, surtout dans les cas où ce dernier a seul à parler. C'est pourquoi le Français et l'Anglais cherchent et montrent de l'esprit dans les revues, les discours publics, les journaux. Cela fait frémir les Allemands ; même dans leurs défenses personnelles, dans leurs ennuyeuses critiques, dans ces cas où l'on veut se causer du dépit à soi-même et aux autres, ils n'emploient pas encore l'esprit pour dissiper le froid, ou des vapeurs de vinaigre pour combattre l'odeur cadavéreuse de pareilles productions. Ils aiment mieux accumuler l'imagination où elle ne convient pas, que l'esprit où il convient. Ils prodiguent les images plus que le sel, bien qu'elles excitent moins que lui ; car on les trouve avec plus de facilité et en plus grande abondance. Ils en mettent cependant un peu dans les tragédies d'aujourd'hui, là où il est si bien à sa place (c'est pour cela qu'ils n'en mettent pas dans la comédie) ; c'est lorsque la tragédie veut s'élever à cette hauteur d'œuvre d'art exigée au temps de Schlegel, et qui consiste à ne point arracher de larmes aux hommes, mais à les sécher ; c'est là cette perfection de l'eau-de-vie qui, une fois allumée, doit se consumer sans produire une seule goutte d'eau.

Il y a assurément plus d'esprit dans les discours et les débats publics des Anglais et des Français que dans ceux des Allemands, où il n'y en a point, depuis Francfort jusqu'à Vienne. Ce fait s'explique facilement par la concision de ces deux langues : de l'anglais, cohéritier du latin concis et qui abrége encore par sa prononciation ; et du français, qui abrége le latin, sa belle-mère, par des coups de plume et de langue. Mais en allemand tout doit devenir long, et, pour conserver les proportions, large en même temps : long par les sons et large par les idées. Il en résulte ce fait aussi facile à expliquer qu'édifiant : que les hommes d'État en Allemagne, depuis Francfort jusqu'à Vienne, ont sur les lèvres, au lieu d'esprit, une longueur et une largeur telles, qu'on peut très-bien les comparer aux Indiens du nord-ouest de l'Amérique*. (Ces Indiens suspendent à la lèvre inférieure une grande cuiller ou une assiette de bois; et c'est dans cette cuiller et sur cette assiette qu'ils nous servent nous autres Allemands.) » (*Supplément à l'Introduction.*)

(145) PAGE 16.

Liqueur très-forte, que l'on obtient en exposant le vin à un froid très-intense qui le congèle, à l'exception d'une partie où viennent se condenser les huiles essentielles qu'il renferme.

(146) PAGE 19.

Benjamin Thompson, comte de Rumford, célèbre philanthrope américain (1752-1824), qui combattit contre l'indépendance des États-Unis, et se fixa ensuite en Allemagne, à Munich, où il inventa une soupe économique pour les pauvres, qui se distribue encore aujourd'hui.

(147) PAGE 21.

Allusion aux fréquents changements dynastiques qui eurent lieu de 1798 à 1815, dans les différentes parties du territoire allemand.

---

* « *Remarques de Langsdorf sur un voyage autour du monde.* Tome II. »

(148) Page 21.

George Chr.-G. von Wedekind (1761-1831), médecin et publiciste distingué, a laissé plusieurs écrits pathologiques.

(149) Page 22.

Une idée semblable a inspiré à Fr. Rückert une excellente poésie, qui commence ainsi : « L'imagination, cette géante énorme, était assise sur une montagne ; elle avait à côté d'elle l'Esprit, ce pygmée. Le Jugement se tenait à côté..., etc. »

(150) Page 23.

Allusion au traité de Lunéville, qui dépouille l'électeur de Bavière, au profit de la France, de ses possessions sur la rive gauche du Rhin (1801).

(151) Page 24 (note).

« Avant le développement du corps, l'âme de l'homme souffre de tout développement artificiel ; les efforts philosophiques de l'entendement, les efforts poétiques de l'imagination ne servent qu'à ruiner les jeunes facultés. Il n'y a que le développement de l'esprit qui ne soit pas nuisible aux enfants, parce qu'il n'exige que des efforts faibles et momentanés ; il leur est utile parce qu'il force à marcher vite le jeune rouage de leurs idées. » (*Loge invisible*). C'est à la négligence que l'on apportait en Allemagne à la culture de l'esprit chez les enfants, qu'il fallait, d'après Jean-Paul, attribuer la rareté des inventeurs parmi tant de savants.

(152) Page 25 (*note*).

Les deux Forster, le père et le fils, ont pris part au second voyage que fit Cook autour du monde en 1772. Ils ont laissé l'un et l'autre différents ouvrages de géographie, de physique et d'histoire naturelle.

(153) Page 27.

Dans une lettre à madame Herder, Jean-Paul dit qu'il y a dans les écrits de Hamann, comme dans les Alpes, un rapprochement de toutes les zones et de toutes les saisons. (*Aus Herders Nachlass*, t. I, p. 269.)

(154) Page 27 (*note*).

Allusion de l'auteur à ses énormes recueils de notes. V. *notre préface*.

(155) Page 28 (*note*).

L'importance de la noblesse germanique, soumise d'une manière très-peu déterminée à la souveraineté de l'empereur, s'était affaiblie pendant tout le XVIIIe siècle. La paix de Lunéville (1803), et l'établissement de la confédération du Rhin, donnèrent le coup de grâce à l'indépendance de ses petits autocrates, soumis depuis à quelques maîtres un peu plus puissants qu'eux.

(156) Page 33 (*note*).

C'est-à-dire à celui qui a puisé sa science dans les journaux, *multa, non multum*.

(157) Page 34.

Ce n'est pas sans raison que Jean-Paul rend hommage à la patience de ses lectrices, qui a toujours été plus grande que celle de ses lecteurs. C'est parmi elles qu'il a trouvé les plus fervents admirateurs ; on sait qu'elles portaient dans leur sein des cheveux de notre poëte, et, quand elles ne pouvaient s'en procurer, des poils de son barbet blanc.

(158) Page 36.

Presque tout ce chapitre de Jean-Paul peut être considéré comme un plaidoyer *pro domo suâ*. C'est d'ailleurs un des plus remarquables et des plus originaux de ce livre.

(159) Page 38 (*note*).

Leibgeber, personnage de *Siebenkaes*; Victor, personnage de l'*Hesperus*. Ce sont deux romans de Jean-Paul.

(160) Page 41.

Le *Miroir d'or*, 4 vol. Leipsick, 1772, roman politique, inspiré par les opinions de Jean-Jacques Rousseau et semblable, pour la forme, aux contes des *Mille et une Nuits*.

(161) Page 44.

Liane, héroïne du *Titan*, roman de Jean-Paul.

(162) Page 48.

Valérie, célèbre roman de madame de Krüdener, écrit et publié d'abord en français (*Paris*, 2 vol. 1804), et traduit immédiatement en allemand.

(163) Page 50.

Reproche indirect à l'adresse de Schiller et surtout de Gœthe qui aime à reproduire dans ses drames un certain type de caractère bien doué, quoique faible. Cf. le Weisslingen dans *Gœtz*, Clavigo, Tasso, Fernando dans *Stella*, Brakenburg dans *Egmont*, etc. Mais presque tous les critiques littéraires de l'Allemagne ont avec raison reproché à Jean-Paul lui-même l'uniformité de ses principaux caractères (V. Gervinus, Hillebrand, etc.).

(164) Page 50.

Le premier aime une femme qu'il sait être la maîtresse du héros de la pièce ; le second a deux femmes à la fois.

(165) Page 51.

Aristippe (1800-1802), roman historique dans le genre du *Voyage du jeune Anacharsis*. Laïs est un de ses personnages.

(166) Page 51.

Ce n'est pas seulement dans les ouvrages, mais aussi dans le caractère de Schiller que Jean-Paul croit rencontrer ce manque d'amour qu'il semble lui reprocher ici. Lorsqu'il fit son voyage à Weimar, en 1796, il fit la connaissance des deux grands génies qui venaient de se lier intimement. Il trouva Gœthe froid comme un Dieu ; Schiller, rocailleux, anguleux, tranchant et sans amour. (V. notre préface.)

(167) Page 52.

Nom sous lequel Klopstock a chanté sa femme, Marguerite Moller, de Hambourg, qu'il avait épousée en 1754 et perdit en 1758.

(168) Page 54.

Clarisse Harlowe, célèbre roman de Richardson ; — *Grandison*, autre roman du même auteur, et dont le héros est le miroir de toutes les perfections possibles.

(169) Page 55 (note).

V. plus loin, note 255.

(170) Page 57.

V. le *Don Carlos*, de Schiller.

(171) Page 61.

C'est ainsi que Méphistophélès se fait élégant et poli pour accompagner Faust.

(172) Page 66.

C'est ici le lieu de mentionner une des interprétations les plus téméraires et les plus nouvelles des intentions poétiques de Shakespeare. D'après un livre anonyme : « *New exegesis of Shakespeare, interpretation of his principal characters and plays on the principle of races* » (Édimbourg, 1859), il aurait voulu personnifier dans ses drames les différentes nations de l'Europe. Iago serait le représentant de la famille romane (italienne); Hamlet, des Germains; Macbeth, de la race Celtique; Shylock, de la race juive, etc.

(173) Page 66.

« Debout, au milieu des Troyens rassemblés, Ménélas surpassait Ulysse de toutes les épaules : assis, Ulysse avait plus de grandeur et de dignité. » (*Iliade*, ch. III).

(174) Page 68.

> Amphora cœpit
> Institui, currente rota cur urceus exit?
> (*Horace.*)

(175) Page 68.

Stace, l'auteur de la *Thébaïde*, avait commencé une *Achilléide* qui est restée inachevée ; nous n'en connaissons que les deux premiers chants. « Le plan, dit Schœll, en était défectueux ; le poëte n'avait pas choisi une action unique ; mais il se proposait de donner toute la vie de son héros. » Une autre *Achilléide*, entreprise par Gœthe, a eu le même destin ; le poëte s'est arrêté après avoir fait sept ou huit cents bons vers. Il commençait où finit Homère, et devait chanter la mort d'Achille.

(176) Page 71.

Percy, dans *Henri IV* ; Franz Moor, dans *les Brigands* ; la princesse d'Éboli, dans *Don Carlos*.

(177) Page 71.

Fuessli, peintre suisse, a fait une *Galerie de Milton* en 47 tableaux, et une *Galerie de Shakespeare*, où il a représenté les plus belles scènes de ces deux poëtes.

(178) Page 81.

Un rêve de fièvre, *ægri somnia*. Dans tout ce paragraphe, Jean-Paul s'efforce d'établir que la conception des caractères doit précéder, dans l'imagination du poëte, la conception de l'action; ses arguments peuvent se ramener à ceci, que, sans un caractère préconçu, le poëte, au milieu de mille faits possibles, n'aurait, comme l'âne de Buridan, aucun motif de choisir une action plutôt qu'une autre. Herder, qui est partisan de l'opinion contraire, se fonde sur la nature essentiellement concrète de la poésie, qui ne peut admettre que ce qui se manifeste dans des faits particuliers ou des actes individuels; il ne fait en cela que développer les paroles d'Aristote : « Le poëte n'invente pas une action pour arriver par là aux mœurs; au contraire, il ne comprend les mœurs dans son œuvre qu'en vue de l'action. Ainsi l'action, ou la fable, est bien la fin de la tragédie; or la fin est en toute chose ce qu'il y a de plus important. De plus, sans action il n'y a pas de tragédie, il peut y en avoir sans mœurs... Ajoutez que les plus puissants moyens d'émotion pour la tragédie, les péripéties et les reconnaissances, sont des éléments de l'action. Une autre preuve c'est que ceux qui commencent à composer réussissent dans les mœurs, avant de créer des actions qui soient bonnes... Il est donc vrai que l'action est le principe et la fin de la tragédie; les mœurs ne viennent qu'au second rang. » — (*Poét.*, ch. VI.) — On pourrait ajouter que les caractères ne pouvant être saisis par l'imagination qu'en tant qu'ils se manifestent dans des actes particuliers, deviennent eux-mêmes des éléments de l'action; de telle sorte que toute cette discussion revient à chercher si le tout doit être conçu avant la partie, ou la partie avant le tout.

Suivant cette théorie, la conception des caractères devrait nécessairement précéder la conception de l'action dans sa totalité ; mais, d'un autre côté, il y a d'autres éléments de l'action, plus essentiels, que le poëte imagine généralement avant tout.

(179) Page 83.

Cette manière de considérer la destinée et la fatalité, dans l'épopée et la tragédie, comme étant elles-mêmes des caractères ou des personnages aux prises avec les autres personnages de ces poëmes, est depuis longtemps répandue en Allemagne ; mais, en France, elle est presque une nouveauté. Cependant, des opinions analogues ont été récemment émises, notamment par M. Egger, sur le rôle de la fatalité dans les tragiques grecs.

(180) Page 84.

La suite, composée par Cervantès, parut en 1615. L'autre, par Alonso Fernandez d'Avellaneda, qui avait été publiée en 1614, était pleine d'invectives contre Cervantès lui-même.

(181) Page 85.

L'histoire devient une œuvre d'art et poétique, quand, au lieu de se borner à présenter des faits particuliers, soit distribués seulement suivant leurs rapports de temps et de lieux (histoire proprement dite ou empirique), soit en les rapportant aux lois des sciences morales (histoire raisonnée ou philosophique), elle dispose et groupe des faits dans le but principal de nous intéresser soit au progrès et à la destinée de l'humanité tout entière (Bossuet, Herder), soit à la destinée d'une nation, d'une société (Hérodote, Thucydide, Tite-Live, et en général les grands historiens de l'antiquité), soit même au sort d'un seul individu (Plutarque, Voltaire, Robertson, Schiller). C'est cette dernière forme que Jean-Paul paraît désigner, assez improprement d'ailleurs, sous le nom d'histoire dramatique.

(182) PAGE 87.

Jean-Paul a ici en vue le *Don Quichotte* de Cervantès, qu'il a placé quelques pages plus haut (V. § 63) au nombre des épopées, et probablement aussi les autres romans célèbres des seizième et dix-septième siècles, tels que le *Lazarille de Tormes*, le *Guzman d'Alfarache* par Aleman, l'*Historia del gran taquino* par Quevedo, etc. Quant à la France, nous n'avons que faire de citer des titres. Qu'il nous suffise de rappeler qu'un grand nombre de caractères sont communs au roman et à l'épopée, qu'il est même difficile d'établir une limite précise entre ces deux genres, et que les raisons qui font donner à une œuvre un nom plutôt que l'autre se rapportent souvent à des circonstances purement extérieures et accidentelles. Cf. le § 70.

(183) PAGE 91.

Euripide chez les anciens, et A. G. Schlegel chez les

modernes, ont mis l'histoire d'Ion sur la scène. — On peut rapprocher les conseils de Jean-Paul de celui que donne Horace :

> Rectius Iliacum carmen deducis in actus,
> Quam si proferres ignota indictaque primus.
> Publica materies privati juris erit.......

(184) Page 91.

Ainsi on peut excuser Schiller d'avoir altéré les caractères de Fiesque, de Don Carlos, de Marie Stuart. Il faut le blâmer d'avoir modifié celui de Wallenstein. Dans sa *Jeanne d'Arc*, il a changé les événements, mais du moins conservé le caractère du personnage principal.

(185) Page 93.

Allusion aux recherches faites depuis le milieu du siècle dernier sur les chroniques et les autres sources anciennes où Shakespeare a puisé les matériaux de ses chefs-d'œuvre. Eschenburg a traduit Shakespeare en allemand.

(186) Page 95.

Les grammaires modernes ont en effet constaté que, dans plusieurs langues, par exemple en grec, en hébreu, etc., les formes du verbe qui servent à exprimer le passé paraissent plus simples et plus anciennes que celles qui servent à exprimer le présent, et que ces dernières semblent être une dérivation des premières. Il est du reste facile d'assigner à ce fait des raisons psychologiques : le présent est insaisissable pour notre imagination, et l'expression de la pensée est toujours postérieure à la pensée elle-même :

Le moment où je parle est déjà loin de moi.

Les formes du futur paraissent également dans certaines langues, et en particulier dans les langues slaves, en grec, etc., plus anciennes que celles du présent. — Voyez sur cette question Rapp, *Grundriss der Grammatik des indisch-europæischen Sprachstammes* (Stuttgart, 1852), t. I, pp. 100, sq.

(187) Page 96.

Dans la *Fiancée de Messine*.

(188) Page 97.

Shakespeare's gallery, série de gravures destinées à illustrer les œuvres de Shakespeare. — Schikaneder, directeur du théâtre de Vienne, est l'auteur du libretto tour à tour admiré et déprisé de la *Flûte enchantée*.

(189) Page 97 (*note*).

Dans ce passage du *Jubelsenior*, Jean-Paul traite de la différence qui existe entre le caractère du poëte et celui de l'acteur. Tous les détails horribles que nous permettons au poëte, en tant que purement poëte, de nous offrir, nous deviennent insupportables sur la scène où elles ne sont plus que dégoûtantes et ridicules. C'est pourquoi les tragiques français, comme ceux de l'antiquité, rejettent dans les coulisses toutes les actions violentes ; et ces violences devraient même être aussi rares et aussi limitées que possible.

(190) PAGE 99.

Jean-Paul refuse le nom de tragédies aux chœurs de *Thespis* interrompus par les récitatifs d'un seul acteur. On sait qu'Eschyle est le premier qui adjoignit un interlocuteur à l'acteur de *Thespis*. Dans la suite, à l'exemple de Sophocle, qui venait d'entrer en rivalité avec lui, il introduisit un troisième, et quelquefois même un quatrième acteur.

(191) PAGE 100.

Poétique, ch. v. — Ce ne sont pas là très-exactement les paroles d'Aristote. D'abord il n'a pas eu l'intention de donner une règle, mais seulement de constater l'usage des auteurs tragiques de son temps ; il ajoute même, sans accompagner cette assertion d'aucun blâme, qu'à une époque plus reculée, la tragédie avait, pour le temps, la même latitude que l'épopée. En second lieu la limite d'un jour n'est pas indiquée avec autant de précision ; Aristote dit seulement que la tragédie *s'efforce* de se renfermer dans une révolution du soleil, et que cependant il lui arrive quelquefois de dépasser un peu ces limites.

(192) PAGE 105.

C'est principalement contre la *Messiade* de Klopstock que sont dirigées les critiques de Herder.

(193) PAGE 106.

Napoléon.

(194) PAGE 107.

Iliade, V, 856 sq. — XV, 355-360. — VIII, 5 sq. — XX, 18 sq.

(195) PAGE 108.

Avec tous ses défauts, le Satan de Milton est encore, dans toute la poésie qui se rapporte à la mythologie chrétienne, le type le mieux réussi, et celui qui a le plus de force ; il devient même au fond le héros principal du *Paradis perdu*.

Mais il n'en est pas moins vrai que toute cette poésie séraphique et de démons rencontre un obstacle insurmontable dans la toute-puissance de Dieu ; celle-ci rend toute résistance inconcevable, et par conséquent toute action impossible : nous sommes même choqués par le seul fait de l'existence du mal dans un monde si bien et si puissamment gouverné. C'est pour ces raisons que le Dante condamne son Satan, une fois vaincu, à une inaction complète ; que le Tasse prend pour son enfer le Tartare des anciens ; que Calderon, Gœthe, Byron n'attribuent à leurs démons, pour lutter contre la bonté divine, qu'une puissance terrestre, passagère et conditionnelle ; et qu'enfin le dernier de ces poëtes, voulant aller plus loin dans son *Manfred*, a l'ingénieuse précaution d'abandonner la mythologie chrétienne et de se jeter dans celle des Perses, qui, sous les noms d'Ormuzd et d'Ahrimâne, admet deux principes de puissance égale, subsistant indépendamment l'un de l'autre, et ne pouvant ni s'exclure ni s'absorber.

(196) Page 109.

Les vingt chants de la *Messiade* n'ont paru que successivement, entre les années 1748 et 1773. Salués comme l'aurore d'une nouvelle époque littéraire, les premiers chants furent accueillis avec enthousiasme ; mais cette admiration vint plus tard à se refroidir, non-seulement parce que dans les derniers chants l'action devient de plus en plus nulle, mais aussi parce que la jeune littérature du temps, une fois éveillée, s'empressait d'offrir à l'Allemagne d'autres productions d'une valeur aussi considérable, et en même temps moins sévères et plus intéressantes.

(197) Page 110.

Indignor quandoque bonus dormitat Homerus.
Verum operi longo fas est obrepere somnum.

(198) Page 111.

D'après la locution que l'auteur a l'habitude d'employer quand il veut parler de lui-même, il semblerait qu'il fait allusion ici à un passage d'un de ses romans. Mais il est cependant possible qu'il ait en vue le premier acte du *Guillaume Tell* de Schiller, où, au milieu d'une action vive et serrée, se prépare un violent orage avec tous ces indices terribles qui sont propres aux montagnes de la Suisse.

(199) Page 118.

Poétique, ch. XXIV. — « Pour l'étendue de l'épopée, il faut que l'on puisse en embrasser d'une seule vue le commencement et la fin, ce qui arrivera si l'on comprend un peu moins de faits que n'en comprenaient les anciens poëtes, et si l'on se rapproche de la durée totale des tragédies qui peuvent être représentées en une seule fois. » Telle est à peu près la traduction qui est généralement donnée de ce passage : mais selon nous elle n'est pas rigoureusement exacte, et tout nous porte à adopter une interprétation différente : nous croyons qu'Aristote n'a point voulu parler de la longueur de l'épopée quant à sa forme et au temps qu'elle exigerait pour être lue (ὁ ὅρος τοῦ μήκους πρὸς τὴν αἴσθησιν, cf. ch. VII), mais de son étendue quant à la matière et au nombre de faits qu'elle peut embrasser (ὁ ὅρος τοῦ μήκους κατ' αὐτὴν τὴν φύσιν τοῦ πράγματος). Il ne veut pas dire que l'épopée ne doit pas contenir un plus grand nombre de vers que la série des tragédies faites pour être représentées ensemble; car il n'appartient pas plus à la poétique d'établir cette détermination, que de limiter le nombre de vers de la tragédie elle-même (cf. ch. VII). Aristote exprime ici, quant à l'étendue de l'action ou plutôt des actions que l'épopée peut embrasser, une loi beaucoup plus ingénieuse, plus juste et plus conforme à son génie philosophique : l'action d'une tragédie, qui doit par elle-même être complète et constituer un tout, peut devenir une partie seulement, relativement à une action plus large répandue dans une série de tragédies, par exemple dans une trilogie. En appliquant à cette action générale les théories de la *Poétique*, on est conduit à dire que d'un côté cette action a plus de beauté que les actions particulières qu'elle comprend, parce qu'elle a plus de grandeur; mais que d'un autre côté elle doit elle-même recevoir une limite, et ne pas devenir tellement considérable que l'imagination n'en puisse saisir, d'un seul regard, le commencement, le milieu et la fin. C'est à cet ensemble de tragédies qu'Aristote compare l'épopée, et il assimile l'action ou plutôt l'ensemble des actions (Ἐποποιικὸν σύστημα λέγω τὸ πολύμυθον, cit. XVIII) que doit embrasser l'épopée à l'action générale, ou plutôt à l'ensemble des actions comprises dans une série de tragédies qui se continuent l'une l'autre. En somme, l'épopée doit contenir le plus grand nombre de faits possible, tout en remplissant ces deux conditions : 1° que ces faits se rapportent à une action générale ; 2° que l'imagination en puisse toujours saisir l'ensemble. Nous regrettons que les limites d'une note ne nous permettent pas de développer toutes les raisons philologiques et théorétiques qui nous décident à adopter ce sens, confirmé implicitement par les principes de la *Poétique*, et explicitement par un grand nombre de passages. Nous nous contenterons de faire remarquer, et cela nous ramène à notre auteur, que si cette interprétation nouvelle ne permet plus à Jean-Paul de citer ce passage à l'appui de sa thèse, elle a, d'un autre côté, l'avantage de ne plus mettre gratuitement Aristote en contradiction avec le plus grand nombre des poètes épiques et des romanciers, sans en excepter Jean-Paul lui-même. Qui pourrait lire en un jour les 25,000 vers de la *Messiade* ou les 20,000 vers du poëme du Dante (qui, à la vérité, est plus lyrique qu'épique)? La seule moitié achevée de la *Fairy Queen* de Spenser présente une somme de 30,000 vers, et l'Arioste, dans un poëme qui n'est que la continuation d'un autre et qui attend lui-même une suite, en offre une série de 40,000. Qu'il nous suffise, pour la France, de rappeler que le *roman de la Rose* est d'une longueur interminable, et que la *Franciade* de Ronsard, dont les quatre chants achevés renferment plus de 9,000 vers, devait avoir 24 chants. Il n'est pas besoin de parler des romans.

(200) Page 118.

L'abbé d'Aubignac, commentant dans sa *Pratique du théâtre* ce même passage de la *Poétique* que Jean-Paul a cité plus haut (§ 66), demande sérieusement si Aristote, quand il dit que la tragédie se renferme généralement dans les limites d'un jour, ne veut pas parler d'un *jour polaire*. Est-ce que cette réflexion absurde n'aurait pas suggéré à Jean-Paul une pensée ingénieuse, quoique assez étrange ?

(201) Page 120.

Basedow, penseur original et même aventureux, entreprit, en Allemagne, sur les données de J.-J. Rousseau, une réforme universelle des systèmes pédagogiques. Ses idées nouvelles, malgré leur exagération, ont contribué à la suppression d'un grand nombre d'abus. Sa méthode d'élever l'homme dès son enfance en vue de telle ou telle carrière spéciale a été tournée en ridicule par Gutzkow, dans son roman *Basedow et ses fils*.

(202) Page 122.

L'histoire de Fortunatus est un vieux conte populaire publié d'abord en allemand vers la fin du xve siècle, mais qui, d'après plusieurs critiques, aurait été traduit du français. (V. *Gœrres, die Teutschen Volksbücher*) (?). Tieck a écrit sur cette histoire un des meilleurs contes de son recueil intitulé *Phantasus*. Rappelons en passant que le conte fondé sur les traditions populaires est un des thèmes favoris de l'école romantique allemande.

(203) Page 124.

V. note 199.

(204) Page 125.

Robert Boyle, célèbre physicien, philosophe et philanthrope anglais du xvii° siècle. Ses œuvres ont été réunies en 1744, 5 vol. in-fol.

(205) Page 126 (*note*).

Allusion au style tout méridional de la jeune littérature passionnée de l'Allemagne et à la froideur de Gœthe. On sait que, depuis son voyage en Italie, Gœthe avait quitté cette ardeur toute romantique qui lui inspira *Werther* et le *Gœtz*, pour un calme et une mesure plus classiques. Il commença dès lors à préférer Homère comme il avait préféré Ossian, et devint admirateur de l'architecture grecque comme il l'avait été de l'architecture gothique. Ce sang-froid et ce calme devinrent tels, non-seulement dans ses œuvres, mais encore dans sa conduite, qu'on se plut à le comparer au Jupiter Olympien. « Gœthe domine même son talent, dit madame de Staël ; il ne perd jamais terre, tout en atteignant aux conceptions les plus sublimes. » Quand Jean-Paul alla visiter Gœthe à Weimar, sa sensibilité expansive se trouva choquée par la froideur presque roide que ce dernier apportait dans le commerce de la vie.

(206) Page 127.

Le Visionnaire est de Schiller ; *Woldemar*, de Jacobi ; *Ardinghello ou les Iles des bienheureux*, roman d'aventures entremêlé de réflexions sur les beaux-arts, par J.-J.-G. Heinse (1787), auteur rempli de cette ardeur qui règne dans les mœurs comme dans les arts des nations méridionales de l'Europe ; *Le comte Donamar*, roman fondé sur des épisodes de la guerre de Sept ans par Bouterwek, l'esthéticien et l'historien littéraire (1791); *Valérie*, par madame de Krüdener (1803); *Agathon*, par Wieland; *Agnès des lis*, par madame de Wolzogen.

(207) PAGE 128.

Siegfried de Linderberg, par Müller. *Wutz*, *Quintus Fixlein*, *Fibel*, trois romans de Jean-Paul.

(208) PAGE 131.

Auguste Hübner, auteur d'un cours de style allemand, *Anweisung zum deutschen Styl*; Hanovre, 1720.

(209) PAGE 132.

Parmi les différentes réformes littéraires qu'a produites en Allemagne le réveil de l'esprit national, il faut ranger celle de l'idylle, à laquelle tout ce paragraphe fait allusion. Gessner est encore, à beaucoup d'égards, l'imitateur des bergeries fadement innocentes et optimistes de la poésie pastorale française. Frédéric Müller, peintre et poëte, esprit original et vigoureux, mais trop exubérant dans son réalisme, introduit dans ses idylles bibliques, grecques et allemandes, un naturalisme hardi. Ses idylles allemandes, surtout, abandonnent cette mise en scène banale et usée du classicisme vulgaire, et s'attachent à certains traits de la vie des campagnes allemandes; celles de Voss en font autant.

E.-Chr. von Kleist, officier prussien tué à la bataille de Kunersdorf (1759) et qu'il ne faut pas confondre avec l'éminent poëte dramatique de l'école romantique, Heinrich von Kleist, qui se suicida (1811), obtint un grand succès par son poëme descriptif du *Printemps* ; il n'entre qu'en partie dans cette réaction contre les bergeries à l'eau-rose ; mais, comme Müller, Voss, et tous ces jeunes poëtes qui s'inspirent de Klopstock et qu'on a l'habitude de ranger dans l'école de Gœttingue, il ne place nullement la scène de ses idylles dans l'âge d'or fabuleux critiqué par notre auteur.

(210) Page 137.

Le beau poëme lyrique de Schiller intitulé *Résignation* commence par ce vers :

« Auch ich war in Arcadien geboren ! »

« Et moi aussi je suis né en Arcadie ! » vers qui est devenu, pour la vocation de poëte d'idylles ou d'élégies, ce qu'est devenu pour la vocation de peintre le cri célèbre du Corrége : *Ed io anche son pittore !* « Et moi aussi je suis peintre ! »

(211) Page 137.

Pour qu'on n'accuse pas Jean-Paul d'une partialité trop allemande pour les beautés du Rhin et pour cet air de fête et de bonheur qui règne perpétuellement sur ses rives, nous ne pouvons résister au désir de citer le passage suivant de Byron (*Childe Harold*, III, 46) :

> ....True wisdom's world will be
> Within its own creation, or in thine,
> Maternal nature ! For who teems like thee
> Thus on the banks of thy majestic Rhine?
> There Harold gazes on a work divine,
> A blending of all beauties : streams and dells,
> Fruit, foliage, crag, wood, corn-field, mountain, vine
> And chiefless castles, breathing stern farewells
> From grey but leafy walls, where ruin greenly dwells.

« Le monde du vrai sage ne se trouve qu'en lui-même ou chez toi, nature, mère de tout! Où trouver des charmes pareils à ceux que tu déroules sur les bords de ton Rhin majestueux? C'est là qu'Harold contemple une œuvre divine, le mélange de toutes les beautés, rivières et vallées, fruits et feuillage, rochers, forêts, champs de blé, montagnes, vignes et châteaux sans maîtres, qui, du haut de leurs remparts noircis, mais ombragés, où la ruine se cache sous la verdure, semblent vous adresser un sombre adieu. »

(212) Page 140.

Gessner était né à Zurich.

(213) Page 143.

« J'ai vu morts deux hommes, l'un, de cinquante, et l'autre de soixante-dix ans, qui, dans leur vie, ne paraissaient pas avoir la moindre ressemblance avec leurs fils, dont les figures semblaient même appartenir à un tout autre rang que ceux des pères. Le second jour après leur mort, le profil de l'un ressemblait au profil de son aîné, celui de l'autre au profil de son troisième fils, d'une manière frappante; une partie de cette ressemblance se perdit au troisième jour. » (Lavater, *La Physionomonie*, § 46.)

(214) PAGE 146.

L'auteur joue ici sur la ressemblance des mots *Lesesessel* et *Leseesel*. Ce jeu de mots est intraduisible.

(215) PAGE 150.

Jean-Paul fait probablement allusion à une île ainsi nommée dans le lac artificiel d'un jardin public de Leipsick, et qui joue un grand rôle dans le troisième volume de son *Introduction à l'esthétique*. V. notre préface, page 96.

(216) PAGE 154.

Ce héros maladif est celui du *Voyage dans le midi de la France*. C'est un homme distingué, dont la santé s'est altérée par la vie de cabinet et les travaux de la pensée. On lui conseille, pour se rétablir, d'aller dans le pays de la légèreté; il doit apprendre à rire et à plaisanter. Les plaisirs de la table et le commerce des femmes doivent remplacer ses habitudes sédentaires. Mais l'abus des jouissances physiques, après l'avoir guéri, le fait tomber dans une maladie précisément contraire. Il est facile de tirer la moralité de ce roman, qui recommande le juste milieu entre tous les excès.

(217) Page 157.

On ne peut dire que ce trait se retrouve dans les mœurs françaises, quoiqu'elles en offrent d'analogues. Tous les jours de la semaine, excepté le mardi et le jeudi, ont quelque chose de particulier : vendredi, jour d'Allah; samedi, jour du sabbat; dimanche, *dies Domini*; lundi, commencement, et mercredi, milieu de la semaine.

(218) Page 158.

Leibnitz, *Nouveaux essais sur l'entendement humain*, l. III, ch. III.—Cf. Pott, *die Personennanem*; Leipsick, 1853.

(219) Page 158.

Conveniunt rebus nomina sæpe suis. — Qu'on nous permette de rapprocher de ce passage une remarque analogue d'un spirituel romancier français : « Je ne voudrais pas prendre sur moi d'affirmer que les noms n'exercent aucune influence sur la destinée. Entre les faits de la vie et le nom des hommes il est de secrètes et d'inexplicables concordances ou des désaccords visibles qui surprennent ; souvent des corrélations lointaines, mais efficaces, s'y sont révélées. Notre globe est plein, tout s'y tient ; le hasard est le résultat d'une immense équation dont nous ne connaissons pas toutes les racines.

Ne voyez-vous pas dans la construction du Z une allure contrariée? Ne figure-t-elle pas le zigzag aléatoire et fantasque d'une vie tourmentée? Quel vent a soufflé sur cette lettre qui, dans chaque langue où elle est admise, commande à peine à cinquante mots? » (Balzac, *Z. Marcus.*)—« Les trois choses que j'aime le plus au monde, dit quelque part Jean-Paul lui-même, ce sont les fleurs, les montagnes et la bière, et toutes les trois commencent par un *b* (*Blume, Berge, Bier*). »

(220) PAGE 161.

C'est sur ce même principe qu'Aristote se fonde pour établir la distinction des trois genres de poésie. (*Poet.*, ch. III.)

(221) PAGE 163.

Cependant les bonnes épopées italiennes, celle de Spenser, celle de Cervantès, etc., renferment un grand nombre d'excellents passages purement lyriques.

(222) PAGE 164.

« Le sentiment à lui seul ne produit pas le poëte ; mais le poëte à lui seul ne produit pas non plus le sentiment. La première erreur est celle du jeune homme ; la seconde, celle du critique.

Le sentiment croit que rien n'est plus facile pour lui que de passer d'un premier cœur dans un autre; il pressent son frère dans ce dernier; mais un cœur plein ressemble au vase plein qui, tant qu'il se trouve encore dans le puits, monte avec facilité, mais qui devient plus difficile à tirer dès qu'il commence à dépasser la surface de l'eau. Le jeune homme prend tout sentiment pour une ode ou pour un monologue ou un dithyrambe tragiques, auxquels il ne manquerait, pour voler, que les pieds ou les appareils métriques de locomotion; il prend généralement les larmes de la peine ou de la joie pour les ondes de l'Hippocrène; mais, pour être poëte, il faut être un homme double, tout à la fois objet et sujet.

D'un autre côté, une école à moitié abandonnée aujourd'hui, dont les disciples et les mémoires poétiques, comme par exemple ceux de Fr. Schlegel, ont survécu à sa courte immortalité, a voulu nous faire croire qu'on peut faire des vers et trouver des rimes de sonnet sur tout objet, tout en éprouvant en même temps tous les sentiments qu'on aurait envie de sentir; qu'on pouvait par exemple couver un psaume de pénitence dans le Palais-Royal, ou un chant de bayadères dans la cathédrale; car la forme serait tout; elle serait elle-même le véritable contenu; une tasse à thé chinoise serait en même temps du thé chinois importé par caravane; et la meilleure preuve de tout cela serait leur maître Gœthe.

Mais ce dernier est précisément la meilleure preuve du contraire. Pour lui toute pièce lyrique est une pièce d'occasion, et sa biographie nous montre bien que sa vérité n'était pas de la fiction, mais que sa fiction était de la vérité (*Dichtung und Wahrheit*), et que ses ouvrages poétiques étaient des produits du cœur, tout aussi bien que ses actions morales. C'est pourquoi un poëte ne peint jamais un sentiment aussi bien que la première fois ; plus tard sa description perd de plus en plus le rang divin d'une première naissance. Toutefois l'artiste ne devrait pas attribuer cet affaiblissement de ses couleurs à la perte de ses propres forces, mais à son cœur qui ne peut faire une seconde et une troisième déclaration d'amour avec tout le feu qu'il a mis dans la première. Mais que le poëte choisisse un objet tout à fait nouveau et il retrouvera, pour le peindre, ses forces d'autrefois. L'objet épuisé par ses sentiments renaîtra même pour son pinceau avec de nouvelles couleurs matinales, lorsqu'il le portera devant de nouveaux regards et qu'il puisera dans des cœurs étrangers des sentiments nouveaux et de nouvelles couleurs pour le même lever de soleil, pour le même printemps, pour le même ciel d'amour. » (*Supplément à l'Introduction.*)

(223) PAGE 170.

Difficultés de la prose. — « La prose artistique demande autant d'efforts que l'art des vers ; seulement elle en demande d'un genre différent. Le rhythme de la prose change continuellement, tandis que le mètre poétique se prolonge pendant le poëme tout entier ; ici les vers se forment les uns sur les autres, là une période n'en gouverne pas une autre. Ce sont les lois innombrables du moment, c'est-à-dire de la matière, qui produisent dans la prose le changement continuel de la longueur des périodes et de leurs constructions. La prose ne répète rien, le poëme répète tout. C'est pourquoi cette variété de formes qui est propre à la première, s'empreint plus facilement que la poésie des différentes particularités des auteurs; de sorte que les grands prosateurs offrent entre eux moins de ressemblance que les grands lyriques; ainsi les prosateurs Hérodote, Xénophon, Thucydide, Platon, Cicéron, César, Tacite, et surtout les Allemands : Lessing, Winckelmann, Hamann, Gœthe, Jacobi, Wieland, etc. Les Français ne volent que lorsqu'ils sont enchaînés, et marchent à pied quand ils s'enlèvent; il ne reste point de différence entre leurs poëtes et on n'en trouve que chez leurs prosateurs : par exemple, chez Montaigne, Voltaire, Diderot, Jean-Jacques, Montesquieu, Buffon, etc. Aussi est-il vrai que dans les hautes régions de la poésie, la diversité manque généralement. De même le ciel n'offre que peu de couleurs, tandis que la terre en offre des millions; de même la poésie sublime n'admet aucune particularité, tandis que la poésie comique en comporte de toutes les espèces; c'est ainsi encore que chaque homme, en parlant, a son timbre de voix à lui, tandis que, dans le chant, toutes les voix se ressemblent.

Le mot de Buffon : « Le style, c'est l'homme, » trouve encore sa confirmation dans ce fait, que de grands écrivains, malgré la mesure et la variété de forces et de lumières qu'ils doivent acquérir avec les années et dans leurs ouvrages postérieurs, présentent déjà, dans leurs premières productions, le caractère bien tranché de leur style. C'est ainsi que, dans la première préface de Lessing, la Minerve de son style sort toute armée de la tête de l'auteur ; c'est ainsi que dans les premiers ouvrages de Hamann, elle présente déjà au monde, pour l'écarter, son bouclier à tête de Méduse. Il y a du reste deux espèces de style, comparables aux fruits de garde et à la bière de mars. Le fruit de Herder, destiné à mûrir tardivement, s'adoucit et s'anoblit avec le temps; la boisson, faible d'abord, devient plus forte et même plus amère en vieillissant : par exemple, Wieland, dans ses dernières années, Rousseau et même Cicéron, dans ses discours pour Atticus, etc. Cependant, dans l'antiquité, on trouve moins de différence entre la vieillesse et la jeunesse des auteurs, parce qu'on commençait relativement tard et qu'on mûrissait, non en écrivant, mais pendant quelques dizaines d'années avant d'écrire. Chez les modernes, au contraire, le style doit parcourir tout le chemin qui conduit du jeune homme au vieillard. » (*Supplément à l'Introduction.*)

(224) PAGE 171.

Le système de sténographie qui est actuellement le plus répandu en Allemagne, celui de Gabelsberger, est ingénieusement fondé sur cette idée de la présentation optique des sons. Ainsi l'O, son rond, est indiqué par un signe rond; *ou*, son grave ou bas, s'exprime en faisant descendre au-dessous de la ligne les consonnes qui l'accompagnent; l'*i*, son aigu, les fait au contraire monter au-dessus; et ainsi des autres voyelles. — V. *Geiger, projet de Sténographie française.* Dresde, 1860.

(225) Page 179.

Description de l'odalisque Almansaris dans l'*Oberon*, ch. XI, str. 9.

(226) Page 182.

Ces figures pâles ne manquent pas dans les romans de Jean-Paul, dont les héros et les héroïnes ne jouissent que rarement d'une santé florissante. Solger, et après lui Hillebrand, ont blâmé cette manie de rendre souffrants la plupart de ses caractères ; le dernier éprouve même l'envie d'appeler la poésie de notre auteur une poésie de la maladie. C'est surtout dans l'*Hesperus* que nous voyons comparaître toute une série d'êtres affectés d'infirmités diverses.

(227) Page 185.

Γλαυκῶπις, *aux yeux gris*; — Βοῶπις, aux yeux de bœuf; — Jean-Paul, qui écrivait avant la traduction de Voss, ne connaissait pas encore exactement la valeur des épithètes homériques.

(228) Page 189 (*note*).

Allusion aux qualités sympathiques du « père Gleim, » qui pratiquait la charité d'une manière aussi large que délicate. Il avait si bien contracté l'habitude de la bienfaisance, qu'il lui arriva plusieurs fois de se fâcher, uniquement parce qu'on lui avait laissé ignorer quelques occasions de l'exercer.

(229) Page 190 (*note*).

Klopstock dit en effet : « Lorsque l'étoile du soir monte dans le ciel désert... » — *Vénus*, appelée aussi *Hesperus, Lucifer, étoile du soir et du matin, étoile du Berger*, est une planète qui se montre à l'horizon, tantôt après le coucher, tantôt avant le lever du soleil. Quand elle paraît le soir, elle ne monte pas dans le ciel, elle descend à l'horizon et se couche plus ou moins longtemps après le soleil.

(230) Page 191.

Wilhelm Meister, Années d'apprentissage, liv. III, chap. 3.

(231) Page 193.

Les Genevois passent pour être froids, roides, compassés, cérémonieux et n'avoir rien de pittoresque.

(232) Page 197.

La catachrèse est un abus du langage. Elle a lieu toutes les fois que l'emploi d'un mot oblige l'esprit à laisser de côté ou plutôt à rejeter une partie de la notion que ce mot signifie. Quand on dit, par exemple : « *Un cheval ferré d'argent*, » l'esprit doit négliger l'idée de fer contenue dans le mot *ferré*. — Il en est de même des expressions : *aller à cheval sur un bâton, une feuille de papier.* » Le Dante parle de « *ténèbres visibles.* » Un poëte contemporain a dit : « *Le bruit du silence.* » Il y a un grand nombre de catachrèses que la pauvreté d'une langue justifie, ou que l'autorité de l'usage a légitimées.

(233) Page 203.

C'est ainsi qu'un poëte contemporain, imitateur de Byron et de Lamartine, Adolphe Doerr, de Francfort, parle des « sons bleus de la flûte. »

(234) Page 208.

L'écriture allemande est fondée sur une ingénieuse combinaison qu'Ulphilas a faite des caractères de l'alphabet grec et des *Runen* (*mystères*), signes d'origine en partie phénicienne, gravés par les prêtres germains sur des morceaux de bois.

(235) Page 209.

Tempora mutantur et nos mutamur in illis!... On retrouverait difficilement aujourd'hui en Allemagne ce dénigrement des individualités étrangères et cet engouement pour les individualités nationales. Les progrès qu'a faits la critique littéraire depuis le commencement de ce siècle ont enseigné, avec cette impartialité qu'imposent des théories profondes et une large érudition, à apprécier chacun à sa juste valeur. Cependant nous devons reconnaître qu'un des traits caractéristiques et en même temps une des principales qualités de l'Allemagne, a toujours été une curiosité singulière à l'égard des choses étrangères, qui la conduit à imiter souvent ce qu'elle trouve de bien dans les autres nations. Elle offre, par son goût cosmopolite, un contraste frappant avec les autres peuples de l'Europe, dont le goût est peut-être trop exclusivement national. Aucun autre ne prend autant d'intérêt à ce qui se passe hors de lui. A certaines époques de son existence littéraire ou même politique, cet amour de ce qui est étranger s'est développé au point de devenir un véritable défaut. « En littérature comme en politique, dit madame de Staël, les Allemands ont trop de considération pour les étrangers, et pas assez de préjugés nationaux. C'est une qualité dans les individus que l'abnégation de soi-même et l'estime des autres ; mais le patriotisme des nations doit être égoïste. »

(236) Page 209.

Surtout ceux de Lessing et de Jean-Paul lui-même.

(237) Page 210.

Image fondée sur une erreur célèbre dans la traduction de la Bible par Luther. Le grand théologien prend un chameau entier pour ce poil de chameau qui entrerait plutôt dans le trou d'une aiguille qu'un riche dans le paradis.

(238) Page 210.

. . . . . Usus
Quem penes arbitrium est et jus et norma loquendi.
(*Horace.*)

(239) Page 210.

A un certain point de vue, c'est-à-dire relativement aux langues à suffixes et au chinois, les langues indo-européennes n'ont qu'une seule grammaire.

(240) Page 211.

On trouve surtout un grand nombre de ces locutions dans les premières productions de Gœthe et de Schiller.

(241) Page 211.

Ce travail a été récemment entrepris par les frères Grimm, avec le concours d'une grande partie de l'Allemagne littéraire.

(242) Page 215.

Le goût cosmopolite de l'Allemagne, favorisé par la guerre de Trente ans et par l'imitation des auteurs français du siècle de Louis XIV, avait introduit dans la langue un grand nombre de mots étrangers. C'est à cet abus que Klopstock, Kampe et d'autres opposèrent avec raison un véritable système de purisme. Aujourd'hui encore il reste en Allemagne tout un parti littéraire qui voudrait remplacer chaque terme étranger par un mot allemand, par exemple celui de *Doctor* par celui de *Wissmeister*.

(243) PAGE 229.

Ou plutôt dans sa « *Réponse à M. de la Condamine*, » le jour de sa réception à l'Académie française (21 janvier 1761).

(244) PAGE 231.

On sait que la même affectation a régné assez longtemps parmi les *dandies* de l'Angleterre, qui, au lieu de dire : « A great groom, prononçaient « Agweat gwoom. »

(245) PAGE 243.

« Il y a dans le monde des institutions excellentes pour tenir les sots en respect et maîtriser le peuple, afin que les gens habiles soient plus à leur aise. Vues de près, ce sont pourtant de plaisantes institutions ; elles ressemblent, pour moi, à ces haies que nos paysans plantent prudemment autour de leurs champs pour empêcher les lièvres d'y entrer ; et, en effet, aucun lièvre ne passe par là. Mais arrive leur gracieux seigneur, qui donne de l'éperon à son cheval et galope à travers toutes les espérances de moissons. » Schiller, les *Brigands*, I, 1.

(246) PAGE 244.

« Si l'adresse du voleur n'ennoblit pas le vol, la valeur du vol ennoblit le voleur. Il y a de l'infamie à vider une bourse ; il y a de l'impudence à manquer à sa foi pour un million, mais il y a une grandeur indicible à voler une couronne : la honte diminue quand le forfait grandit. » (Schiller, *Fiesque*, III, 2.)

(247) PAGE 245.

Cette anecdote est ici fortement altérée. Voici le fait véritable, qui n'a nullement un caractère odieux. La simplicité de manières de Crébillon, sa paresse insurmontable, avaient donné créance à cette fable ridicule que ses pièces n'étaient pas de lui, mais d'un frère qu'il avait chez les chartreux. Un jour, dans une société nombreuse, quelqu'un lui ayant demandé lequel de ses ouvrages lui paraissait le meilleur : « Je ne sais, répondit-il ; mais, ajouta-t-il en montrant son fils, voilà, je crois, le plus mauvais. — C'est, répliqua vivement celui-ci, que celui-là n'est pas du chartreux.... »

(248) PAGE 253.

La ville de Vienne a eu, pendant tout le siècle dernier, une mauvaise réputation en matière de goût ; malgré tous les encouragements donnés par le gouvernement d'alors à la culture des arts, elle est toujours restée en dehors du progrès de la grande époque littéraire.

Nicolaï écrivait en 1761 : « L'Autriche ne nous a pas encore donné un seul auteur qui ait mérité l'attention du reste de l'Allemagne ; le bon goût y est encore dans l'enfance. Schœnaich, Gottshed, hués partout ailleurs, y passent encore pour des poëtes. Comment pourrait-on attendre d'un tel pays la production d'auteurs comiques et tragiques ? Et, s'il venait à en produire, comme ils seraient misérables ! » On vit l'école appelée réaliste ou utilitaire y régner sans partage jusqu'à la fin du siècle, et, en 1796, Schiller, dans un distique à l'adresse de l'indolence sensuelle des Viennois, pouvait encore mettre dans la bouche du Danube ces mots : « Sur mes bords habite la nation des Phéaciens aux yeux brillants ; chez eux, chaque jour est un dimanche, le tourne-broche tourne au feu sans relâche. » C'est seulement au commencement de ce siècle que la grande école romantique put enfin pénétrer à Vienne et dissiper cette somnolence. Depuis cette époque, la partie allemande de l'Autriche a enrichi de plus d'un grand poëte le trésor littéraire de la patrie commune.

(210) Page 258.

Presque tous les poëtes de l'école romantique ont été en même temps des critiques et des théoriciens. Ce n'est pas sans raison que Jean-Paul trouve leur critique essentiellement négative ; car ils ne veulent que de la nouveauté et attaquent toutes les grandes autorités littéraires, qu'elles appartiennent à l'antiquité ou qu'elles soient de leur siècle, dans quelque école qu'elles se rangent, Schiller et Wieland, aussi bien que Kotzebue et Nicolaï; ils n'épargnent que Shakespeare et Gœthe, qu'ils vénèrent comme des divinités. En dehors de leurs œuvres, il n'y a rien de bon que dans l'avenir, et l'avenir appartient à ceux qui sont jeunes. (Voyez notre préface.)

(250) Page 261.

Bedlam, hôpital des fous à Londres.

(251) Page 266.

C'est cette grossièreté que Schlegel trouve divine.

(252) Page 270.

Plusieurs mythologues ont prétendu que le centaure était le symbole de la supériorité de l'esprit sur la matière, de l'âme sur le corps.

(253) Page 271.

Jean-Paul reproche à ces poëtes, non de l'immoralité, mais le choix de sujets non nationaux. A.-W. Schlegel et son frère Frédéric ont mérité ce blâme, le premier pour son *Ion*, et en voulant imposer les croyances de la Grèce païenne; le second, en voulant intéresser, dans son *Alarcos*, aux exagérations du point d'honneur castillan. Mais Schiller, bien qu'il ait mis sur la scène des événements étrangers, reste toujours un poëte national; les noms et le fond historique de ses pièces appartiennent, il est vrai, à d'autres nations que l'Allemagne, mais ses caractères sont purement des caractères modernes, sans particularités étrangères, et qui, en Allemagne, n'ont jamais choqué personne. Ses pièces sont encore jouées sur toutes les scènes, lues par tout le monde, tandis que l'*Ion* et l'*Alarcos* ne sont plus connus que des littérateurs.

(254) Page 283.

Cette pensée brillante se trouve admirablement développée dans un morceau lyrique, à juste titre célèbre : *Le dernier poëte* (*Der letzte Dichter*), par le poëte autrichien Anastasius Grün, comte d'Auersperg.

(255) Page 288.

Est-il besoin de rappeler qu'on donnait ce nom, chez les Grecs, au Doryphore, admirable statue de Polyclète, où toutes les proportions du corps humain étaient observées avec tant de bonheur, qu'on accourait de toutes parts l'étudier comme le modèle le plus achevé de la perfection plastique ?

(256) Page 298.

« Il y a deux espèces de critiques, dit ailleurs Jean-Paul : les uns ont un goût bien formé, mais stérile, incapable d'aucune conception originale ; ceux-là ne comprendront jamais rien aux œuvres du génie : tel est cet impuissant Boileau ; tel est aussi Voltaire, lorsqu'il critique Pascal. Les autres ont le sentiment du génie, ou un génie féminin ou passif; ils ne s'attachent pas à des questions de forme, ils saisissent, même dans un ouvrage imparfait, son esprit tout entier; ils comprennent et savent apprécier les ouvrages de toutes les nations et de toutes les écoles.... Le génie n'est compris que par le génie. Pour saisir toute la noblesse d'une âme, il faut être noble soi-même; d'un autre côté, la noblesse sait mieux discerner la bassesse que la bassesse elle-même. Celui qui voit comprend ce que c'est que d'être aveugle; mais le contraire n'est pas vrai. » (*Appendice comique du Titan*, II⁰ partie, §§ 3 et 8.)

LISTE ALPHABÉTIQUE

DES AUTEURS CITÉS DANS LA PRÉFACE ET LES NOTES DES TRADUCTEURS.

(Les lettres *pr.* désignent la préface; les chiffres, les notes.)

Aleman, 182.
Arioste, 190.
Aristote, pr., 7, 79, 178, 191, 199, 200, 220.
Aubignac (d'), 200.
Balzac (H. de), 219.
Barthius, 5.
Basedow, 202.
Baumgarten, 1.
Bertuch, 81 *bis*.
Beulé, 30.
Blaze (H.), pr.
Boeckh, 40.
Boileau, 256.
Bossuet, 181.
Bouterwek, pr., 63, 66, 206.
Boyle (R.), 204.
Brentano, 10.
Buffon, 10, 223, 243.
Bürger, v. *l'Index*, page 305.
Butler, 11, 129.
Byron, 38, 90, 195, 211.
Calderon, pr., 195.
Cervantès, 90, 180, 182, 221.
César (J.), 223.
Chaignet, 88.
Charles (Ph.), pr., 138.
Chézy, 104.
Cicéron, 78, 79, 223.
Cousin (V.), 124.
Cramer, 100 *bis*.
Crébillon, 247.
Dante, pr., 195, 199, 232.
Descartes, 35.
Diderot, 223.
Diogène Laërce, 29.

Doerr (A.) 233.
Dumont (L.), 79, 88, 89, 90.
Dunlop, 63.
Eckermann, pr,
Egger, 179.
Eichstaedt, 81 bis.
Engel, 34.
Eschyle, pr., 190.
Eschenburg, 185.
Euripide, 183.
Ezéchiel, 67.
Fauche (H.), 104.
Feuerbach, 17.
Fielding, pr.
Floegel, 80, 81, 90.
Forster, 152.
Gabelsberger, 224.
Geiger, 224.
Gellert, 34.
Gentz, pr., 24.
Gerstenberg, pr.
Gervinus, pr., 73, 163.
Gessner, 209.
Gleim, 228.
Goerres, 202.
Goethe, pr., 11, 16, 18, 22, 23, 57, 81 bis, 111, 115, 116, 163, 166, 171, 178, 193, 203, 222, 223, 230, 240, 249.
Goldoni, v. index, page 309.
Gottshed, pr., 93, 123, 248.
Grillparzer, 77.
Grün (A.), 254.
Gutzkow, 201.

Haller, pr.
Hamann, pr. 34, 153, 223.
Hamilton (Sir W.), pr., 1, 28, 85, 90, 141.
Hédouin (A.), v. index, page 319.
Hegel, pr., 1, 89, 124.
Heine (H.), 90.
Heinse, pr., 206.
Heinsius, 5.
Herder, pr., 34, 40, 131, 178, 181, 192, 223.
Herder (Mme), pr., 153.
Hérodote, 181, 223.
Hermann, 40.
Hillebrand, pr., 73, 163, 226.
Hippel, pr.
Hittorf, 43.
Hobbes, 79.
Hoffmann, pr., 10, v. index, page 321.
Homère, pr., 28, 59, 61, 44, 44 bis, 173, 227.
Horace, pr., 174, 183, 197, 238.
Horn, 24.
Hübner, 208.
Hugo (V.), 79.
Hume, 28.
Immermann, pr.
Jacobi, pr., 107 bis, 223.
Jonson (Ben), 49, 90.
Kalidasa, 104.
Kampe, 242.
Kant, pr., 17, 28, 32, 81 bis.

Kleist, 77, 209.
Klinger, pr.
Klopstock, pr., 13, 55, 74, 155, 167, 192, 196, 199, 209, 229, 242.
Knebel, pr.
Knigge, pr.
Koberstein, pr.
Koeppen, pr.
Kotzebue, 249.
Krüdener (Mme de), 162.
Kugler, 43.
Lætus (Pomponius), 117.
Lavater, 213.
Leibnitz, 28, 55, 79, 218.
Lessing, pr., 21, 25, 75, 93, 138 bis, 225, 236.
Letronne, 43.
Lichtenberg, pr., 119.
Mac'Cosh, 23.
Macpherson, 65.
Macrobe, 8, 84.
Mendelssohn, pr., 54.
Milton, 195.
Montaigne, pr., 223.
Montesquieu, 223.
Müller (F.), 209.
Müller (K. Ottfried), 59, 40.
Müllner, 77.
Newton, 28.
Nicolaï, pr., 76, 101, 248, 249.
Novalis, pr., 10.
Opitz, 123.
Oppert, 157.

Ossian, pr., 65, 155.
Ovide, 12.
Pascal, 90.
Philémon, 95.
Platon, 72, 79, 105, 223.
Pline, 26.
Plutarque, 26, 181.
Pope, 94.
Pott, 218.
Quadrio, 117.
Quatremère de Quincy, 43.
Quevedo, 60.
Quintilien, 78, 79.
Rabelais, 11, 190. V. *index*, page 307.
Rabener. V. *index*, page 314.
Radcliffe, 15.
Ramler, pr.
Raoul-Rochette, 43.
Rapp, 186.
Rau (H.), pr.
Reid, 28.
Reinhold, 107 bis.
Renan (E.), 157.
Richardson, 168, V. *index*, page 315.
Richter (Jean-Paul), pr., 1, 28, 38, 39, 41, 50, 55, 86, 87, 88, 89, 90, 92, 97, 100, 115, 125, 138, 144, 151, 153, 157, 163, 166, 189, 199, 205, 219, 222, 225, 226, 236, 256.
Robertson, 181.
Ronchaud (L. de), 59.

Ronsard, 199.
Rousseau (J.-J.), pr., 11, 201, 223.
Rückert, 149.
Sachs (Hans), 120.
Scaliger (J.), 5.
Scaliger (J.-C.), 9.
Schelling, pr., 3, 124. 141.
Schicaneder, 188.
Schiller, pr., 2, 19, 36, 42, 50, 56, 57, 60, 69, 71, 81 bis, 82, 106, 107 bis, 163, 166, 170, 181, 184, 198, 210, 240, 245, 246, 248, 249, 253.
Schlegel (A.-G.), pr., 24, 57, 72, 81 bis, 90, 144, 183, 253.
Schlegel (F.), pr., 45, 57, 72, 73, 89, 222, 251, 253.
Schleiden, 25.
Schleiermacher, 17.
Schmidt (J.), 56.
Schoell, 40, 175.
Schœnaich, 248.
Schopenhauer (A.), 89, 90.
Schütz (St.), 81 bis.
Schütze (C.-G.), 81 bis.
Schwenck, 90.
Scribe, V. index, page 306.
Shakespeare, pr., 28, 49, 58, 69, 90, 109, 115, 118, 159, 172, 185, 188, 249.
Solger, pr., 49, 226.
Sophocle, pr., 48, 190.

Spazier (K.), 83.
Spazier (R.), pr., 83.
Spenser, 199, 221.
Stace, 175.
Staël (Madame de), pr., 205, 255.
Stahl, 14.
Steffens, pr.
Sterne, pr., 11, 98, 115.
Strauss, 17.
Sulzer, 96.
Swift, pr., 11, 98.
Tacite, pr., 223.
Tasse, 195.
Théry (A.), 11, 57.
Thespis, 190.
Thucydide, 181, 225.
Thümmel, pr., 216.
Tieck, 10, 31, 76, 89, 202.
Tiraboschi, 117.
Tite-Live, 181.
Tyrtée, pr.
Ulphilas, 254.
Varnhagen von Ense, pr.
Virgile, 84.
Voltaire, pr., 181, 223, 256.
Voss, 140, 209, 227.
Wagenseil, 120.
Walz (C.), 45.
Warton, 63.
Wedekind, 148.
Weill, 22.
Weisse, 37.
Werner, pr., 67.

Wieland, pr., 81 bis, 107 bis, 115, 160, 165, 223, 225, 249.
Winckelmann, pr., 223.

Xénophon, 223.
Young, pr.
Zimmermann, pr.

ERRATA.

TOME I.

Page 329, ligne 3 : *au lieu de* Mensel, *lisez* Meusel.
Page 338, ligne 14 : *au lieu de* Peuzer, *lisez* Peucer.
Page 390, ligne 22. — Jean-Paul nous paraît se tromper en attribuant cette pensée à Gibbon. Elle se trouve littéralement dans Fontenelle (Pluralité des mondes, 5me soir).

TOME II.

Page 50, ligne 7 : *au lieu de* Brackenbourg, *lisez* Brakenburg.
Page 95, ligne 10 : *au lieu de* mutuels, *lisez* mutuelle.
Page 120, ligne 18 : *au lieu de* difficiles, *lisez* difficile.

www.ingramcontent.com/pod-product-compliance
Lightning Source LLC
Chambersburg PA
CBHW070548230426
43665CB00014B/1848